世界歴史選書

〈民族起源〉の精神史

世界歴史選書

〈民族起源〉の精神史

ブルターニュとフランス近代

原　聖

岩波書店

目　次——〈民族起源〉の精神史

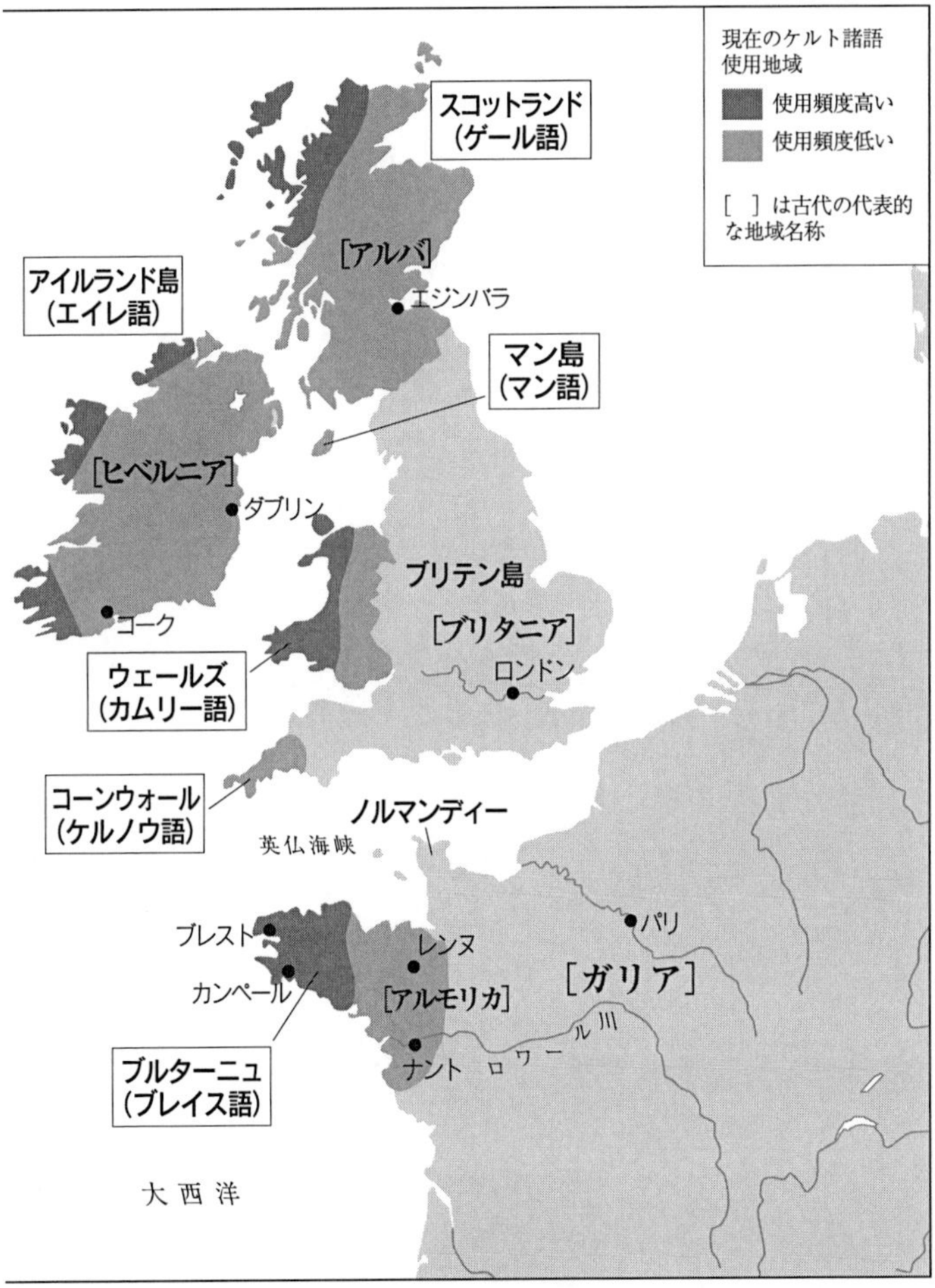

ブルターニュとその周辺世界

Denez 1998: 4に加筆・修正

フランス革命以前のブルターニュ

現代のブルターニュ

プロローグ

二〇〇二年六月二六日のこと、地上波デジタルテレビ局について審議するフランスの視聴覚高等審議会での出来事である。民営化されたフランスを代表するテレビ局TF1のパトリック・ルレー社長が、「TVブレイス」の地上波デジタル局への立候補にあたってつぎのように述べた。「TVブレイス」とは、二〇〇〇年に設立されたブルターニュの地域民放テレビ局であり、ブルターニュ出身のルレー社長は、その生みの親であった。

かれは、「審議委員の皆さん、TVブレイスがそのプロジェクトを提示するのにお招きいただき、どうもありがとうございます」と、ブレイス語*で前置きして(それは公的な場所でのフランス語の使用を義務づける「トゥーボン法」に抵触するものだったが)、「ケルト文化」の抑圧の歴史を滔々と述べ、TVブレイスの今日的意義を力説した。

ルレー社長の話は紀元前五〇〇年の、ケルト人が大陸ヨーロッパの全域をおおっていたころからはじまり、ローマ帝国による征服、アルモリカ(ブルターニュ)の抵抗を経て、近代におよぶ。「フランス語が〔ブルターニュ地方で〕一般に話されるようになってたかだか五〇〇年です。ブレイス語がその一端を担うケルト語は二五〇〇年の歴史をもちます。これこそ尊重に値します」。

さらに話はブルターニュ地域の独自性に及ぶ。「ほぼ安定的な地理的境界をもって、一〇〇〇年にわたって独立を保ったのです。ヨーロッパに含まれる国のなかで、いったいどれほどがこのような歴史を誇れるのでしょうか。しかもそれはフランスやイギリスといった強力な民族と隣り合いながらなのです」(*Le Télégramme*)。

TF1社長のこうした発言は、ひと昔前ならばブルターニュの狭隘な民族主義者の主張にすぎなかった。だが地方分権が進み、地域文化の評価が高まりつつある現在にあっては、ブルターニュの人びとが共有できるごく一般的な考え方といってもいい。

それにしても、「二五〇〇年の歴史をもつケルト語、一〇〇〇年間独立を保ったブルターニュ」である。相当に誇り高い歴史意識がそこにはある。少なくともフランスの歴史と匹敵する、あるいはそれをもしのぐという自負心がある。

こうした民族的自覚、「歴史意識の歴史」を探ろうとするのが本書の試みである。

ひとつの地域・国の住民の起源を探る試みといえば、少し前までは、考古学的・文献学的な実証研究の領域だった。意識の問題にまで踏み込んで、検討が行われるようになるのは、一九八〇年代後半からだろう。実証研究というよりもむしろ主観的な表象とか記憶が問題にされるようになる。

いわゆる「伝統の創出」の論議もこれに関係する。わたしたちの漠然とした意識では昔からあったと思われていたものが、実は近代世界の発明したものである、という論点は、歴史学が貢献できる近代批判として、E・ホブズボーム以降、B・アンダーソン、E・ゲルナーなど「エスニシティ」の議論とあいまって大いに論議された。

ブルターニュでのこれに関する興味深い論争を紹介しておこう。

伝承歌の収集を目的として、一九七二年に設立された調査研究団体「ダステュム」(収集の意)の機関誌『ミュージック・ブルトン』誌上(一九九一年九月号)で、ある伝承歌研究者がつぎのように発言した。伝承歌・伝統舞踊は、「伝統的環境」があってこそ、それを受け継ぐ人びとにその意味を与えて生きのび続けたのであり、それがなくなった現在、「伝統」はもはや死に去った過去のものである。「リバイバル運動」があったとしても、そこで展開されるのはまったく異なったものであり、伝承歌とは別物である。この意味で「伝統的環境」が死を迎える転換点は、一九〇五年ころ、すなわちブルターニュで商業ベースにのる「民俗的シンガー」(たとえばボトレル、終章参照)が登場するころである、と。

これに対して、「ダステュム」代表者、パトリック・マルリユはつぎのように反論した。まず第一に、口頭だけで伝統が継承される社会をイメージすることは、近代ヨーロッパでは不可能であり、内部だけで自足しているような地域社会あるいは伝統社会という考え方自体が神話化したものにすぎず、ましてや民俗学は自然科学ではないのだから、伝統社会の終焉を一九〇五年で区切るなどというのは不可能だ。重要なのは、過去を神話化して正当化する行為ではなく、ふだんいっしょに暮らすなかに創造性を見出し、なおかつ自分たちの根ざしているところを土台としながら、自らのアイデンティティの変容・発展に参加していく行為である、と(Malrieu, 1992 ; Guilcher, 1992)。

「伝統的環境」論は問題提起としては興味深いが、伝統の意味については、マルリユの論点のほうが分があるように思える。もっといえば、伝統の制度化・儀礼化は、近代に限定されるべきものではなく、歴史的にはどの時代でも起こったこと、と理解したほうがいいのではなかろうか。本書の提起する論点はそこであり、「民族起源」という「伝統の創出」も、文献で確認できる限り中世初期から続いていたということである。

「民族起源」創出についての歴史学的探究は、フランスではおそらくコレット・ボーヌ『ナシオン・フランスの誕生』(Beaune, 1985)がそのさきがけだろう。「フランス史」が語られる歴史そのものを対象にしたのである。一二世紀末に『フランク王史』が誕生し、一三世紀末には『フランス大年代記』が続き、一五世紀末から一六世紀にかけては本格的なフランス史の叙述がなされていく。まさにフランス王家の確立とともに、「フランス史」が生成される、その歴史認識の歴史を記述することが課題とされたのである。王家がいわば神話的な時代から系統を論じられる、その歴史を語ることは、国家の権威の歴史的意味づけを再検討することであり、意味づけ自体の脱神話化にもつながる。フランスという国家そのものの「脱構築」でもある。

過去の事実の集積としてではなく、歴史のなかにまさに生きた人びとの、その生き方を支えるものとしての歴史認識のありようこそ重要なのだ、という自覚は、ピエール・ノラ編『記憶の場』(Nora (ed.), 1984-92)に代表されるといっていいだろう。こちらは、ボーヌと同様、国家全体を問題にする「ナシオン」の巻をもつ(第二部全三巻、一九八六年)と同時に、文化的多様性こそフランスを支えてきたのだという認識のもとに、「複数のフランス」(第三部全三巻、一九九二年)も大きなテーマとなった。日本では、『深層のヨーロッパ』『ヨーロッ文明の原型』(ともに「民族の世界史」叢書)や『ヨーロッパの基層文化』(川田編、一九九五年)がこれまでの代表的研究だろう。最近では、『「イギリス」であること』(指編、一九九九年)が「アイデンティティ探求の歴史」と銘うっており、本書の試みと大いに関係する。

わたしが本書で対象とするブルターニュという地域で、その民族起源の記述についていえば、歴史言語学者レオン・フロリオの『ブルターニュの起源』(Fleuriot, 1980)が、長らく座右に置くべき古典的作品だった。本書でもたびたび引用するように、その資料的価値は今日でもたいへん高い。また、大判三巻本からなる『ブルターニュ文化文学史』(Balcou/Le Gallo (eds.), 1987)は、歴史学者・文学者を結集したひとつの集大成であった。いずれも旧来の実証研究であり、それゆえに評価される仕事だった。

しかしブルターニュでも、一九世紀の歴史家たちとその学術団体に焦点をあてて、歴史意識を探ろうという試みはすでに行われている。ジャンイヴ・ギオマールの『ブルターニュ主義』である(Guiomar, 1987)。ブルターニュの民族としての歴史的起源を歴史家たちがどう扱ってきたかを論じるものだが、ブルターニュは地方として、独特な事情をもっており、それがこの地方についての民族起源の面白さにもつながっている。最初のルレー氏の発言にあるとおり、ブルターニュは、フランスの一地方でありながら、フランスの中心的地方とは異なる起源と歴史的経緯をもっている。その一部はフランスとも重なり、いっぽうではイギリスとも重なる。二つの大国にまたがる起源と歴史をもちつつ、なおかつ独自の王国・公国の形成も経験した。いまでこそフランスの「周縁」の一地方でしかないが、そのかかわる歴史は、ヨーロッパの二大大国のそれと密接にかかわっているばかりでなく、ヨーロッパそのものの歴史性の形成ともつながるスケールの大きさをもっている。本書の意図はじつはそうしたところにある。もちろんそれは遠大な展望であり、そのヨーロッパ性は全貌といえるものではないが、その骨格は見えてくるのではないか、それがわたしの期待するところでもある。

こうした面では幸いなことに、イギリスに関するケンドリック著『英国故事論』という古典的書物がある(Kendrick, 1950)。ブルターニュについても、最近になって野心的な著作、ジョゼフ・リオ『ブルターニュの起源神話』(Rio, 2000)が出版された。これらを参考にしつつ、論述を進めることにしたい。


本書のキーワードは、ブルターニュにつながる「ブリタニア」であり、ルレー社長の発言にあるように「ケルト」である。ケルト人とは、古代ギリシア・ローマ以前の時代から、アルプス以北のヨーロッパで暮らしていたといわれる民族である。ここで本書の議論の前提としてこれまでの通説を紹介しておくと、ケルト人はラテーヌ遺跡(スイス)に見られるような高度な鉄器文明を有し、その勢力はヨーロッパ大陸の大部分をおおっていたが、ローマ帝国の拡大やゲルマン系民族の移動によって圧迫を受け、次第に西方へと移動し、ブリテン島・アイルランド島などの島嶼部へ到達したという。近年、ヨーロッパの「古層」に位置する民族・文化として広く関心がもたれるようになったことは、周知の通りである。現代のブルターニュの人びとには、自らがそのケルト人の末裔だという意識があるわけだ。

しかし、このようなケルト人意識が古代においては稀薄で、むしろ近代以降に重要性をもってくるのだということは、言語思想史家のなかではすでにかなり前から話題となっていたことも指摘しておく必要がある。とくにクロード゠ジルベール・デュボワ『一六世紀におけるケルト人とゴール人、民族主義神話の文学的発展』(Dubois, 1972)、それとダニエル・ドロワックス『言語学と歴史の誘惑、一六〇〇―一八〇〇』(Droixhe, 1978)の二書は、先駆的研究として、本書でもたびたび言及することになる。エジンバラ大学のR・E・アシャーによる研究書『ルネッサンス期フランスの民族神話、フランクス、サモテス、ドルイド』(Asher, 1993)は、言語思想史家によるさらなる考究として、興味深い。この書が出版された一九九三年、ダブリンで開催された「ケルト主義」に関するワークショップは、この方向性をさらにおしすすめ、「ケルト」の脱構築として明確に打ちだす最初の機会となった。このときの論集(Brown, 1996)にわたしはおおいに触発されている。とくに一九九〇年代以降、英国の考古学者の「島のケルト」再考論(田中、二〇〇二年)、雑誌『アンティクィティ』での論争は興味深いものであり(Carr/Stoddart, 2002)、とりわけサイモン・ジェームズの『アトランティック・ケルト』(James, 1999)はこうした思潮の一般への流布に貢献した。欧州大陸から島嶼部へのケルト人の移住、という通説を否定し、ブリテン島古代の「ケルト性」は後の時代につくられたものだとする議論だが、このあたりは本書の考察とパラレルな部分がある。

ここで本書の構成の概略を述べておこう。第I部は、ブルターニュが地域として成立して確立する一二世紀までについてであり、そこにおいて起源がどのように議論され、記述されたかが話題になる。ブリテン島からアルモリカ(ブルターニュ)への「移住伝説」の形成が中心的に論じられるが、歴史的事実としての移住と、地域としてのブルターニュの形成もとりあげる。民族起源が本書の主要な関心だが、ブルターニュの場合、大陸から島嶼へというケルト人の移住とは逆に、ブリテン島からの移住という事実が基点となって、そこにまつわる伝説が生まれていくことになる。歴史的状況が現在どの程度確認可能なのか、これを検証したうえで、伝説の形成の事情に踏み込んでいく。この時期はヨーロッパ全域で、民族起源として聖書から由来する「トロイア伝説」が生きており、ブルターニュも例外ではなかった。そのなかに「ブルートゥス伝説」というブリタニア起源伝説、さらには「コナン伝説」というブリテン島からの移住伝説が接合する。もちろんこうした伝説が当時は「真実の歴史」として語られていたこと、それが相当のちの時代まで続くということも重要な点だ。

第Ⅱ部は、フランス王国形成期、ブルターニュがフランスに統合される時期(一三—一八世紀)である。カエサルの『ガリア戦記』が再発見され、フランスの起源としてガリアが議論されはじめる。ケルトはガリアの同義語とみなされ、そのなかにブルターニュにおける起源論も組み込まれていく。このなかでヨーロッパ全域を包み込むトロイア起源説が歴史的意味を失っていく。ブルターニュの民族的起源がブリテン島かガリアか、この二つが論争の中心になり、ガリア起源が主張される場合は古代ギリシアをもしのぐ、古い起源を誇ることが可能になる。また言語の起源が民族の起源と同一視されて議論されはじめ、言語起源論のなかで、「ケルト語」原始語説、すなわち人類の言語の起源はケルト語にはじまるという、「ケルトマニア」と後世の人たちが呼ぶ知識人の一団が登場することになる。一八世紀になると、知識人の一部に「科学的」思考がめばえ、ブルターニュ起源論のなかで「コナン伝説」否定論が出てくる。

第Ⅲ部は、一九世紀以降の近代である。ロマン主義のなかで伝統歌謡にこそ民族の起源につながるものがある、という考えが登場する。ケルト語圏の歌謡はヨーロッパで中心的な位置を占め、ブルターニュでもそうした形で探求がすすむ。そのいっぽうで、人類学、言語学といった学問が体系化され、ケルトについてさまざまな形で議論される。比較言語学では、その学問的形成過程でケルト語が重要な役割を果たすいっぽうで、考古学では、その体系化に向かう過程で、むしろケルトという概念が解体される。ブルターニュの歴史学では、以前からの「コナン伝説」が一部では継続されるが、一九世紀末までには完全に否定される。中世の王統史では、「ブルートゥス伝説」と接合されて主張されることがあったアーサー王伝説は史実としては否定されるが、観光開発の名目で「伝説」としては逆に活性化される。カルナックなどの「巨石文化」も、学術的にはケルトと切り離されて議論される方向にあったが、観光ガイドでは「ケルト遺跡」として喧伝される。一九世紀になってから確立する民族衣装もまた「古き伝統」として観光の売り物になる。ブルターニュは、「太古の伝統の生きる土地」の代名詞になるのである。ブルターニュの知識人たちのなかには、こうした方向を肯定的にとらえ、伝統擁護こそ地域復興につながると考える人たちもあった。またこうした観光化を否定的にとらえ、観光開発に乗らない戦略を模索する民族主義派も登場する。最後に現代のケルト・ブームを検証し、起源論争の現代的意義を考えることにしたい。

本書には古代から現代まで、数多くの人物が登場する。わたしの意図は、歴史的著作を残した人物の考え方を、思想史的にたどるのではなく、かれらの社会的関係の網の目の中でその社会性とともに扱おうとするものである。考え方の近さ遠さよりもむしろ人間関係を重視している。それが思想史ではなく、精神史と銘打つゆえんである。しかし膨大な数の人物であり、その数に圧倒される危険性もある。そのために登場人物を巻末にまとめて、年表的に表示してある。文献表記も本文では最低限での表示に限り、全体は巻末にまとめた。

＊　ここで「ブレイス語」という表現について、一言いっておかなければならない。わたしはこれまで、ブルターニュ地方のケルト系の言語を日本での慣用にしたがってブルトン語と表記してきたが、これはフランス語での呼び方をもとにしている。ここ数年来、言語の自称表記が話題になり、私もこの方針をなるべく採り入れるようにしている。ブルターニュ地方のブルトン語での自称はブレイス Breizh であり、言語名もそれから派生して「ブレゾーネック brezhoneg」という。ブルターニュ地方は、言語的にはフランス語方言地方とこのケルト系の言語から成り立っているので、地域名をブレイスに言い換えるわけにはいかないが、言語名については自称であるブレイス語という表現を採り入れたい。イギリスのウェールズ地方の言語についても、ウェールズ語ではなく「カムリー語 Cymraeg」と表現するのも同じ理由からだ。こうしたマイノリティーの言語では、大言語による呼称が何の疑いもなく当然の言語名と思われている場合が多いのだが、すでにそこにはマイノリティーの側からの情報が伝わらないという厳しい現実が存在することを、こうした問題の専門家として指摘しておきたい。

第Ⅰ部　ブルターニュの誕生と民族起源説の生成

第一章　移住の記憶と諸伝説の生成

古い時代の「起源」の自覚

タキトゥス〔一世紀〕によれば、「ブリタニア Britannia〔いまのブリテン島をさす〕でガリア〔現在のフランスにほぼ相当する地域〕にいちばん接近している地方の住民たちは、やはりガリア人に似ている。これは、遺伝の因子が、ずっと続いているためであろうか。あるいは、おそらく、土地が向き合って突き出ているため、気候が似ていて、両者の体質にこうした特徴が賦与されたものであろう。しかしながら、全体的に比較検討してみると、ガリアの人が、近くのこの島を占拠したという説が信頼されよう。ガリアの祭儀や、宗教的な信仰を、ブリタニアにおいて見いだすであろう。言語もガリアのと、そう大して違っていない」〔『アグリコラ伝』第一一章、国原吉之助訳を一部改訳、タキトゥス、一九七六年、三二九頁）。

これは、ローマ人がガリア人とブリテン島の住民とを「同類」とみていた証拠である。カエサル（前一世紀）の『ガリア戦記』にも、それをあかす箇所がある。

ドゥルイデス（ドルイド）の教義は、まずブリタニアで発見され、そしてそこからガリアに移入されたと考えられている。それで今日でも、この教義をいっそう深く研究しようと志す者は、たいていブリタニアに渡って、修業を積むのである（第六巻一三節、『ガリア戦記』二二六頁）。

ドルイド信仰の起源についてはとりあえずおくとしても（第四章でとりあげる）、この文はブリテン島とガリアの住民の交流をあかすものであり、大陸から島への「ケルト人」の移住、という一般的見解の論拠となっているのだ。これはおそらく言語的な類似性の傍証にもなるが、ここで話題となっているのは、ブルターニュ地方とブリテン島との関係ではなくて、当時ほぼ今のフランス全体にあたる地域を指していた「ガリア Gallia」との関係である。現在のブルターニュ地方に相当する地域は、この時代「アルモリカ Armorica」と呼ばれており、それは土地のことばで「海に近い地方」を意味した。しかしこの語にしてもガリア中部をも含む意味で用いられており、現在のブルターニュとはけっして同一ではない（Smith, 1992: 10）。

ブリテン島とアルモリカ地方のことばについて、少し説明しておこう。いままでは「ケルト系」と呼ばれているが、こういう言い方になったのは、第五章でみるように一八世紀以降のことだ。ケルト語は、言語学的には「大陸ケルト語」と「島嶼ケルト語」に分かれ、さらに島嶼ケルト語は、ブリテン島とアイルランド島に分類される、というのが従来の見解だったが、ケルト概念の再検討とともに、この見方も修正されるようになった。

考古学ではすでに一九五〇年代から、大陸から島嶼への「ケルト人」の移住が紀元前一〇〇〇年期（だいたい紀元前七世紀ころという「定説」まである）に行われたという説を疑問視する声があったが、九〇年代になると考古学ではむしろこれが主流の考え方になる。それがすでに指摘したジェームズの著作に代表されることになるのだが、言語学でもいろいろと大胆な議論が出るようになった。

おそらくそれは、良きにつけ悪しきにつけ遺伝子型研究の介入ということが大きいだろう。出土した骨から遺伝子について調査を行い、それを系統分類する遺伝子型研究は、これまでの言語系統論の地道な演繹的方法を一挙に片づけてしまう、革命的な手法のように考えられがちだが、それは非常に大まかな流れと、文献学的に実証しえないような古い時代についていえるだけであって、これまでのところ、ケルト語内部の系統のような細部にまでは貢献できていない。むしろ遺伝子レベルで実証できないようなところにまでこうした学者が介入して、諸説噴出というところだ。なかには非常に古風な説に乗っかって「科学的」な自説を展開し、遺伝子研究の意義を混乱させるような論文もある（Sims-Williams, 1998: 505-527）。

しかしいずれにしても、自然科学的な、いままでまったくかかわりのないような領域からの参入をえて、これまでは自分の分野のなかだけに閉じこもっていたような、人類学・言語学・歴史学などの研究者が広く合同して議論が戦わされるようになった。たとえば、一九九七年夏、コーク（アイルランド）で行われたケルト学研究国際大会では、「古代ケルト人」概念について非常に批判的な発言をしている考古学者ジョン・コリスが招待され、雑誌『アンティクィティ』などでかれと論争した伝統的見解派のメゴー夫妻や、どちらかというと中立的な大学者ブローシャス・マッカナなどがシンポジウムで顔をあわせた。ここでその討論の内容にまで立ち入ることはしないが、ケルトこそそのアイデンティティのはずの「ケルト学」研究の国際大会で、「古代ケルト人」という概念それ自体を問うようなシンポジウムが行われたことは興味深い（Collis, 1996 ; Megaw, 1997 ; Härke, 1998; Carr/Stoddart (eds.) 2002 ; James, 1999）。

さて「古代ケルト」語である。現代におけるガリア（ゴール）語研究の権威であるピエールイヴ・ランベールは、「古代ケルト系」言語をつぎの四つに分類する。①ケルト・イベリア語（紀元前三―前一世紀、スペイン北部）、②レポント語（紀元前七―前四世紀、イタリア北部）、③ガリア語（紀元前三世紀―後二世紀ころ、フランス、ベルギー、スイス、イタリア北部）、そして④ゴイデル（ゲール）語（古い時代については証左がないので、時代は特定しない。文献的に確認できるのは四世紀以降である。アイルランド島）である。そしてガリア語から分かれたのがブリトン語（紀元一世紀の碑文がある。ブリテン島）であり、このグループは「ガリア・ブリトン」語派と呼ぶことができる（Lambert, 1995: 14-24）。

こうして最新の成果は、ガリアとブリタニアとの深い交流を示唆するカエサルとタキトゥスの証言をそのまま実証することになった。ただし、ランベールは注意深くつけ加えている。「こうした〔分類〕概念は、考古学や歴史学の次元ではまったく意味をもたない」（同17）。このあたりは、近年の議論をふまえた慎重な姿勢をうかがうことができる。

ブルターニュ Bretagne の語源は、直接的には Britannia というラテン語に由来するが、それもブリトン人の土地という意味で、ケルト語の Britto（複数 Brittones）から来ているようだ（その派生形が Britannos）。ブリテン島 Britain も当然ながら Britannia がもとになっており、ブリトン人の居住地の意である。前四世紀のギリシア人ピュテアスは、「プリタニ Pritani」とこの島を呼んだとされるが（青山、一九八五年、二三頁。南川、二〇〇三年、六六頁）、これを紀元前からブリテン島に居住した謎の民ピクト人のウェールズでの古名 Prydein と関係づける説もある（Fleuriot, 1980: 52）。いずれにしても、ブリテン島がブリトン人のもともとの土地であり、ブルターニュという地名は、その郷里を拡張する、進出の表現であり、起源の自覚でもあった。

ブリトン人を意味するブリッタニ Brittani という表現は、すでに紀元前一世紀から大陸で使われている。この場合は「ブリテン島出身」の人びと（たいてい兵士たち）を意味した。北フランスを中心として、広い範囲の地名にその痕跡を確認することができる（Fleuriot, 1980: 38-50）。それが五世紀後半になると、つぎにみるように新しい使い方が登場する。

ちなみに、ブリテン島北部に居住するピクト人は、三世紀末以降史料に登場するが、その素性はいまでも謎に包まれている。「ピクト」とはラテン語で「彩色」を意味し、「刺青をした人びと」にたいする呼称であり、自称ではないとされる場合もあるが、そのもとになったケルト語は、前述のとおり、ブリタニアのもとになった「プリダイン」ともいわれ、これも「彩色した人びと」の意味だという。石碑には絵文字と考えられるものの解析には程遠い象徴的な絵画のほかに、オガム文字で書かれた固有名詞がいくつかあり、それをもとに「ケルト」的要素を指摘し、ケルト人に含めて議論されることも最近では多い。一九九五年のエジンバラ（スコットランド）で開催されたケルト学国際大会では、地元ということもあって、このピクト人についておおいに議論された(Black et al. (eds.), 1999)。しかし、慎重な研究者はケルトに分類しておらず、たとえばランベールはピクト語をケルト語のひとつとは認めていない(Lambert, 1995: 14)。

このピクト人は、三世紀末以降南下して、ブリテン島のローマ帝国支配地域をたびたび襲っていた(青山、一九八五年、二五—二六頁)。また、当時「ヒベルニア」と呼ばれていたアイルランド島のスコット人は、やはり三世紀末からブリテン島西海岸部への侵入を繰り返していた。「スコット」も他からの呼称であり、もともとゴイデル(ゲール)語で、「荒らす」「略奪する」を意味したようだ。四世紀にはスコット人の小王国がブリテン島西部に誕生していた。その後決定的影響力をもったのが、五世紀以降のカレドニア(ブリテン島北部)西部への移住と定住化であり、ここから「スコットランド」の名が誕生したわけだ(同四七—四九頁)。

五世紀はローマ帝国のブリテン島支配が終わりを告げる時代である。四一〇年、皇帝ホノリウスがブリタニアの諸都市(ポレイス)に向けて、自分の手で安全を守るべしと勧告した。これをもって、ブリテン島でのローマ支配の終結、というのが一般的見方だ(同三八—三九頁)。もっともすでに四世紀後半から、ブリテン島ではすでにローマ帝国の支配が形骸化して、ブリトン人が実質支配を握っていた。しかし、すでに三世紀末からブリテン島の北方からピクト人、西方からスコット人の襲来があったことはすでに述べたが、五世紀後半からはブリテン島東部から、ブリトン人に対するアングロ・サクソン人の侵攻がはじまる。

このような時代に登場したのが、ウォルティゲルンだった。ほぼ同時代の聖人であり年代記作者のギルダス(五一六ころ―五七〇年ころ)が「最高支配者」と呼んだ人物である(『ブリタニアの滅亡と征服』五四七年以前)。かれは襲来するピクト人、スコット人にたいし、五世紀前半に二度、ローマに援軍を求めたが、四二八年(四四九年という説もある)、三度目の援軍はかなえられず、アングル人、サクソン人を大陸から招くことを余儀なくされた。これが、アングロ・サクソン人渡来の端緒となり、以降、ブリトン人の退却、ブルターニュへの移住の遠因となったとされる。これは、アングロ・サクソン側の重要史料である聖人・年代記作者ベーダ(六七三―七三五年)の『アングル人教会史』や作者不明の『アングロ・サクソン年代記』(九世紀後半)にも記載され、ほぼ確実な歴史的事実とされる(青山、一九八五年、五六―五九頁)。、ブリテン島南部では、五世紀後半から六世紀にかけての大量の武器や人骨が発掘されており、考古学的にもアングロ・サクソン人とブリトン人との全面抗争の時代になることが実証されている(同六五頁)。

「大移動」の時代と諸伝説

紀元前における大陸から島嶼部へのケルト人の「移住」については、ほぼ考古学的な資料しかあてにできず、問い直しが進んでいるという事態の進行に比べれば、紀元後の時代についての歴史的事実関係は、比較的「安定」している。

じっさいにこの時代に、ブリテン島から大陸へという逆の流れの移住があったかどうか、事実関係はどの程度まで解明されているか、それについてまずみておこう。ブリトン人の移住は四世紀後半にははじまっていたが、大規模化するのは五世紀になる、というのが、考古学者・歴史学者の主張である（Chédeville/Guillotel, 1984: 29-30）。いわゆるゲルマン人の大移動がガリアの地で本格化するのである。ヴァンダル人、ブルグンド人、ゴート人、アラン人、とりわけフランク人が侵入する。そしてかれらとローマ人、ブリトン人との争いの記録・記憶が新たな伝説を生むことになる。

五世紀のクレルモン司教シドニウス（四三〇ころ―四八七年ころ）は、つぎのような記述を残している。アルモリカの人びとを征服して、強く自信をもったリトリウスは、意気揚々とアルヴェルヌ〔オーヴェルヌ〕地方を経て、フン人の騎兵を引き連れて、ゴート人の軍と戦うことになった（『カルミナ』第七章、Fleuriot, 1980: 257）。

西ゴート人がフランス南部を支配するようになったのは、四一〇年代であり、そのころブルグンド人がライン川周辺に居を定める。四三〇年代には、フン人の傭兵たちがブルグンド人に勝利する。フン人兵士を伴ったブリトン人の武将リトリウスが、アルモリカで戦うのは四三七―四三八年ころとされ、南フランスに渡ったかれらは、ゴート人との戦闘に敗れ、四三八年、リトリウスは獄中で死ぬ。

南ロシア生まれ（アラン人ともいわれるが）の修道士でイタリアのクロトナの司教となったヨルダネスは、その著『ゴート人の起源と活動について』（五五一年ころ）でつぎのように書いた。

〔西ゴート王襲来の〕知らせを受け取った皇帝アンテミウスは、すぐさまブリトン人に救援を求めた。かれらの王リオティムスは、一万二〇〇〇の兵を引き連れて、船で海を越えてやってきて、到着するとアヴァリコム〔ブールジュ、中部フランス〕の町が歓待した。西ゴート人の王エウリクスが大勢の兵をともなって、かれらに向かってきた。戦いは長く続いたが、ブリトン人の王リオティムスがローマ人と合流する前にかれを打ち負かした（第四五章、Fleuriot, 1980: 245）。

このとき、ブリテン島のブリトン人の首領はアンブロシウス＝アウレリアヌスであり、リオティムスとはアンブロシウスの称号（「大王」と解釈できる）だというのがフロリオの説である。後の「アーサー王」伝説の基点となる記述であり、この記述自体も伝説と現実との狭間にあるといっていいが、皇帝アンテミウス（在位四六七―四七二年）の求めに応じて、一万二〇〇〇名の兵を引き連れ大陸に渡り、西ゴートと戦ったことが記されている。四七〇年代になると、ブリトン人は、大陸ではガリア北部のフランク人と、ブリテン島ではサクソン人と戦を交えるようになる。四八一年、フランク人の王シルデリク一世（在位四五八―四八一年）のあとを、その子クローヴィス（一世、在位四八一―五一一年）が継ぎ、フランク人の勢力はさらに強まっていく。

フランク人の五代目の王は、偉大なキリスト者の王クローヴィスだった。治世一〇年目に（四九一年）、トゥールとオルレアンのあいだのロワール川沿岸に出没し、木陰に隠れては旅人たちを襲っていたブリトン人をブロワの砦から追い払った。クローヴィスはザクセンから戻ったときだったので、この知らせを受けてすぐさま駆けつけ、ブリトン人を殺害し、敗走させ、ブロワを破壊したのだった（一一世紀以前の成立で、それ以前の古い時代の記述が含まれるという『アンジュウ年代記』による。Fleuriot, 1980: 228-229）。

治世一〇年目にクローヴィスがチューリンゲン（現ドイツ中部）に攻め入ったというのは、歴史的事実として認められており、この記述の信憑性は高いという。クローヴィスは、四九六年、ランスで洗礼を受け、「フランス王国」の歴史はここにはじまるとされる。

ブリトン人は、このように五世紀にはまずは軍事的に、のちのブルターニュ地方にかなり地歩を固めていたとみることができる。

「聖人」渡来の伝説と現実

現在、ブルターニュ地方には約八〇〇人の聖人が知られている。その多くはローマから正式の認可を受けていない、いわば土着の聖人であり、教会名、地名として記録されるにすぎないが、初期の布教についての記録をもつ『聖人伝』が七〇点をこえる。それらは八世紀から一一世紀にかけて書かれ、ブルターニュ「生成」期の貴重な史料にもなっている。布教はもっぱらブリテン島からだった。ブリテン島でそれを準備したのは、オセール(フランス東部)司教の聖ゲルマヌス(五世紀前半)の二度にわたる来島だったという。ゲルマヌスによって教育されたのが、アイルランドへ赴いた聖パトリク(パトリクス、三八七ころ—四六一年)であり、ウェールズ布教の基をつくった聖イルテュッド(?—五二二年ころ)だった(青山、一九八五年、五二頁)。このイルテュッドの弟子とされるのが、ドル司教区創設者、聖サムソン(四八〇ころ—五六五年)であり、トレギエ司教区創設者、聖テュグデュアル(?—五五三年)であり、サンポールドレオン司教区創設者、聖パウルス＝アウレリアヌス(四九二ころ—五七二年)である。かれらは五世紀末から六世紀はじめにブルターニュに布教のため来訪し、ブルターニュのキリスト教化がはじまることになる。移住伝説の舞台は六世紀がもっとも多く、七世紀末の聖イヴィ(生没年不明)が最後の移住聖人とされる。

ローマ帝国の時代、アルモリカにおいて聖職者の活動は記録されていない。「ブルターニュ」の成立は、キリスト教化のはじまりでもあったのだ(Merdrignac, 1993: 9-20)。だが「移住」以前にブルターニュにまったくキリスト教が入っていなかったというわけではない。ナントやヴァンヌの司教区の成立（前者は四世紀前半、後者は五世紀半ば）は、ガリアの地に根を下ろしたローマ系の住民、すなわちガロ・ロマン系の人びとによる（Tonnerre, 1994: 160, 166）。考古学的にも、キリスト教信仰を示す四世紀の出土品がある。『聖サムソン伝』では、ドル（の町を建設する場所、ブルターニュ東北部）に到着したサムソンは、質素なキリスト教徒に迎えられた、とある。

しかし、リュネール、マロ、ビウジ、ゴネリ、アルメルなどの聖人伝では、アルモリカの人びとが信徒ではなく、キリスト教に改宗させなければならなかったことが記されている（Chédeville/Guillotel, 1984: 115-116）。すでにキリスト教が流入しつつあったが、聖人たちの移住によって、聖堂区（「プルウ」の地名をもつ）、司教区（ラテン語の「パロキア」が使われた）が確立し、本格的なキリスト教化がはじまった（同 95）。移住の中心的地区がいくつかあるが、そのひとつが、いまのヴァンヌ地方である。ここはローマ帝国時代、ウェネティー族の居住地であり、上記のように五世紀にはすでにガロ・ロマン系の聖職者により司教区が確立しつつあったが、トゥールのグレゴリウス（五三八（五三九）―五九四年）によれば、五五〇年ころ、当時ワロックと呼ばれていたこの地方には、五人のブリトン人の武将が競いあっていた（同 61-82）。

ブルターニュに最初にできた修道院は、ブリテン島南西部のコーンウォール地方からやってきた聖ビュドック（生没年不明）によって五世紀はじめに、ラヴレック島（コート・ダルモール県北部ブレア島の東の小島）に建てられたものだという。ビュドックの修道院で養育されたのが、聖グエンノレ（?―五三二年）であり、伝統的にはかれがブルターニュで最初の修道院をランデヴェネックに建設したとさ

図 1　ブルターニュの七聖人．ブシャールの『ブルターニュ大年代記』（1514 年）による（Balcou/Le Gallo (eds.), 1987, I: 40）

れてきた（四八五年建立と記録され、一九八五年に一五〇〇年祭が行われた）（Gestin, 1985）。初期聖人伝の多くは、九世紀後半から一〇世紀はじめにかけて、ここランデヴェネックで書かれた（Guillotel, 1985: 9-36）。

次章でみるように、この九―一〇世紀という時期は移住と定住化が一段落して、ブリトン人の居住地としてのブルターニュの地名が明確化しはじめるころだ。すなわち九世紀には、七つの司教区が成立し、一〇世紀末にはトレギエとサンブリユーが加わって、九司教区という近代にいたるまでの司教区区画が確立する。一二世紀には、司教区創設の聖人たちが「七人の創設聖人」として語られるようになる。さらに後の時代になるが、一五世紀には「トロ・ブレイス」（ブルターニュ巡礼）として七聖人巡りの経路が整備される（Gobry, 1997: 24-27）。

考古学者の推定によれば、五―六世紀を中心として、ブリテン島から移住したブリトン人の総数は一〇万から一五万人、最近は移住を過大視しない傾向が強いので、五万から一〇万人の規模だったろうという（Giot, 1984: 1）。おそらく、ガリアに侵入したゲルマン人も全体で同規模だったらしい。

ではなぜ、ブルターニュ地方には、ケルト系の言語とされるブレイス語が保存され、ゲルマン人については、征服者の言語が消えたのか。これまでの解釈は、ブリトン人は家族を伴っていたが、ゲルマン人はそうではなかったから、というものだった。居住の密度、共同性の度合いなども関係するだろう。こうした点を実証するのはむずかしい。いずれにしてもブレイス語が言語的な「独自性」をもつという自覚は、次章にみるように一二世紀になってから形成されるようだ。

現存する最古の「歴史」

先に少し引用したギルダスの『ブリタニアの滅亡と征服』（五四七年以前）は、ブリトン人についてのまとまった記述をもつが、体系的な「ブリトン人史」とはいえない。ブリトン人の起源をその「始原」から論じた最初の書物は、ネンニウス（九世紀）の『ブリトン人史』である。その人物像、成立年代には諸説ある。序文のなかでみずからを聖エルボドゥグス（北ウェールズ、バンゴールの司教、八〇八―八一一年ころ没）の弟子と記しているので、成立年代は、八〇〇年ころないしは九世紀なかばというところだろう。ただし、フロリオが指摘しているように、内容的には七世紀に書かれたと思われる文章群を含み、ネンニウスは、それまでの文書の編纂者とみることも可能だ。したがって、こうした「起源史」がそれ以前に書かれていた可能性はあるが、現存する史料のなかでブリトン人に関してはこれ以前に事例がない、ということになる（Fleuriot, 1980: 248 ; Morris(ed.), 1980: 26, 67 ; 青山、一九八五年、八頁）。

この書は、いろいろな面で、ブリトン人に関する「歴史の作法」、その書き方の原点をなすといってよく、さまざまな伝説(もっとも当人は歴史的事実と考えていたのだが)もすでにここに原型をみることができる。しかも約二〇〇点の写本が現存することをみても、この書物の影響力の大きさをうかがうことができる(Rio, 2000: 36)。以下では、大英博物館蔵のいわゆる「ハーリアン本」(Morris(ed.), 1980)をもとにそれを検証することにしよう。

ブリトン人の起源と系統について、過去の事実関係をつまびらかにすること、それがかれの目的であり、特定の王様の栄光のためというわけではない。読者はおそらくブリテン島の学者(聖職者)であり、それ以上のものではない。この点は後代の「民族」の栄光を権威づける「王国起源史」とは異なる。

ネンニウスは番号を振って、歴史を「始原」から書きはじめる。

一、この世のはじまりから〔ノアの〕大洪水まで、二二四二年。大洪水からアブラハムまで九四二年。アブラハムからモーゼまで六四〇年。モーゼからダヴィデまで五〇〇年。……

この世のはじまりを聖書の創世記に求めることは一八世紀までつづく常套手段だ。川田順造は、人間が世界を支配する、その恣意性の起源をなすものとして、「創世記パラダイム」と呼んでいるが、キリスト教の教義自体に疑いの目が向けられないかぎり、問われることがない記述である。のちの歴史書では「始原」から記載されることはなく、「ノアの大洪水」から叙述がはじまる場合が多い。

ブルートゥスの「子孫」ブリタニア

ブリトン人の起源をローマ共和政の祖、アイネイアスの孫ブルートゥスに求めるのは、ネンニウスからはじまった。それ以前の起源史が存在しない以上、現状ではそういうしかない。ブルートゥスからブリテン島にいたる系統関係について、ネンニウスは二つの説を紹介している。二つの説という言い方は、この書が「学術性」の体裁をまとっている証明でもある。

一〇、大洪水ののち、この島にいかにしてひとが住むようになったか、知りたい者があるとすれば、わたしは二つの説明の仕方をもっている。ローマ人年代記の記述によれば、トロイア戦争ののち、アイネイアスが、息子アスカニオスとともにイタリアに赴き、トゥルヌスを破り、ラヴィニアと結婚した。ラヴィニアはラティヌスの娘であり、ラティヌスはファウヌスの息子であり、ファウヌスはピクスの息子であり、ピクスはサトゥルンの息子である。アイネイアスはアルバを建国した。そして妻を娶り、彼女はシルヴィウスという名の息子を産んだ。シルヴィウスは婚姻し、妻は妊娠した。アイネイアスは、義理の娘が子を孕んだと告げられたとき、魔法使いを送って子宮のなかにあるのが男か女か、妻を調べるようにと、息子アスカニオスに伝言を発した。魔法使いが妻の検査をして戻ったが、女は子宮に男子を孕んでおり、その子は父母を殺し、あらゆる人びとにとってにくしむべき、死神の子となる、とかれに語ったので、その予言ゆえにアスカニオスに殺された。予言どおりにことは起こった。子が生まれるにさいして母が死んだ。その子は養育され、ブリットと名づけられた。後になって、魔法使いの予言どおり、何人かで遊んでいたとき、故意ではなく偶然に弓矢で父親を殺してしまった。かれはイタリアから追放され、ティラニア海に至り、アイネイアスのトゥルヌス殺しゆえに、ギリシアから追放され、ガリアに到着した。ここでかれはトゥールの町を建設し、これはトゥルニスと呼ばれた。後になってかれはこの島に至り、かれにちなんでブリタニアと名づけられた。島はかれの子孫で満たされ、そこで暮らした。これ以来、ブリテン島は今日にいたるまで住人をもつのである。

この説だと、起源はトロイアからはじまる。トロイア起源伝説は、ブリテン島ばかりでなく、フランス人においても、またドイツ人においても、中世には起源伝説として重要だった(Asher, 1993: 9)。「七世紀以降、フランスの歴史家はもちろんのこと、ドイツ、スペイン、イタリア、ベルギー、ポーランド、スカンディナヴィアの歴史家が一驚に値するほど一致して繰り返してのべていることである」(ポミアン、二〇〇二年、八八頁)。「ローマ人年代記」がどの書物かを特定することはできないが、有力な候補はヴェルギリウス(前七〇—前一九年)であり、とくにその『アエネーイス』である。ここにアイネイアスとそのライヴァルのトゥルヌス、妻のシルヴィウス、ラティヌス、さらにはファウヌス、ピクス、アスカニオスまで登場する(ウェルギリウス、一九七六年)。ブリットだけが新たな「発明」ということになる。ブリット、つまりブルートゥスは、一般によく知られているカエサルの暗殺者のブルートゥスではなく、トロイア戦争を逃れ、ローマの祖として知られるアイネイアスの孫である。英雄にはよくあるが、不吉な予言を伴う「異常誕生」が語られている。

ちなみに、フランク人がトロイアに結びつく伝説を語るのは、七世紀の『フレデガリウス年代記』である。以降、後述のように、一六世紀なかごろにいたるまでこの系統史は語られ続けることになる(Asher, 1993: 9-17)。

「創世記パラダイム」

さて、ネンニウスが語る「起源史」をさらに読んでみよう。ブルートゥス伝説の二つ目である。

一七、ブルートゥスに関するもうひとつの説をわたしはわが先達たちの書から見つけだした。ノアの三人の息子が、大洪水以降の世界を三分割した。セムがその支配地域をアジアに、ハムはアフリカに、ヤフェトはヨーロッパに広げた。

ヤフェトの系統のアラヌスがヨーロッパに至った最初の人。かれの三人の息子は、ヘシティオ、アルメノン、ネグエ。フランクス、ロマヌス、ブリット、アルバヌスの四人はヘシティオの息子。ゴートゥス、ワラゴートゥス、ゲピドゥス、ブルグンドゥス、ランゴバルドゥスの五人はアルメノンの息子。ヴァンダルス、サクソ、バヴァルスの三人はネグエの息子。ヘシティオからは四つの部族、すなわちフランク人、ラテン人、アルバン人、ブリトン人が由来する。アルメノンからは、ゴート人、ワラゴート人、ゲピード人、ブルグンド人、ランゴバルド人の五部族が、ネグエからは、バヴァリア人、ヴァンダル人、サクソン人、チューリンゲン人の四部族が由来する。これらの人びとは、ヨーロッパ全域に分かれて散らばった。……

一八、ブリテン島の最初の住民はブルートゥスに由来するブリトン人である。ブルートゥスはヘシティオの息子、アラヌスのヘシティオである。アラヌスはレア＝シルヴィアの息子、レア＝シルヴィアはヌマポンピリウスの娘、ヌマポンピリウスはアスカニオスの息子、アスカニオスはアイネイアスの息子、アイネイアスはアンキセスの息子、アンキセスはダルダノスの息子、ダルダノスはエリシャの息子、エリシャはヤワンの息子、ヤワンはヤフェトの息子。ヤフェトには七人の息子、長男はゴメル、ゴメルからガリア人に続く。次男はマゴグ、マゴグからスキタイ人とゴート人に続く。三男はマダイ〔メディア〕、マダイからはメデス人、四男はヤワン、ヤワンからはギリシア人、五男はトバル、トバルからはイベリア人、イスパニア人、イタリア人、六男はメシェク、メシェクからはカッパドキア人、七男はティラス、ティラスからはトラキア人。かれらはヤフェトの子であり、ヤフェトはノアの子であり、ノアはレメクの子である。

この節は、ブルートゥス・トロイア伝説を創世記伝説へと結びつけ、この世のはじまりから現在にまで系統をつなげる、いわば完全版に仕上げる構成となっている。一七節には「ヨーロッパ全域に per totam Europam」という記述が登場する。これは九世紀の知識人のあいだで、ヨーロッパ概念がすでに共有されていたことを意味するものだろう。欧州全体にかんする一般的記述であり、全域で共有された伝承である。第四章で見るように、一六世紀以降でもこのレベルで「国民史」の議論が戦わされることになる。

一八節では、創世記がギリシア・ローマ神話にそのままつながるが、一七節では、聖書の記述とギリシア神話の伝承のあと、そこに含まれない記述がある。したがって、『ブリトン人史』にはネンニウスらブリトン人の「先達たちの伝承」が生み出した記述が含まれるというになり、ギリシア・ローマについての「学術的」知識と「創出」の両面がこの時代の歴史書にあることは、しっかりと記憶しておくべきだろう。

「移住」伝説

ブリテン島から大陸への移住当初については、『ブリトン人史』につぎのような描写がある。

ブリタニアの七代目の王は、マクシミアヌスだった。かれは、ブリトン人の全兵士を率いてブリテン島をあとにし、ローマの皇帝グラティアヌス〔在位三七五—三八三年〕を殺害し、ヨーロッパ全域の主権を掌握した。かれは、引き連れてきた兵士たちを、妻子のもとや郷里にかえすことを望まず、かれらに多くの地域を付与した。それはヨヴス山の頂にある湖から、カントグィックという名の町にいたるまで、さらには西のはずれのクルック＝オキディエントまでであった。海の向こうのアルモリカのブリトン人は、首領マクシミアヌスの戦に赴いた者たちであり、〔島へ〕戻ることをいさぎよしとはしなかったので、ガリアの西部地方を徹底的に破壊し、立ち小便をする者たちを生きて帰宅させようとしなかったのである。かれらは、こうした者たちの妻や娘たちと夫婦になり、その子孫が母親たちの言語を学ぶことのないように、彼女たちの舌をかき切った。彼女たちのことばは支離滅裂なので、わたしたちは彼女たちを「レテウィキオン」、つまり物を言わぬも同然の者たち、と呼ぶのである。かれらはアルモリカのブリトン人であり、今日までかれらは戻ることがなかったのだ。それゆえにブリテン島は異邦人に占領されたのであり、神が助けの手を差しのべるまで、市民たちは追い出されたままだった（第二七節、Morris(ed.), 1980: 24-25, 65）。

ローマの元老マクシミアヌスはブリテン島に進軍し、ブリトン人を従えて「王」を称していた。かれがグラティアヌスを殺害して、ローマ皇帝の地位についたのは、三八三年であり、実在の人物にまつわる物語ということができる。フロリオの研究によれば（Fleuriot, 1980: 238）、「ヨヴス山」は、アルプス山脈、サヴォア県の峠にあるジュウ丘、「カントグィック」は、北部のノール地方パドカレ県エタープル市のカントヴィック、「クルック＝オキディエント」は、フィニステール県中部、クロゾン半島のつけ根にあるメネゾム山に同定される。いずれにしても、現在のフランス全体にわたっており、かならずしもブルターニュ地方だけがかかわるわけではない。

「海の向こうの……と呼ぶのである」は、言語にかかわる箇所であり、後代にしばしばとりあげられる記述だが、ケンブリッジ大学所蔵の一三世紀の写本にしか出てこない文章であり、この時代の追加といわれている。「レテウィキオン」という表現は「レタウの住民」と「あまりしゃべらない」という二つの意味を掛けた、ことばの遊びである。レタウ（ラテン語では「レタヴィア」）というのはブルターニュの別名であり、五世紀半ばから一二世紀ころまで使われた。ウェールズのカムリー語にはこの表現が保存されており、ブルターニュのことを「レダウ」と呼ぶ。

ちなみに、ウェールズ人は従来、自らを「ブリトン」と呼んでいたが、ほぼこの「移住」の時代、六世紀から一〇世紀にかけて、「カンブリア Cambria」「カムロ Cymro」（複数形「カムリー Cymry」）、すなわち「同郷者」という言い方にとってかわった。いっぽう、「ウェールズ」という英語は語源的には「異邦人」を意味する呼称である。ラテン語の「グワリア」、ドイツ語の「ヴェルシュ」（異邦人）と同類だ。フランス語でのウェールズ、「ペイ・ド・ガル」の「ガル」も「ウェールズ」と同一起源である。いずれもこの時代の成立と考えていいだろう。

さてこの証言は、四世紀末にブリトン人がブルターニュに移住する、そのいきさつを述べている。後述のように（第二章）、ブルターニュへの移住起源の「コナン伝説」を生むきっかけを形成している。

兵士たちの駐留と定着化がブルターニュにおけるブリトン人の「起源」をなす、そう一時期信じられていたということになる。

「アーサー伝説」

『ブリトン人史』が、アーサー王を歴史上の人物として記す最初の史書であることはよく知られており、青山吉信の名著『アーサー伝説』にも、その箇所（第五六節）が詳細に引用されている（「ハーリアン本」を用いており、この箇所の訳は青山、一九八五年による）。

五六、そのとき、ブリタニアではサクソン人の数がふえて強力になった。ヘンギスト（サクソン王）の死後、その子オクタがブリタニアの北部からケント王国にきた。かれからケントの諸王が由来する。そのときアーサーは、これらの時代にブリトン人の諸王とともにかれら（サクソン人）を相手に戦ったが、しかしかれ自身はドゥクス＝ベロールム（武将）であった。第一の戦いは、（中略、以降順をおって一二番目の戦いまで、簡単に言及される）……第一二は、バドニスで、そこでは一日に九六〇人がアーサーひとりによって殺され、かれひとりのほかはだれも殺さなかった。すべてこれらの戦いにおいてかれが勝利者であった（青山、一九八五年、七一―七二頁）。

アーサー伝説は、第二章で論じる一二世紀のジェフリによって体系化され、大陸ヨーロッパに広まるゆえに、研究もすでに豊富だ。ここではブルターニュの歴史のなかでどのような役割を果たしたかに絞って記述していくことになるが、すくなくとも一〇―一一世紀の段階では、かくべつ意義をもった歴史的「事実」とは受けとめられていない。当時のブリトン人にとっては「トロイア・ブルートゥス伝説」のほうがあきらかに重要だったといっていいだろう。ブルターニュの人びとにとってはさらに意味のある伝説がこのころ生成された。それが次章でみる「コナン伝説」だった。

第二章
ブリタニアからブルターニュへ

「ブリトン人の土地」

本章では、ブリタニアという地名からいかにしてブルターニュという地名が派生することになったかを見ていくことにするが、その前にブリトン人の移住の状況について、ここでもう一度整理しておこう。四世紀末から五世紀にかけて、いっぽうではスコット人とサクソン人の侵攻により、もういっぽうではローマへの援軍をきっかけにして、かなりの数のブリトン人が大陸にわたり、その多くは戻ることなく定住化した、ということが伝説上語られてきた。すくなくともブルターニュ半島突端部には、四世紀後半から五世紀にかけて、ないしはおもに五世紀にブリテン島から移住したと確認できる多くの「埋葬地」が発掘されている。

五世紀末、メロヴィング朝フランク王国が成立するが、六世紀前半はブリトン人とフランク人の関係はむしろ友好的だった。こうしたなかで、ブルターニュの司教区や修道院を建設することになる聖人たちが布教に訪れる。ブルターニュの聖人伝のなかでは最古の文書『聖サムソン伝』(七世紀)には、クローヴィスの子で当時のパリ王シルデベール一世(在位五一一―五五八年)との友好的関係が記されている(Chédeville/Guillotel, 1984: 64)。

しかし六世紀後半以降、フランク人とは敵対的となるようだ。同じころ、ブリテン島ではアングロ・サクソンの勢力伸張で、ブリトン人は西部(現ウェールズ)に追いやられ、小さな単位の諸集団を形成する。いまのノーサンブリア、ランカシャーといった地方をブリトン人が失うのは七世紀である。アルモリカへの第二の移住の波は、こうして六世紀後半から七世紀前半まで続くことになる。今日のブルターニュ南東部、ワロック地方、北西部のドムノネ地方などの地方名が成立するのはこのころである。七世紀後半から八世紀前半は、ふたたびフランク人の政治的支配が強まる。八世紀後半、カロリング朝の成立により(七五一年の短軀王ピピンの即位以降)、フランク人の支配力はさらに強力になる。九世紀はじめ、フランク王カルル(シャルルマーニュ)大帝(在位七六八―八一四年)はこの地方を完全な勢力下に置く。

もちろん、この当時までブルターニュ全体を把握する政治的一体性があったわけではない。ローマ支配下のアルモリカという地名は政治的な区画ではなく、その指示する範囲を明確にできるわけではない。少なくとも今日のブルターニュより広く、すでに指摘したように中部フランスをも含む場合があった。ブルターニュ全体がひとつの地域として認識されるようになるのは、政治的一体化をなし遂げるような人物が登場してからである。それがノミノエだったとされる。

英雄ノミノエの時代

ノミノエが英雄として祭り上げられるようになるのは、一九世紀のロマン主義のなかにおいてであり、その点で、すでに述べた古代・中世におけるさまざまな「起源伝説」とは異なる位置にある。第六章でみるように、「復権」のためにもっとも貢献したのは、ブルターニュにおけるロマン主義の中心的人物ラヴィルマルケである。かれによれば、ノミノエは八三一年ころ、カルル大帝の後継者、敬虔王ルードヴィヒ(在位八一四―八四〇年)に「ブリトン人の土地」の支配を任されたが、これを拒否して、地域の領主をまとめて反乱を組織、八四五年、バローン(ルドン近郊)の戦いでフランク軍を破り、いわば独立を達成する。

しかし、今日の歴史学的評価はかなり異なる。ベネディクト会の大修道院長、プリュムのレギノ(?―九五一年)の『年代記』(一〇世紀はじめ)によれば、

ブリトン人の王ムルマヌスの死んだとき、ヌメノイオ〔ノミノエ〕は、インゲルハイムにおいて皇帝から、同部族の「ドゥカトゥス」に任ぜられた(Smith, 1992: 80)。

注目すべきはここで「ブリトン人の」王と表現し、また「同部族の」というように、地域ではなく人の支配が問題となっていることである。ノミノエ(ヌメノイオ)の「ドゥカトゥス」というタイトルは、「公 duc」のもとになるものだが、ここでは「王」ではなく、皇帝の支配力を受け入れる「統治者」という意味だろう(同80)。ちなみに、九世紀末以降の記録とされる『ルドンの記録集』では、ノミノエについて、さまざまな称号が登場する。しかも「ブリタニアの」とついているものが多い。たとえば、ブリタニアの「マギストロ」(支配者)、ブリタニアの「ポシデンテ」(保持者)、全ブリタニアの「グベ

ルナンテ」(統治者)、プリタニアの「プリンキペ」(指導者)など。しかしまた皇帝の「フィデリス」(忠臣)、また皇帝の「ミッスス」(委任統治者)という表現もあり、この最後の称号がかれの実質的な役割だったというのが最近の研究者たちの見解である(同 83; Chédeville/Guillotel, 1984: 233)。

重要なことは、かれの権力がまだ弱体で、支配できたのはヴァンヌ周辺に限られ、けっしていまのブルターニュ全体を覆うものではなかった、ということである。それでも「ブリタニアの支配者」といった称号を保持できた。もちろんこの「ブリタニア」はブリテン島ではなく、これまでの表現では「アルモリカのブリトン人の」といわれるべきところである。つまり、ブリテン島でないところを指して「ブリタニア」が使われるようになった。それがこの九世紀半ばの新しい点、ということになる。

八四〇年、ルードヴィヒ敬虔王が死に、その子どもたちのあいだで領地分割がおきる(八四一年のフォントノアの戦い)。北イタリアを支配することになる長子ロタールの攻勢に対し、西フランク王の禿頭王シャルルと東フランク王の「ドイツ王」ルードヴィヒが互いの協力を誓いあったのが、歴史に名高い「ストラスブルクの宣誓」(八四二年)である。この宣誓書の写本が現存し、フランス語史ではこれこそフランス語の誕生を告げる文書とされるのだが、この宣誓にノミノエは西フランク王の忠臣として立ちあっている(Smith, 1992: 93)。だがその後まもなく、反旗をひるがえすようになる。八四五年、ノミノエは後世有名になる「バロンの戦い」でシャルル禿頭王を破り、翌年、皇帝から公の称号を認められるが(同 97)、それは決定的勝利とはいえなかった。いずれにしても「反乱」がくりかえされ、一進一退の攻防がしばらく続く。その間にかれは、理由は不明だが命を落とす(八五一年七月とされる)。その直後、かれの子、エリスポエが「ジェングランドの戦い」でシャルルを破り、まもなく和約を結ぶ。和約のさいにかれは、皇帝から「レガリア」(王冠、王錫、宝珠のセット)を拝受し、「レックス」(王)を名乗った。だがかれは八五七年には、いとこのサロモンに暗殺されてしまう。

このサロモンは、ブルターニュの栄光の時代の王として歴史的に名声が高い。八六三年には西アンジュー地方を手に入れ、八六七年にはアヴランシュとクタンス地方すなわち今のノルマンディー全域を領地とする。「アルモリカ」のブリトン人の王がもっとも広大な領地を取得した「栄光の時代」が到来するのだ。八六八年、皇帝から再びレガリアを受ける。一四世紀以降のブルターニュの独立王国としての歴史を語るその「王国史」のなかで、独立の証拠として幾度となく引き合いに出されるのが、この二度にわたる「レガリア」の享受である(Smith, 1992: 87)。一二世紀の『ブリタニア列王史』にノミノエやエリスポエは出てこないが、サロモン王は何度か登場する。それはこの当時から歴史的重要性が認識されていた証拠である。

地域としての「ブルターニュ」の成立——一〇—一二世紀

九世紀後半、サロモン「王」のもと、ブリトン人はブルターニュ半島の大きな支配勢力となり、八六〇年代には、支配領域はいまのノルマンディー半島やアンジュー地方にまで及んだ。しかしこの時代、西フランク王シャルル禿頭王(西ローマ皇帝カルル二世)は、その治世(八四〇—八七七年)にかれの名を冠するコインの鋳造を続けており、ブルターニュを含む西フランクの支配力は保っていた。シャルルの死後にはフランク王の支配力は再び弱まったため、各地で伯や司教が自らの名を刻むコインを出しはじめる。ちなみに、ブルターニュでは東部で有力になる家系、レンヌ家のコナン一世(ブルターニュ公、在位(九五八)九六八―九九二年)がその最初のようだ(Smith, 1992: 142-143)。

九世紀末からこのように西フランク王が弱体化して、いわば群雄割拠の状態になる。西フランク王の権力の衰退は、あきらかにヴァイキング襲来の影響だろう。ブルターニュではその襲来がすでにノミノエの時代、八四〇年代から本格化していた。だがサロモン王はヴァイキングの進出を許していない。八七四年にかれが死んで、ノルマン人の介入があちらこちらで進む。とはいえ、「大アラン」という渾名が後世与えられる、九世紀末のアラン一世(ブルターニュ中部を支配)の時代は、介入による混乱が起きたわけではなかった。「大アラン」は「ブリトン人の最上公であるアラン王」と称したことでもわかるように(Tonnerre, 1994: 272-273)、一時期、おおきな支配権力を保持した。混乱を極めたのは、この大アランの死後(九〇七年)である。

ノルウェー出身のヴァイキング、ロローがフランス王からノルマンディー公に封じられたのが九一一年であり、ノルマンディー半島を拠点とした「ノルマン人」の活躍がはじまるのはこのころである。ルドン修道院蔵の『年代記』(既出の『記録集』とは異なる)の九二〇年の項によれば、「ノルマン人が小ブリタニア(ブルターニュ)の全域を破壊しつくし、ブリトン人のある者は殺され、またある者は追いだされた。ブリタニアにかつてあった聖遺物は、あちこちに持ちだされた」(Tonnerre, 1994: 273; Chédeville/Guillotel, 1984: 377)。じっさいこの時代にパリやオセール、オルレアンなどに難を逃れた聖職者に関する史料が数多く現存する(Chédeville/Guillotel, 1984: 378-389)。また、イングランド(とくにケンブリッジとオックスフォード)には一〇世紀に伝わったことがわかっているブルターニュ由来の文書がかなりあり、このことはこの時代のブリテン島への聖職者の避難を明かすものともいう(Smith,

1992: 197)。サロモン王の時代に獲得したノルマンディー半島ばかりでなく、レンヌ、ナントといった地方もノルマン人の手に渡った。九三三年、ノルマン人のウィレム長剣王が「ブリトン人の公」を名乗ったこともある(そのコインが現存する。Chédeville/Guillotel, 1984: 395-396)。九三六年、大アランの孫といわれ、ブリテン島に「避難」していたアラン二世バルブトルト(「髭曲がりの」アラン)がノルマン人を破って凱旋する。

アラン二世の「避難」先がブリトン人としての同胞、すなわちブリテン島西部に追いやられたウェールズ人ではなく、かれらを追いやった側のアングロ・サクソン人のもとであったことも重要だろう。もちろんそこには政治的な力学が働いていたはずで、いちがいにいえるわけではないが、ブリトン人の一体性が少なくとも自明の前提ではなくなっていた、その証左といえるのではなかろうか。アラン二世は、翌九三七年、ナントに居をかまえ、ナント伯領としてブルターニュ東南部地方の支配をとり戻すことになる。とはいえ、かれがサロモン王のような権力を取りもどすことはなかった。王位をかちえることはなく、公の称号が掲げられるだけだった。しかもその称号が国王のお墨付きをえるのはフィリップ四世美王(在位一二八五―一三一四年)以降のことだった。もっともこれは北フランスの領主たちすべてに共通することではあったから(Chédeville/Tonnerre, 1987: 47)、それだけ王権がこの地域では確固たるものになりつつあった証拠でもある。

一〇世紀半ばから一一世紀はじめにかけて、支配の基盤としての伯領が確定されはじめる。アラン二世のナント伯領が最初と考えていいが、ほぼ同時期にレンヌ伯領も成立する。八世紀後半以来、カロリング朝の支配地域としてすでにこの二つの伯領は存在したが、その支配が明確化するのはこの時期以降だ。地域としてのブルターニュもこの時期にほぼ確定する。「ブルターニュ公」の称号も、アラン二世の場合にはナント伯領とレンヌ伯領を併わせる今のブルターニュ東南部に限定されるものだったとはいえ、一〇世紀後半には西方のコルヌアイユ伯領をもあわせたブルターニュ全域をおおうことになる。

ここで重要なのは、ブルターニュ公のもとに歴史的に一体的な地域としてはっきりと立ち現れてくるブルターニュ地方が、すでにこの時点で言語文化的には、「ブリトン系」と「フランス系」に二分化していたと想像されることである。アラン二世はブリトン人の系統を主張はできても、イングランドのサクソン人のもとで幼年時代を過ごしており、ブレイス語話者ではなかっただろう(ただし、こうした議論を展開している歴史家はわたしの知るかぎりみあたらない)。ナント、レンヌの両伯領の貴族たちは一〇世紀の時点で「カロリング化」していたはずだ。カロリング化とは「フランク化」ではなく「フランス化」である。つまり、八世紀後半のカロリング朝成立の時点で、ゲルマン系だったフランク人の「フランス語」化は進んでいたと考えられるのである。レンヌ家のなかでその人物像が文献的に確かめられる最古の公はコナン一世(?—九九二年)だが、フランク人貴族の家系といわれている(Chédeville/Tonnerre, 1987: 32)。したがって、こちらも一〇世紀末にはフランス化していた。コナン一世の孫、アラン三世(在位一〇〇八—四〇年)は、ブルターニュ公としての権威を確固たるものにして、「ブリタニア統治者」、「ブリタニア全域の伯」とされた。ここでの「ブリタニア」にブリテン島の意味はまったくなく、ブルターニュだけをさしているのはあきらかだ。

すなわち、一〇—一一世紀の時点で、「ブリタニア」は、いっぽうでは「ブリテン島」を意味し(こ

図 2　イングランドのノルマン王家の創始者ウィリアム公の物語が書かれた「バイユーのタペストリー」に登場するブルターニュ公コナン 2 世(中央右，城からぬけだす人物．バイユー市博物館作成の完全複製版から)

ちらはその後もずっと使い続けられるといっていい)、もういっぽうではブリテン島とはまったく切り離された「ブルターニュ」を意味したのである。ブルターニュ地方の支配貴族層がフランス化していたことを考えると、フランス語での「ブルターニュ」という地名もこのころ一般化しはじめたといっていいだろう。ブルターニュ地方で現在まで続く、ブリトン文化とフランス文化との二重性も、このころに起源をもつといっていいように思われる。

さてアラン三世の子、コナン二世(在位一〇四〇—六六年)のもとでは、ブルターニュ公の権力は弱体化する。それを象徴するのがノルマンディー公との戦いである。その場面がノルマン人のブリテン征服、いわゆるノルマン・コンクウェストを描いた「バイユーのタペストリー」に登場する(図2)。一〇六四年、ノルマンディーとの境界地帯であるドルの領主が謀反を起こし、コナン二世による鎮圧部隊の派遣を前にして、ノルマンディー公ギヨームに救援を求める。これに対しコナンはギヨームに宣戦を布告する。しかしギヨームはイングランド王ハロルドの援軍を受けて、コナンを敗走させるのである(Chédeville/Tonnerre, 1987: 43-44)。一〇六六年、ギヨームはブリテン島に渡り、一転してハロルドに戦いを挑む。有名なヘイスティングの戦いである。これに勝利したギヨームは、ウィリアム一世(征服王、在位一〇六六―八七年)となってノルマン王朝を開くことになる。

ヘイスティングの戦いには、ノルマンディー公側の援軍としてブルターニュの領主たち、とりわけレンヌ家とは敵対的な北東部の領主たちが数多く参戦していた。そして戦勝の褒美としてイングランド各地に領地を与えられた。一〇八六―八七年に作成された領地調査帳「ドゥームズデイブック」によれば、初代リッチモンド伯ほか、レスター、ウォリック、デヴォン、バッキンガムシャーなどで領主となっている。征服の一〇〇年後でも、イングランド王国全体で五〇〇〇の騎士領のうち、約二五〇、すなわち五%ほどがブルターニュ出身の騎士たちだったという(Chédeville/Tonnerre, 1987: 78-79)。

コナン二世ののち、ブルターニュ公の地位につくのは、ブルターニュ西部のコルヌアイユ家である。フランス化されずブリトン人の文化を守っていたのは、この地域の領主たちだった。しかし貴族層でのフランス化はたいへん早い時期から進行し、コルヌアイユ家では二代目のブルターニュ公、「鉄人王」アラン四世(在位一〇八四―一一一二年)がブレイス語を操ることのできた最後の公といわれている(Chédeville/Tonnerre, 1987: 65)。ただしこれには明確な証拠があるわけではない。歴史的社会的状況証拠から、そうした可能性が高いといえるだけにすぎない。

アラン四世はウィリアム征服王の娘と結婚し、ノルマンディー公との接近をはかったが、結果的にはノルマンディー公に従属することにつながった。その子コナン三世(在位一一一二―四八年)は、ブルターニュ全域にみずからの公権力を行きわたらせることを試みた最初の公といわれているが、じっさいにはカンペール、ヴァンヌ、ナントなどブルターニュ半島の南半分を支配するにすぎなかった(Chédeville/Tonnerre, 1987: 71)。

その子、コナン四世(在位一一五六―六六年)は強大な近隣諸侯のなかで翻弄される。アンジュー公とイングランド王が結びつき、英仏両地域にまたがって広大な支配権を握った「アンジュー帝国」成立の時代だったからである。このあたりの政治的事情は、つぎに述べる『ブリタニア列王史』の成立と流布に大いに関係するので、多少とも押さえておく必要がある。

イングランド王ヘンリ一世(ウィリアム征服王の息子)の娘マティルデとアンジュー伯ジョフロワの子が、ヘンリ二世(在位一一五四―八九年)としてプランタジネット家を起こすが、父からはアンジュー伯領を、母からはイングランドとノルマンディーを継承し、またアキテーヌのエレオノールと結婚して(一一五二年)、ポアトゥー、ガスコーニュなどフランス南西部をも獲得した。現在の英仏両国の相当な部分を領地とする、いわゆる「アンジュー帝国」の成立である。

ヘンリ二世はまた、ウェールズを征服し(一一六三、六五年)、アイルランドをも攻略した(一一七一年)。ブルターニュも例外ではなかった。ヘンリ二世は幼少のころからコナン四世と浅からぬ仲だったが、フランス王ルイ七世との戦い(一一五七―八〇年)の継続中に、コナンの公位を譲位させ(一一六六年)、ブルターニュの支配権をフランス王に認めさせた(一一六九年)。プランタジネット家の支配権は、ヘンリ二世の孫、アルチュール一世(在位一二〇一―〇三年)まで続く(Chédeville/Tonnerre, 1987: 86-103)。

以上のように、ノルマン・コンクウェスト前夜からアンジュー帝国にいたる一〇―一二世紀は、ブルターニュにとっては、付随的・従属的レベルではあれ、ふたたびブリテン島との政治的関係をとり結ぶ機会となった。しかしそれはあくまで政治的レベルであり、社会全体でみれば、上層の貴族聖職者階層のみが関係するにすぎなかった。それは伝説のレベルに大きな影響をもたらすことにはなるが、言語文化的にはまさにこの時期、ブリテン島との関係が離れようとしていたのである。

ブレイス語の独自性の確立

第一章でみたように、ランベールの研究によると、ブリテン島のブリトン語は大陸のガリア語と近い関係にあった。とはいえブルターニュ地方に定着した民族の言語が、大陸ガリアではなくブリテン島起源であることは、すでにこれまで述べた「移住」の歴史的事実関係から明らかだろう。

それを補強する書きことばの書体に関する証拠がある。ブレイス語に関しては、九世紀とされる文書が四〇点ほど現存するが、その多くがいわゆる「島嶼ハーフ・アンシャル体」であり、同時期のウェールズのカムリー語の文献と書体面では区別できないほど類似するという(Smith, 1992: 13-14)。また一一世紀にいたるまで、ブレイス語の綴字法はカムリー語と同一である。むしろ言語的には近いはずのケルノウ語(コーンウォール)には、アングロ・サクソン文字がひんぱんに用いられ、違いがわかるという(Fleuriot, 1964: 18)。

さらにつぎのような証言がある。グイドネルスという名のウェールズの王子が公開の改悛を行うためにブルターニュのドルを訪れたときのものだ。

グイドネルス自身とブリトン人たち、さらにはこの地の大司教は、遠くわけ隔たってはいるが、同一言語の者たちであり、同郷人 unius nationis であって、……ことばがわかるので、罪を公けに認めて、贖宥を懇願することができた（Fleuriot, 1964: 13）。

これはウェールズの「ランダフ文書」という一一世紀ころの文書に出てくる一節である。フロリオは、ドル大司教区が誕生するのは九世紀前半であり、一〇世紀にはブレイス語の話される土地ではなくなるので、これは九世紀後半の描写だろうという。nationis は近代の「ナシオン」（ネーション）と同一の語彙だが、それと解釈すべきものではない。重要なのは、九—一〇世紀という、政治的には一体性をもちつつあるブルターニュでも、「ブリトン人」という言い方が使われ、ウェールズと「同郷である」という意識が存在したことである。

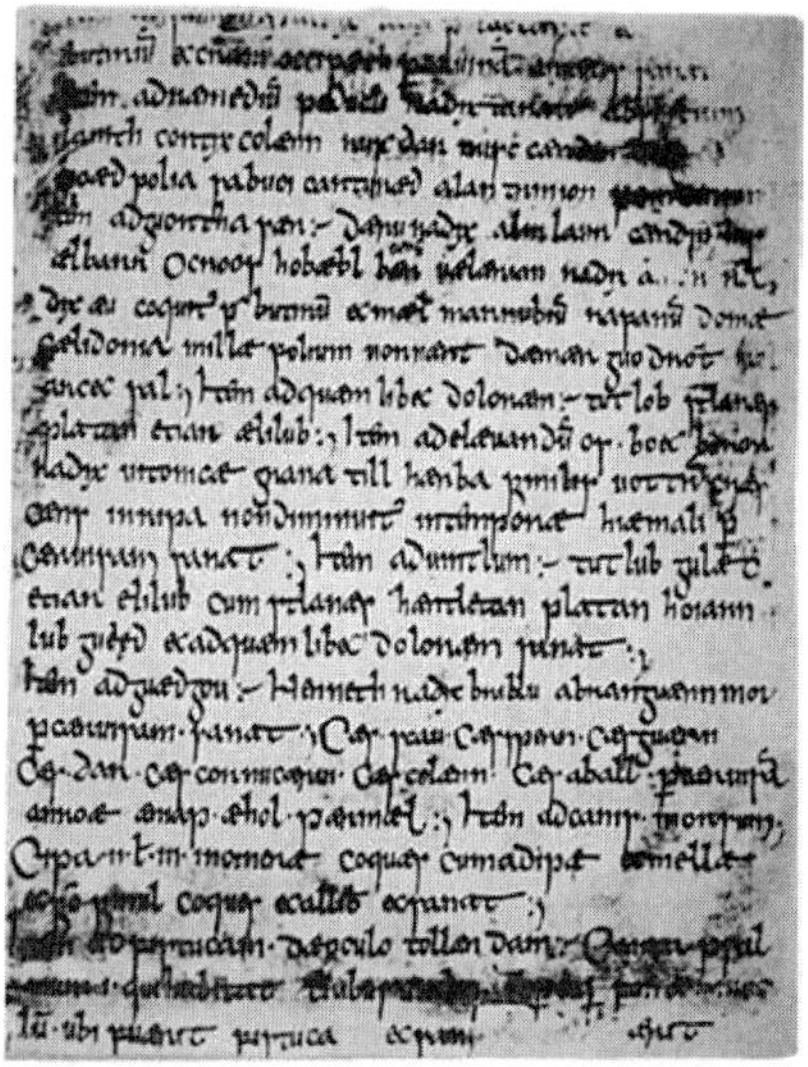

図3　ブリテン島の書体で書かれた，ブレイス語最古の挿入語句をもつラテン語文書（8世紀末．オランダ，ライデン大学図書館蔵．Fleuriot, 1985: Planche II）

一二世紀ウェールズの聖職者ギラルドゥス（ウェールズのジラルド、一一四六ころ—一二二三年）の『ウェールズ素描』（一一八八年）に、つぎのような記述がある。「コルヌビア（コーンウォール）でも、アルモリカのブリタニアでも、カンブリア（ウェールズ）とたいへんよく似た言語を人びとは用いている。同一起源であり、多くの場合、ほとんどすべてが理解可能だ」(第六章、Fleuriot, 1964: 14 ; Gerald of Wales, 1978: 231)。

一二世紀になると、「たいへんよく似た」とか「ほとんどすべてが」など、ストレートに同一というわけではなく、ニュアンスがつけられるようになる。「同一起源」は意識されるが、もはや同一とは見ていない、その表現と考えることができる。すでに指摘したように、一一世紀において「ブリタニア」は、まったく異なるコンテクストで、「ブリテン島」と「ブルターニュ」というまったく異なる意味で用いられた。『ウェールズ素描』に登場する「アルモリカのブリタニア」という表現は、本格的移住時代である五世紀以来の用法の残滓といってもいいが、同族性を意識して用いられる最後の用例ともいえるようだ。フロリオなどの歴史言語学者は、ブレイス語とカムリー語の分離、言語的な分岐点を一二世紀においている。ここにあげた文章がその証左となるのだが、ブリタニアの意味が二重になって、両者の「同質性」があいまいになる、さらには分離が決定的になりはじめる、そうした時代的背景がもとになっていることはまちがいない。

こう考えてくると、この時代のアンジュー帝国がブルターニュにとってもった意味もはっきりしてくる。ブリテン島と大陸とが政治的にひとつになることで、一見ブリトン的一体性が復活するような印象があるが、じつはそうではなく、これはやはり基本的にはアングロ・サクソンとフランスとの接近であり、ウェールズやブルターニュはそのなかに組み込まれて、すくなくとも支配層はアングロ・サクソン化、フランス化を進めつつあった。ブリトン的一体性が、むしろ決定的に失われるきっかけとなったのである。

こうしたブリトン人勢力の政治的劣勢状況を背景として生まれたのが、ブルターニュ「生成＝移住」の英雄、コナンであり、『ブリタニア列王史』だと考えられる。

コナンの登場

コナンの物語が現存史料で明確にはじめて記述されるのは、一〇世紀後半の作と推定される『アルチュールの事績の書』である。この書自体は現存しないが、一五世紀の歴史家ルボーの『ブリトン人史年代記』に筆写収録されている。

マクシムス＝メラはガリアの支配者になることを願った。友人であり一族であるコナヌス〔コナン〕がブリトン人の大軍を率いて遠征に同行した。マクシムスはレタヴィア〔ブルターニュ〕のポルトゥス＝カルヴォススに上陸した。アルビディア〔スコットランド〕公と呼ばれるマクシムスはウルバルドゥスの率いる軍を破った。レオニデスとも呼ばれるかれは、アルモリカを征服して、コナヌスに統治を任せた。かれは東に向かい、首都をトレーブに築いたが、これは確かなことだ。グラティヌスは殺害されたが、アルモリカではこの一族にコナヌスは悩まされた(Fleuriot, 1982: 246)。

第一章でふれたように、マクシムスはブリトン人を率いたローマ皇帝で、三八三年アルモリカに侵入したことが史実として確認されている。ネンニウスのいう「マクシミアヌス」である。「グラティヌス」はグラティアヌス(ローマ皇帝)だろう。このふたりについては、ほぼ歴史的事実といっていいが、それ以外はこの時代における「創作」ということになる(Rio, 2000: 76)。

『ブリタニア史』〔不明〕を読むと、ブリトン人は、ブルートゥスとコリネウスのもとで、勇ましくもアルビディアを征服し、周辺の島々をあわせてブリタニアと呼んだ。人口が増え、帝国が繁栄しはじめたので、カトリックでありなおかつ好戦的なコナヌス・メリアドクスは、一地域では養えない数にふえてしまった人びとの多くを伴って、海を越えて、ガリアのアルモリカ湾に渡った(Rio, 2000: 74)。

英雄として「カナン」の名はウェールズの書『プレダインの予言』(九三〇年ころと推定される)に登場する。コナンはおそらくこれと関係するブリトン人の英雄がもとになったのであろうが、実在ではなさそうだ。同名をもつ公は、レンヌ家のコナン一世(一〇世紀後半)がその最初だが、二世が生まれ(一一世紀)、コルヌアイユ家では三世と四世に引きつがれる(ともに一二世紀)。「コナン伝説」の誕生と公の登場はほぼ同時期であり、どちらがどちらにあやかったか、その断定はむずかしい。いずれにしてもコナン伝説は、つぎに見る『ブリタニア列王史』で完全に移住伝説に組み込まれることになる。

「ブルターニュ史」の基点としての『ブリタニア列王史』

『ブリタニア列王史』がブルターニュの歴史意識形成に果たした役割はたいへん大きい。ネンニウスの『ブリトン人史』をはるかにしのぐ歴史的影響力といっていいので、多少とも詳しく解説しておくことにしよう。

その作者、ジェフリ・オブ・モンマスについては、ネンニウス同様、あまりよくはわかっていない。モンマスはコーンウォールの地名だが、『列王史』に登場する地名、状況描写などを考えると、ウェールズ人ないしはウェールズ生まれのブリトン人という説が有力である(Thorpe(ed.), 1966: 13)。一一二九年から一一五一年にかけて、かれはオックスフォード(ないしその周辺)で教師をしていたらしいが、この書は一一三六年(ないし一一三八年)ころ書かれた。死んだのは一一五五年ころらしい(Wright(ed.), 1988: x)。

ジェフリは、ギルダス(『ブリタニアの滅亡と征服』)、ベーダ(『アングル人教会史』)の名前を引いているが、このほかネンニウスの『ブリトン人史』や『カンブリア年代記』、またカムリー語の武勲詩「タリエシン」(八世紀と推定される)などを手元においていたのは、その内容の重なりからみて確実である。このほかに、ケルト語学者たちは失われたブリトン語の書物の存在を主張する(Fleuriot など)。これは『列王史』に、「ブリタニアの言語で」書かれた「たいへん古い書物」という表現が登場するからであり、これについては政治的立場も伴って、いろいろと語られてきた。この「ブリタニアの言語」で書かれた書物をラテン語に翻訳することが、ジェフリの使命であり、内容的には、栄光あるブリトン人の歴代の王の功績を記録することである。著作の意図はネンニウスの場合とよく似ている。

第七章でみるように、一九世紀にはこの「ブリタニアの言語の書物」がいわばアーサー王伝説ブルターニュ起源説の根拠を示すものとして有名になる。しかし現代の英国のアーサー王研究者たち(Thorpe など)には、語りに箔をつけるための虚構だとする意見が多い。

二〇世紀前半の研究者、グリスコムの研究によれば、『ブリタニア列王史』には一八六点のラテン語写本が現存するが、そのうち四八点は一二世紀の文献だという(Wright(ed.), 1988 によれば、現存するラテン語写本は二一〇点以上。Crick, 1989 によれば、二一五点)。ここにはもちろん、ワースの『ブリュ物語』(フランス語、一一五五年)やラヤモンの『ブルート物語』(英語、一二〇〇年ころ)など翻案物語は含まない。一三世紀以降、こうした翻案物は、いわゆる「アーサー王伝説群」として欧州中に広まっていくことになる。

確定される伝説、ブルートゥスとコナン

『列王史』の本文はブリテン島の景観描写からはじまる。これはギルダス、ベーダ、またネンニウスと共通する。

さらにトロイア戦争後の、アイネイアスとその子アスカニオスから物語がはじまる。このあたりの描写も、ネンニウスをほぼ踏襲しているといっていい。ただその描き方ははるかに工夫がされている。つまり文章として読ませる、文学的な描写となっている。聖書を踏襲するような家系の羅列的提示が消え、まさに物語が展開されるのである。

ブルートゥスについては、ネンニウスでは数頁の記述に過ぎなかったのが、ジェフリでは二〇頁を越えるほどに拡大される。

ブリテン島の言語について、つぎのような箇所がある。

ブルートゥスはみずからの名をとって、人びとをブリトン人、島をブリトニア〔ブリタニア〕と呼んだ。ちなんだ名前をつけることによって、かれの名前が永遠に記憶されることを意図したのである。少し後になって、トロイアの言語ないしはなまったギリシア語とそれまで言われてきたかれらの言語は、同様の理由でブリタニア語と呼ばれるようになった（第二一節）。

ブレイス語が「トロイアの言語」であるという言い方は、次章でみるように一四世紀以降のブルター

ニュでさかんに用いられるが、その起源はジェフリにあるようだ。また「なまったギリシア語」の説明は、同時代のウェールズ人ギラルドゥスの『ウェールズ素描』にある。つまり、カムリー語の自称「ケンブラエック」は、「カム」「グラエコ」=「変化した」「ギリシア語」の意なのである(Gerald of Wales, 1978: 232)。このあたりはジェフリが共有していた知識と考えられ、ウェールズとの関係はやはり深かったということができよう。

コナヌス(コナン)は、『列王史』では、ゲヴィッセイ公オクタヴィウスの甥とされている。ゲヴィッセイ公は名前からしてウェールズ地方の領主だが、ブリテン島を支配するローマに対して一時は支配権を握った人物とされる。ローマが再び支配を握るために、元老マクシミアヌス(マクシムス)がブリテン島に進軍すると聞き、それに対処するために派遣したのがコナヌスだった。両者の戦いは一勝一敗で終わり、和約して親交を結ぶ。その後、ブリテン島だけの支配ではあきたらないマクシミアヌスの勧めで、ガリア征服に乗り出すのだ。

同時にかれは、みずからの残忍なやりかたを押しとどめて、攻略した王国を落ち着かせるのを優先し、ここにブリタニアの人びとを移住させようと考えた。これを目的にしてかれは王令を発し、一〇万人の平民をブリタニアで集め、かれに同行させることにした。かれらには三万人の兵士がつきそった。この地域に残って攻撃を仕掛けてくる敵から身を守るためである。すべてが首尾よく終わると、これらの人びとをアルモリカの王国の各民族 nationes ごとに分散させ、第二のブリタニアを創建した。そしてこの王国をコナヌスに付与したのである(第八六節)。

……ガリア人との混血を避けるために、かれ〔コナヌス〕は王令を発し、ブリタニアから女性たちを呼び寄せて、結婚させた（第八七節）。

ジェフリは、両地域のブリトン人が同一「血族」であり「民族」であることを、ここに引用したように物語のあちこちで、あきらかに意図的に記述している。これは、すでに述べたように、この時代のブリテン島、そしてフランスが、かれらの意に反して、アングロ・サクソン人とフランス（フランク）人に支配されてしまっている、という現実があり、それに対する憤り、アンチテーゼという側面がはっきりと内包されている。

こうして居残ったブリトン人は、王国の西部地域、すなわちコルヌビア〔コーンウォール〕やグワリア〔ウェールズ〕に難を逃れた。……聖職者はその多くが、アルモリカのブリタニアに逃げ渡った（第一八六節）。

この節は、ウェールズ、コーンウォール、ブルターニュの三地域が、ブリトン人として共有できる空間として、この時代に意識されていたことをあかしている。また最後の文章は、第一章で述べたように、五—六世紀の大勢の聖職者たちの移住という歴史的事実を確認するものでもある。

サクソン人の支配する時代にあっても、海峡をはさんで「両方」のブリタニアが深い絆で結ばれていたことが強調される。

カドワヌス〔カドヴァン〕の息子はカドワロといい、もうひとりはエドウィヌス〔エドウィン〕という名前だった。のちにかれらが青年期に達すると、その両親はかれらを、アルモリカのブリトン人の王であるサロモヌス〔サロモン〕のところに送って、その王室で騎士道のイロハを学ばせ、その他、宮廷の習慣になじむように訓練をさせた。……月日がたってその両親が亡くなると、二人はブリタニアに戻り、その国の支配を引きついだ（第一九〇―一九一節）。すでに記したように、サロモン王は九世紀ブルターニュの実在の王であり、黄金時代の王様の一人といっていい。『列王史』には何度も登場する。だがブルターニュではサロモンよりはるかに有名な同時代のノミノエは一度も登場しない。おそらくそれは、今日における歴史的評価として指摘しておいたように、ノミノエは地方領主にすぎず、ブルターニュの強大な領土を誇ったのは、このサロモン王の時代だったという現実を反映しているとみていいだろう。

さて『列王史』は、第七部の全体（第一四三―一七八節）を「ブリタニアのアルトゥルス（アーサー）」にあて、ヨーロッパ全域を支配したというアーサーの歴史を叙述している。これもまさにブリトン人の過去の栄光の誇示と読むことができる。とはいえ「アーサー伝説」の歴史的意味合いについては、青山吉信『アーサー伝説』（一九八五年）に詳しいので、ここではこれ以上述べることはしない。

いずれにしても、コナンは、以降、「ブルターニュ建国の武将」としてさかんにとりあげられることになるのである。

ブリトン人の絆

『列王史』の叙述の特徴を考えてみよう。まず、ネンニウスにおいては、人物描写に主観が伴うことはない。家系は淡々と固有名詞だけが列挙されていく。これに対してジェフリは、ブリトン人としての誇りがまずあるせいか、主観的肩入れが描写に反映されている。

最大の敵はサクソン人である。ゲヴィッセイの首領でブリタニアの王となるウォルテグリヌス（ヴォルティゲルン)は、ピクト人と戦い、またそのためにサクソン人の加勢を求めた人物である。それでブリタニアの王にのしあがったのだが、そのことを預言者メルリヌス(マーリン)にはげしくとがめられることになる(第一一八節)。アイルランドに対しても、敵としての主観的感情を交えた記述を見ることができる(第一三〇節)。

ブリトン人としての連帯意識は、すでに述べたように、ウェールズ、コーンウォール、ブルターニュを結びつけるものであり、東方のサクソン人と西方のヒベルニア(アイルランド)人が隣接する敵として意識されていることになる。このような連帯意識は、一二世紀以降しばらくは歴史書で見ることができないが、一六世紀以降、とりわけ一八世紀以降になって、「ケルト」性が知識人のあいだで再発見されることで、再び意味をもつようになる。こうした意識はさらには、ブルターニュに本格的な民族主義が登場する二〇世紀前半まで継続されるのである。ブリタニア、ブリトン人としての絆はそれほどの歴史的重みをもつものだった。

以上のように、ブルターニュという地域は、五世紀から七世紀ころにかけて、ブリテン島からアルモリカへのブリトン人の移住によって、歴史的に形成されたことがほぼ実証されている。第Ⅲ部でふたたび問題となるが、このときガロ・ロマン系の人びとも少なからず居住していた。司教区の形成の際にそれが明らかになっている。

ブルターニュがこの地域名称をともなって自称として名づけられるようになるのは、ブリトン人の王が地方としてのブルターニュの支配を確立しはじめる九世紀のことであった。この時期のブリトン人の一時的拡大期をへて、一〇世紀になると、ガロ・ロマン系が勢力をのばしはじめ、一三世紀にはブリトン系と拮抗して勢力を二分するようになる。ブレイス語圏とフランス語圏との境界がこうして形成されることになったのである。

こうした歴史的事実を前提にして、ブリトン人の「系統史」が語られていくことになる。そこではフランス王家の系統と重複するようなローマ系の歴史ではなく、ひたすらブリトン系だけが問題となる。ブリテン島からの移住を基点とする歴史こそが語られるべき事項になるのである。

ここで移住にまつわるいくつかの起源伝説が生まれることになった。聖人伝説はおそらくじっさいの移住にもとづく。それが増殖して七世紀から一〇世紀にかけて書きとめられた。

ブルートゥス伝説は、ヨーロッパ全域の王権が関係するトロイア起源説に直結する。それが現存する史料のなかで最初に展開されたのが、ネンニウスの『ブリトン人史』だった。ジェフリの『ブリタニア列王史』では、移住の英雄としてコナンが登場することになった。これらの移住にまつわる伝説は、以降ブルターニュ公の権威が確立するなかで正統化される。

ローマ帝国時代、ガリアとブリテン島の言語文化的な距離は比較的近かったわけだが、一三世紀以降、フランス王家のなかでガリアが自らの起源として語られるようになると、ブリテン島の起源を主張するブルターニュの歴史書執筆者たちの立場は、フランス王家とは対抗的立場に立つ場合もでてきて微妙になる。ブリテン島からの移住よりも、ガリアの正統なる継承者としてのブルターニュを強調する考え方も登場するようになるのである。それが一六世紀の新たな問題ということになるだろう。

第Ⅱ部　創出される「ケルト人」

第三章　正統化される起源伝説

第Ⅰ部でみてきたように、移住による混乱の時期を経て、ブリタニアはいっぽうではブリテンとして、もういっぽうではブルターニュとして、それぞれ独自の歴史的展開をもつようになる。ブルターニュ側のその独自性を象徴する伝説群が、「コナン伝説」であり、「ノミノエ伝説」だった。だがこうした伝説も、一三世紀にいたるまでは、支配者の正統性を保証するものとしては機能していなかった。少なくとも文献的にそれを確認することはできない。

各種伝説を誇るのは、むしろ一介の知識人としての聖職者たちであり、それはネンニウスの場合もジェフリの場合もしかりだった。かれらの献辞などをみても、その社会的関係は教会の組織内に限られるといってもよく、王室などとの接点はない。こうしたなかで主張される、高貴なる家系、親族系統としての「民族的」自覚は、ごくわずかな知識人たちだけがわかちあったにすぎず、「世俗の」支配者層に影響を与えるというようなものではなかった。王室などもわかちもつようになることが文献的に確認できるのが、一三世紀以降の時代である。

フランス文化圏に入るブルターニュ——一三—一五世紀

一二〇三年のアルチュール一世の死により、プランタジネット家によるブルターニュの支配権は終わりを告げる。カペー朝フランス王家のフィリップ・オーギュスト自らが支配に乗り出し、一二〇六年には史上初めて、フランス国王がブルターニュ公を名乗る。一二一三年には、カペー家に近いドゥルー家のモークレール(モークレール)家に支配を任せる。以降、最後の「独立」女公アンヌにいたるまで、このドゥルー(モークレール)家が公位を継承することになる。

一三世紀以降のブルターニュの政治的位置の重要点は、なりよりもまず、ブリテン島との関係が完全に断ち切られ、フランス王家との関係が強まることにより、知識人の世界にあっても「ブリタニア」ないしは「ブリトン人」としての一体意識が急速に減退することである。

第二の重要点は、域内の二つの言語区分、すなわちブレイス語圏とフランス語圏の地域的分割の安定化である。ブリトン人の移住は、現在のブレイス語圏、すなわちブルターニュの西部地方が主要な地域だった。しかし九世紀の政治的興隆期には、東部地方にもブレイス語圏がかなりの程度進出した形跡がある。これが一三世紀にはふたたび西部地域に限定されてしまうのである。これは Ker / Ville

（前者はブレイス語で、後者はフランスで「町」の意）などの地名研究に基づいているが（Chédeville/Tonnerre, 1987: 303, 306）、こうした研究は、一〇世紀から一三世紀にいたるブレイス語の地理的後退を明かしてくれる。

民衆レベルの政治支配の単位である教区（聖堂区）も確定しはじめる。その証拠が「トロ・ブレイス」（ブルターニュ巡礼）すなわち七聖人巡礼の開始である（第一章二二頁参照）。これが一三世紀には登場し、一四世紀にはかなり一般化する（Leguay/Martin, 1982: 93-94）。聖人信仰を中心としたキリスト教信仰が民衆生活のなかで定着するのである。

この時代には、西欧で知識人の本格的な形成がはじまるが、ブルターニュもまさにそのなかにあった。パリでは一二世紀なかごろには学校ができており、ブルターニュ出身の神学者アベラルドゥス（アベラール、一〇七九―一一四二年）はここで講じているが、一三世紀半ばには大学に整備されて、ブルターニュ出身者で有名な学者も育っている。一四世紀はじめには、ブルターニュ出身者のためにパリに四つの寄宿舎（コレージュ）ができて、年間六〇人にものぼる学生がパリ大学で研鑽をつんでいたという（Leguay/Martin, 1982: 37-38 ; Jones, 1985: 43）。

宮廷で王令など各種文書を作成する弁官（書記官）が、制度として本格的に整備されはじめたのも、一三世紀はじめ以降である。ブルターニュに現存するブルターニュ公の会計簿で最古のものは、一二六二年の年代をもつ（Leguay/Martin, 1982: 22）。これなどもパリのコレージュでの知識人の制度的輩出と無関係ではないだろう。

一三世紀の公には、モークレール、ジャン一世のように、詩歌を詠んだとされる人物もあるが、ブルターニュ公のなかで読み書き能力を確認できるのは、つぎに述べる「ブルターニュ公継承戦争」時のフランス王家側の公シャルル・ド・ブロワ(在位一三四一―六四年)が最初である。公文書に署名した最初の公は、そのつぎのジャン四世(在位(一三四五)一三六四―九九年)である(Jones, 1985: 42-43)。

英仏の王の識字能力をみると、一一世紀までは例外的で、一二―一三世紀では読めるが書けない、一四―一五世紀になって普通に書けるようになるという(ただし、書く場合にはラテン語より英語ないしフランス語が普通だった(Galbraith, 1935: 205-206))。この点では、ブルターニュ公は、英仏の王室にひけを取ってはいない。

フランス語の権威の確立についてもひとことといっておかなければならない。一三世紀には、イングランドでもドイツでもフランドルでも宮廷の言語はフランス語だった。この時代にはイタリアでも、ブルネット・ラティーニ(一二二〇―九五年ころ)、マルコ・ポーロ(一二五四―一三二四年、有名な『東方見聞録』はフランス語が原文)など、フランス語で執筆した知識人が多い(Beaune, 1985: 296)。ブルターニュでも一二一三年以降、公文書はラテン語ではなくフランス語で書かれるようになり(Boutouiller, 1987: 152)、一三世紀末には、宮廷で使われる言語はフランス語だけになっていた(Leguay/Martin, 1982: 372)。

おそらくこうした事情と、あとでみるような「国王つき歴史家」の出現とは無関係ではないだろう。フランスでは、『フィリプス・アウグストゥスの偉業』(一一七九―一二〇八年執筆)を書いたリゴール師が最初のようだ。このあと、ルイ九世(在位一二二六―七〇年)の時代にサンドニの聖職者プリマによって、フランス語で『諸王の物語』(一三世紀後半)が書かれ、これ以降一五世紀までのうちに、いわゆる『フランス大年代記』ができあがっていくことになる。

一四世紀半ば、ドゥルー家直系のブルターニュ公ジャン三世が世継ぎの男子を残すことなく亡くなることによって、「ブルターニュ公継承戦争」が起こる（一三四一—六四年）。ブルターニュの慣習法では女性が公位につくことは可能で、これ以前にも存在していたのだが、フランス王家が介入することで、慣習法だけでは問題が解決できない時代となっていたのである。英仏間のいわゆる百年戦争（一三三七—一四五三年）が開始された時代であり、まさに両家を巻き込んだ戦いが展開された。戦いは結局、形の上ではフランス王家側の勝利に終わり、イングランド側についていた、ドゥルー家の一族であるモンフォール家のジャンが、フランス王家に忠誠を誓い、その息子をブルターニュ公ジャン四世とすることで決着した（Leguay/Martin, 1982: 98-108）。

百年戦争はブルターニュにとってはブリテン島との関係を回復する契機ともなりえたはずだが、じっさいにはさらに遠ざかるのを助長した。それを象徴するのが、一三五一年三月二六日の「三〇人の戦い」である。ジョスラン（レンヌ西方）に近い荒地で、三〇人のブルターニュの騎士がイングランド王の庇護下にある三〇人の騎士を敗走させた戦いだが、その後これを描いた絵がすでに一五世紀末には描かれ（図4）、ブルターニュの独立を象徴する画像として、また中世の良き時代の象徴として、その後現代にいたるまで語りつがれていくことになる。ただしこの絵画はあくまで過去の栄光の賛美の図であり、現実を投影するものとはいえない。一四世紀は、戦乱と疫病の蔓延によって、西欧では史上もっとも疲弊した時代であり、ブルターニュでもそれは変わらなかった（Leguay/Martin, 1982: 142）。

一五世紀になると、フランス王家は、シャルル五世（賢明王、在位一三六四—八〇年）でいったんは回復した国力が、シャルル六世（在位一三八〇—一四二二年）の時代にふたたび低下し、国王の威信も失わ

図 4　「30 人の戦い」. ルボー『ブリトン人史年代記』の挿絵（1480 年. Abbaye de Daoulas, 1991: 36）. 左側黒十字をつけているのが，ジョスランの城（左手後方）に宿営するボーマノワールの率いるブルターニュの騎士団. 右側赤十字をつけているのが，プロエルメルの城（右手後方）を占拠したバンブロ率いるイングランド騎士団. バンブロが顔面に槍の一撃を受け，勝敗が決する場面が描かれている. ちなみにブルターニュを表す黒十字は，第 3 回十字軍招集のとき（1188 年）はじめて使われたという（ただし確証はない. この図が最初の証言である. Rault, 1998: 30）. ブルターニュ公の紋章である「白テン」文様は，ドゥルー家のモークレールによってはじめて用いられ，「継承戦争」では両軍がこれを旗印に用いたこともある.

れる。シャルル五世のとき、もともとイングランド寄りだったブルターニュ公ジャン四世は寝返って、イングランド王エドワード三世（在位一三二七―七七年）に忠誠を誓った（一三七二年）。しかしフランス王との戦いには敗れて、一時イングランドへの逃亡を余儀なくされたが、シャルル五世の逝去により、許されて次王六世と和約を結んだ（一三八一年）。一度裏切った公と和約を結ばざるえないというのは、フランス国王の権威が失墜している証拠だろう。

この状況は、つぎのブルターニュ公ジャン五世（在位一三九九―一四四二年）のとき、さらに強まる。

かれはシャルル七世(在位一四二二—六一年)の即位にあたって、跪座、脱剣によって服従の姿勢をとることを拒否して、直立、帯刀のまま、国王と手を合わせて、従属のことばを述べるだけだった。つぎに述べるブルターニュ公お抱えの歴史家たちも、公領のなかで公は王と同等であると明言しており、ここにいたって、ブルターニュ公領はまったく独立した王国となったといってもいいだろう。フランスの国力はまったく疲弊していたが、ブルターニュは経済的にも回復しており、これが政治にも反映していたわけだ。

直立、帯刀のままでの従属の誓いは、その後のフランソワ一世(在位一四四二—五〇年)、ピエール二世(在位一四五〇—五七年)、アルチュール三世(在位一四五七—五八年)、フランソワ二世(在位一四五八—八八年)まで継続され、この時代、ブルターニュはまさに繁栄を謳歌することになる。イングランド軍の侵略から逃れたノルマン人をはじめ、スペイン人、ポルトガル人、ドイツ人、オランダ人などが多数港に出入りし、百年戦争で混乱が続く西欧にあって、貿易のかなめの位置にあったという(Leguay/Martin, 1982: 165, 168-169)。

しかし、フランソワ二世の代には、この栄華にかげりが見えはじめる。それは社会経済的な面もあったが、主にときのフランス王ルイ一一世(在位一四六一—八三年)の支配欲によっていた。ルイはブルゴーニュやアンジュー、プロヴァンスといった大諸侯領を併呑して、大王国の基礎を固めた人物だ。ただその在位中にブルターニュ征服を達成することはできず、その意向は、息子シャルル八世(在位一四八三—九八年)にもちこされた。サントーバン・デュ・コルミエの戦い(一四八八年)によって、王国軍が勝利し、フランソワ二世は公領の王国による部分的占領を容認する条約を結び、まもなく失意のうちに死去する。そこで女公アンヌ・ド・ブルターニュ(在位一四八八―一五一四年)が登場することになる。

アンヌのもと、ブルターニュは王国への抵抗を続けた。戦争は翌年再開し、すぐにも王国軍の勝利と思われたが、イングランド、ドイツ、スペインなどの傭兵の活躍で持ちこたえた。同時にハプスブルク家のマクシミリアン(神聖ローマ皇帝、在位一四九三―一五一九年)との婚姻が持ちあがり、フランス王を挟み撃ちにする構想も生まれた。実際に国王代理と結婚の誓約書まで交わされたが(一四九〇年一二月)、戦局はますます不利になり、フランス王自身とアンヌとの結婚という、国王側の提案を受けざるをえなくなった。一四九一年一二月、シャルル八世との結婚がとりおこなわれ、公領のフランス王国への編入が開始されることになる(Leguay/Martin, 1982: 390-417)。

最初のブルターニュ公つき歴史家たち――ルボーとブシャール

知識人層の形成については先にふれたが、一四〇三年では、五七〇人のブルターニュ出身の学生が、パリ、アンジェ、オルレアンなどの大学に通っていた。ちなみにブルターニュに最初に大学ができるのは、ナントで一四六〇年だが、まさにこのような需要に呼応したものだ。一五世紀末には、一〇〇〇人から一五〇〇人の学生を擁していたという(Leguay/Martin, 1982: 379-381)。知識人形成が最初からパリなどフランス語圏で行われたことは、一三世紀末以降の宮廷や教会でのフランス語の圧倒的な影響力を裏打ちする。それゆえに、この時代以降の歴史書は、ラテン語でなければフランス語で書かれるようになるのだ。

しかしいっぽうで、一五世紀におけるブルターニュ公領の独立性の強まりによって、その権威を裏打ちする必要性も生じてきた。公を讃える歴史家たちの出現はこうした事情を背景とするのだ。ただしフランス王国のように、国王の命令のもとに王国史が書かれたわけではない。

ジェフリの『ブリタニア列王史』の影響を受けて筆記される書物には、ギヨーム・ド・レンヌ（生没年不明）の手になる『ブリタニア列王讃』（一二三六―五四年ころ）がある。内容的にはジェフリの書以上のものではなく、文学史からのみ言及されるにすぎない（Fleuriot, 1987: 100-101）。しかしこれはヴァンヌの司教に献呈されており、その栄光を讃える政治的意図を考えることもできよう（Michel, 1862）。一三八九年から一四一六年にかけての執筆とされる『聖ブリオク年代記』の作者はわかっていないが、ジャン四世と五世に仕えた歴史家の作だろう。ジャン四世はラテン語をたしなんだ公であり、この書を読めたはずだ。ブルターニュでは、これがもっとも早い時期の「過去の栄光を讃える」歴史書だといわれている。さらにギヨーム・ド・サンタンドレは、ブルターニュ公の武勇伝を記録した最初の歴史家である（『征服王または勇壮王ジャン四世伝』一四世紀末）。

こうしたなかで、一五世紀末から一六世紀にかけて、ブルターニュにとっては決定的に重要な歴史家がふたり登場する。それがルボーとブシャールである（Kerhervé, 1987: 245-271）。

ルボー（?―一五〇五年）の父親は、ブルターニュと接するメーヌ地方の小貴族であり、ルボーは一五世紀前半にそこで生まれたようだ。同地方のラヴァル家の庇護のもと聖職者となったが、早いうちから歴史に興味をもち、一四八〇年には、『ブリトン人史年代記』を同家に献呈している（図5）。この書は挿絵がふんだんに取り入れられた豪華本であり、当時の視覚的歴史イメージを知るうえでも貴重だ。その後かれは、ブルターニュ公夫人マルグリットに、さらにその娘の女公アンヌに仕えた。一五〇五年に亡くなっているが、その直前まで執筆にあたったのが『ブルターニュ史』である。この執筆のためにかれは、一四九八年一〇月、アンヌから、公領内すべての文書館の史料閲覧の権利を与えられた。史料調査をかなり精力的に行ったことがわかっており、さらにその記述には史料批判とも呼べるような箇所もある。この意味では近代の歴史家を先取りした、という評価もある（Cassard, 1985: 67-95）。だがその記述は、次節にみるようにこれまで知識人たちによって作り上げられてきた「諸伝説」の歴史に、いわば公的なお墨付きを与えることにつながった。というよりも、公権力の権威づけに利用されたといったほうが正確だろう。

図 5（上）　15 世紀ブルターニュの歴史家ルボーと，その主君ジャン（Cassard et al. 1980: 169）
図 6（下）　16 世紀ブルターニュの歴史家ブシャール（Cassard et al. 1980: 147）

いっぽうのブシャール(?—一五三一年以前)は、ゲランド半島(現ロワール・アトランティック県)の小貴族が出自らしい。ブシャール家は一四世紀末から公の宮廷で活躍する人物を輩出している。かれもまた、宮廷の法曹界を牛耳る人物であり、一四八四年にはフランソワ二世の書記官となり、一四九一年以降、フランス王シャルル八世の顧問官となっている。こうした公的な立場をへて、アンヌの亡くなる年の一五一四年、『ブルターニュ大年代記』を出版した。ブルターニュではじめての印刷歴史書であり、一六世紀前半に四回増刷された。ルボーと同様、アンヌから史料閲覧の権利を与えられており、歴史史料の扱い方については、かれ同様に評価されている。「歴史というのは、みずから見聞したことを解釈する歴史家がもたらすものである。……歴史は……執筆者の頭にある諸事実を文字で再構成したものである」と、『書簡集』のなかで述べているように(Kerhervé, 1987: 252)、歴史についての考え方は驚くほどさめており、近代的ともいえる。

再確認される起源伝説群

『聖ブリオク年代記』から『ブルターニュ大年代記』にいたるまで、歴史記述の基本線は変わっていない。『ブリタニア列王史』を下敷きにして、そこで展開される「起源伝説」が再確認されることになるのである。

【ブルートゥス・トロイア起源伝説】　この時代、ブリテン島との絆を強調するブリトン人意識はしだいに減退するにしても、ブルートゥス伝説は、ブルターニュの栄光を歴史的にバックアップする「史実」として継承されていく。注目すべきことに、この時期、ブレイス語は、「トロイアのいにしえの真の言語」とさかんに表現されるようになる。これは、『聖ブリオク年代記』、ルボー、ブシャールに共通する(Kerhervé, 1987: 253)。

『聖ブリオク年代記』にはつぎのような記述がある。

紀元前一一三九年ころ、ブルートゥスの時代、ブリトン人の最初の王はレタヴィアといった。このブルートゥスはトロイア出身であり、アイネイアスの子孫であり、流浪の人である。アイネイアスはトロイアの民の王であり、のちにイタリア人の王となった。……この紀元前一一三九年に、かれはこの地をアリダンと命名したが、いまはブルートゥスの名にちなんで小ブリタニアと呼ばれている。かれが、トロイアの民をこの地に住まわせたのである(リプリント版二七頁。Le Duc/Sterckx, 1972)。

ルボーの『ブリトン人史年代記』では、ブルートゥスについての記述は一一節にのぼるが、ほぼジェフリを踏襲している。ブシャールの『大年代記』のブルートゥスに関する記述も九節に達する。「……トロイアの人びとは、このころ地上でもっとも高貴なる系統であり、世界中に散らばった。そしてそののち、神のご加護により、このトロイアの民族からわがアルモリカのブルターニュのブリトン人が生まれたのである。こうしてブルターニュの言語は、トロイアのいにしえの真の言語なのである」(第二章。Bouchart, 1986)、というトロイアの起源からはじまり、ブルートゥスの移住とブリタニアの命名まで、ほぼジェフリを踏襲している。

トロイア伝説が中世初期においては、民族起源の神話として、フランクでもゲルマンでも重要な位置を占めたことは第一章で述べたが、中世後期になってもそれは変わらない。フランスではすでに指摘したように、『フィリプス・アウグストゥスの偉業』があり、これは「最初の民族史」ともいうべき書物だが、ここでは、フランク族の先祖として、ヘクトルの息子フランシオンが語られる。ヘクトルとはトロイアの最後の王といわれるプリアモスの子である。プリマの『諸王の物語』でも、クローヴィスがトロイアの血を引くことが述べられる（Rio, 2000: 94-95）。いずれもフランク族の先祖はもとをたどればトロイアに行きつく、という考え方である。

次章でみるように、この「フランク・トロイア」伝説はフランスでは一六世紀前半まで継承される。さらに西欧全体に視野を広げても、「一〇八〇年以降、王族や貴族の大多数の家系は、トロイアに続く系図をもっていた」（Beaune, 1985: 38）のである。トロイアこそまさに高貴性の源泉なのであり、この権威は一五世紀なかごろまで続くことになるのである。

【コナン伝説】　ブリテン島からの移住起源伝説としてのコナン伝説は、『聖ブリオク年代記』、『ブリトン人史年代記』、『大年代記』ともに大きくとりあげられる。

ブリトン人の王がマクシミアヌス・カエサルスのとき、この王は、亡きオクタヴィウス王の末娘である、大ブリタニアの世継ぎ王女を娶り、当時異教の地であるガリアの向こうのこの地を征服した。かれとかれの妻の親戚であるコナン・メリアデクとのあいだに和約が交わされたが、そののち、かれはガリアの戦場で一万五〇〇〇人を殺し、その他の者については、女子どもを除き、祖国から追い出してしまった。……こうして紀元三八一年、ブリトン人たちは、この地を小ブリタニアと命名した。……マクシミアヌスは、この小ブリタニアを王国となし、これを世襲所領地としてコナンに与えた（『聖ブリオク年代記』第一二章、リプリント版四九頁）。

紀元三八六年、マクシミアン〔マクシミアヌス〕は、……コナン・メリアデクの助言によって、ゴール〔ガリア〕の征服に乗り出した。当時ガリアは一〇の王国からなり、世俗のさまざまな高貴な王たちが支配していた。アルモリカ王国はそのひとつであり、ジュバルトゥスないしジュボーという名の世俗の王の支配下にあった(『大年代記』第八七節の二)。

結局、マクシミアンとコナンがジュバルトゥスにたいして勝利を収め、ジュバルトゥスは殺され、その配下の兵士も五〇〇〇人が殺害され、その他は四散した。こうして、マクシミアンとコナンはアルモリカのすべてを手中に収めた(同第八八節)。

『ブリトン人史年代記』と『大年代記』では、言語についての注目すべき記述がある。

こうしてコナン王は、その王国の支配のために、ブリトン人がみずからの子孫を増やすために妻を娶るのがよかろうと考えた。だがこのためにガリアの女性たちはいまだに異教の法のもとにあったので、娶るのを潔しとせず、……このブルターニュに女性を送ってくれるように大ブルターニュに……伝令を送った。……ロンドンに高貴な家系の一万一〇〇〇人と、平民の女性たち六万人を集めた。……アルモリカのブリトン人が、そうした少女たちが海の嵐でおぼれたり、災難にあって哀れにも亡くなったと聞いたとき、かれらはたいへん悲しみ、妻を娶るために島のブルターニュに伝令を派遣することさえできなかった。こうして、大西洋に近いブルターニュの西側に住む者たちが、とりわけ困惑した。というのもかれらはブリトン語を使い続けているからである。こういうわけで、ほかとは違って、ブリトン語を話すブリトン人と呼ばれるのである。このようにブリトン語を話す女性をあてがうことができなかったので、ガリアの周縁地帯であるブルターーニュの東側に住むガリア人の女性たちと結婚して、洗礼してわがイエスの信仰に改宗させ、子どもにガリアの言語を学ばせた。それゆえにかれらはガロのブリトン人といまでも呼ばれるのである（『ブリトン人史年代記』第三巻第三章）。ブレイス語を話すバス・ブルターニュとフランス語方言（ガロ語）地域のオート・ブルターニュとの違いが、すでに一三世紀には登場していることを指摘したが、これはそれを了解した上での記述なのである。

こうして、マクシミアンは、大ブルターニュ王国で三〇〇〇人の貴族と一〇万人の平民のブリトン人を集め、アルモリカ王国に移住させ、そこの女性たちを娶らせた。そこから生まれる子どもたちが、母親たちの話すアルモリカのフランス語をしゃべることのないように、当時は小ブルターニュと呼ばれていたアルモリカのすべての女性と女子の舌を切らせた。こうしてブレイス語だけが話されたのである（『大年代記』第三章の一）。

「舌きり伝説」は、ネンニウスに登場しているが（第一章参照）、ブレイス語が話され続けているその理由として、継承されていることがわかる。

【ノミノエ伝説】　「〔西ローマ〕皇帝ルードヴィヒ敬虔王の息子たちがフランス〔フランク〕で戦いをしかけてきたので、ブルターニュ王の系統にもっとも近かったネオメニウス〔ノミノエ〕が、ブルターニュに戦士を集めた。かれはたいへん勇壮で、ルイ敬虔王の派遣した代官や役人を追い払い、アンジェの町の城壁から大海にいたるまで、ブルターニュ王国全域に支配を及ぼした」（『大年代記』第一五一章）。第一五九章には、八四六年に戴冠したという記述がでてくるが、戴冠年については異論があるとはいえ（八四八年説の方が有力）、史実としておおかたの承認をえていることである。

しかしながらやはり、ノミノエ王よりもその二代あとのサロモン王のほうが、扱い方がはるかに大きい。これは『ブリトン人史年代記』にも共通する。たいへん敬虔で、裏切り者に暗殺された後は列聖されたことが記録され（『大年代記』第一七一章）、さらにこの王以降、王位でなく公位が語られるようになることも加えられる（同第一七二章の四）。

『大年代記』ではそのあとの大アランが最初のブルターニュ公として、第三巻の冒頭に登場する。以降はいわば「歴史時代」であり、今日でも史実として承認される公家の系統史が展開されることになる。

以上のように、ブルターニュの起源に関しては、トロイア起源を背景とするブルートゥス伝説が根強く残り、そのうえで、ブルターニュ成立にかかわるコナンが大きくとりあげられていることがわかる。文化的にはフランス語圏に組みいられつつも、政治的には独立性を強めるこの時代のブルターニュでは、ブルートゥス・コナンの起源説が重要な意味をもったのであり、これはフランスとの政治的な統合を強いられるつぎの時代になっても、重要性は継承される。また、「舌きり伝説」のような、移住期の言語的な逸話も、ブルターニュの言語的特徴の謂れとして、語り継がれることになる。

このいっぽうでフランスでは、王国の安定的形成とともに、これまでとはまったく違った形での、しかもなお「ブリタニア」とのつながりを完全に断ち切るわけではない起源論が議論されはじめる。それが「ガリア・ケルト論」である。

第四章
ガリア・ケルト論の登場

ガリアの「発見」――『ガリア戦記』の普及とトロイア起源説の衰退

コレット・ボーヌの研究によると、一五世紀にいたるまでの西欧における「ガリア」に関する知識は微々たるものだった。セビーリャのイシドール(五六〇ころ―六三六年)の『語源学』の記述や、一三世紀のバルデルミーの『事物特性論』や一四世紀はじめのベルナール・ギー『ガリア描写』などによって、地理的概念としての「ガリア」は知られていたが、その歴史についての知見はほぼ皆無だった。ネンニウスやジェフリでも、ガリアは地域として描かれ、カエサルによる「ガリア」の征服も記述されるが、いずれもほんの数行にすぎず、具体的な描写のないことはその証といっていいだろう。

『ガリア戦記』のもっとも早いフランス語訳は、一二一三―一四年ころ成立したとされる訳者不明の『ローマ人記』の後半部に収録されるものだという(Schmidt-Chazan, 1980: 387-407)。だが、これはほとんど影響力がなかったようだ。一四世紀なかばに、プレル(生没年不明)が聖アウグスチヌス

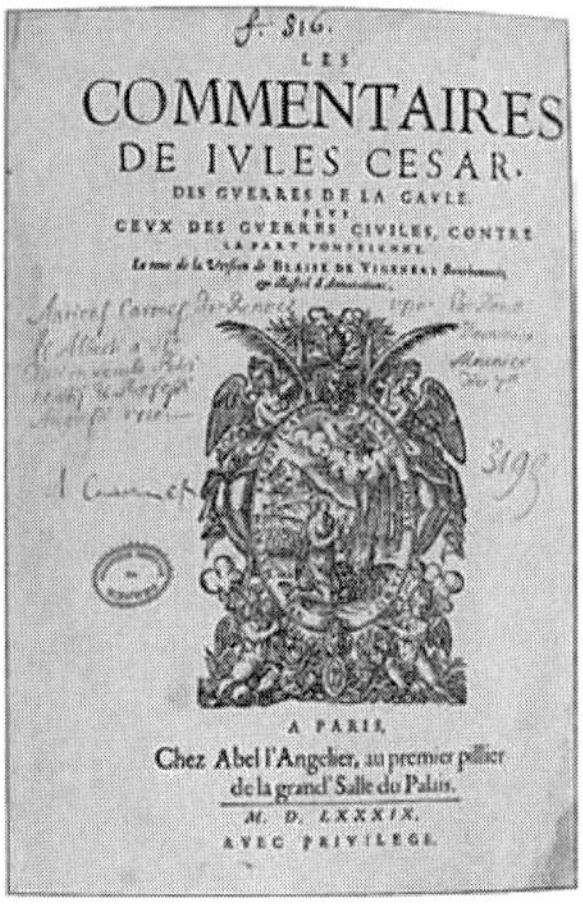

図 7 『ガリアの戦いについてのカエサルの覚書』(フランス語，1589 年．Dantec/Éveillard, 2001: 10)

(三五四―四三〇年)の『神の国』をフランス語に訳し、これにカエサルの「覚書」の主要部を翻訳してつけ加えた。これが一五世紀末には『ガリア戦記』と呼ばれるようになり、フランスで一般的に普及するもとになった。ルボーの『ブルターニュの王、公、王子の系統』に、「カエサルの「覚書」によれば、わがブルターニュは当時アルモリカと呼ばれていた」(Le Beau, 1992: 537)という記述があることにも、それをうかがうことができる。

一四七三年には、デュシェーヌ(生没年不明)がブルゴーニュ公シャルル(勇胆公、公在位一四六七―七七年)のために『ガリア戦記』をフランス語に訳した。その数年後、ガガン(一四二五ころ―一五〇二年)がフランス王シャルル八世のためにこれを『ローマの偉業』の題で仏語訳した。この翻訳はラテン語の原文に非常に忠実で、一五三九年には刊行されて、大いに広まることになる。

一四八五年以前に書かれ、注文者の死により未完に終わったが、アエミリウス・ヴェロネンシス(?―一五二九年)の『いにしえのガリアについて』は、ガリアの歴史を本格的に論じた最初の書物だった。こうして一五世紀末までには、ローマ的観点に基づくガリアの歴史は、西欧の知識人が共有するところとなったのだという(Beaune, 1985: 26-34)。

このガリアの「発見」が、起源伝説におけるトロイアの位置をおおきく変えることになる。さらにいえば古典古代の再発見という、この時代の人文主義(ユマニスム)が歴史の概念を一新し、聖書から発する「歴史」、伝説に疑いの目が向けられるようになったのである。ホメロスや、ディオドロス(シチリアの、前一世紀)、タキトゥスなどが再発見され、翻訳や校訂書の出版があいついで、諸民族の起源に関する考え方が劇的に変化した。タキトゥスの『ゲルマニア』がドイツの修道院の倉庫で「発見」されたのは一四五五年だった(Caussat, 1996: 12)。こうして、人文主義による最初の世界史といわれるビオンド(一三八八—一四六三年)の『ローマの歴史』(一四八三年死後出版)には、トロイア起源はもはや登場しない(Beaune, 1985: 26)。

ドイツでは、一六世紀はじめにはフランク族のトロイア起源はすてさられ、ゲルマンの独自性が強調されるようになるが(同 19)、イングランドではやや事情が異なっていた。一五世紀なかばに人文主義者が出現して、その存在が疑われるようになるものの(Kendrick, 1950: 14)、一四八五年、ウェールズ出身のヘンリ・テューダーを創始とするテューダー朝の誕生によって、起源伝承は逆に生命力を取りもどすのである。王家の紋章にはブルートゥスとアーサー王が描かれた。ヘンリ七世(在位一四八五—一五〇九年)の外套には、イングランド、フランス、ブルートゥス、ベリヌス、アーサーと王妃、告解王エドワード、征服王ウィリアムが登場した(同 34-35)。ブルートゥスの権威は、イングランドでは一六世紀になっても続き、否定的見解が優位を占めるようになるのは、一七世紀をまたなければならない(指、一九九九年。岩井、二〇〇三年)。

ガリア・フランス起源説

トロイア起源をめぐる言説の変化について述べたが、それでは一五世紀半ば以降のフランスではどうだったか。フランスでは、ガリアこそフランスの起源だという思想が築きあげられる。ここで登場する重要人物がアンニウスであり、ルメール・ド・ベルジュである。

アンニウス(一四三二―一五〇二年)はドミニコ会の神学者であり、人文主義者・オリエント学者である。かれは、前三世紀のバビロニアの祭司ベロッソスの文書など一二人の古代歴史家の文書を発見し、大洪水の真相があきらかになったと主張した。のちにこれはまったくの贋作だったことがあきらかになるが、略称で『古代史』と呼ばれるこの書物は、一四九八年、ローマとヴェネツィアで出版され、一六世紀はじめにはパリ(一五一一、一二、一五年)、さらにバーゼル(一五三〇年)、アントウェルペン(一五四五、五二年)、リヨン(一五五四、九一、九八年)とヨーロッパ各地に広まることになった。この時代のガリア思想研究の先駆者クロードジルベール・デュボワによれば、この書の広がりは、ジェフリの『ブリタニア列王史』の流行を思い起こさせるものだという(Dubois, 1972: 25)。それほど影響力は強力だったということである。

『古代史』では大洪水以来の系図が示されるのだが、とくに注目すべきは、ガリア人につながる王様の系譜がはじめて示されることである。ここではヨーロッパの起源は、『列王史』の場合のようにローマからせいぜい小アジアに行き着くのではなく、聖書の創世記の舞台、中東にまで広がった。トロイア起源説は、古典古代の絶対的権威があって成立しえたものであり、ここでそれが打ち破られることになる。言語的にも、古典古代のギリシア語・ラテン語を絶対視する立場がくずれ、ヘブライ語が起源語として重要な位置を占めることになる。ヨーロッパ的普遍主義、すなわちカトリックと伝統的古典学者にとっては、ラテン語こそその普遍性を象徴する言語であったが、この絶対性が揺らぎ、さらにその先に起源が求められてしまうことは、まさにその普遍性の崩壊を意味することになった。

ベロッソス文書は、スコットランドの研究者R・E・アシャーが英訳との対訳の形で、その研究書に添付している(Asher, 1993: 191-233)。人類の始原からガリアの形成にいたるまで、ここでその説をみておくことにしよう。

すべての世界が失われることになる大洪水というよく知られた災害の前、長い年月が過ぎたが、それはわがカルデア人が忠実に記録を残している。

その当時、レバノン山近くには、エニという名の巨人の住む大きな町があった。……巨人たちのなかに、神々の信仰心が篤く、ほかの者たちよりも賢い人物が、シリアの徳のある者たちのなかに生き残っていた。かれの名はノアといい、サムス、ヤフェトス、シェムの三人の子があった(「ベロッソス第一の書」Asher, 1993: 194-195)。

ベロッソス文書はこうして、創世記の大洪水の節以下に登場するノアから物語をはじめ、その子孫たちがヨーロッパの諸民族の起源を形作っていくことを述べる。カルデア人とはバビロニア南部に古代王朝を建てた民族であり、ベロッソスはその出身であるという。

したがってわれわれは、カルデア人とスキタイ人が残した記録からわかるのだが、大洪水のあと水が引いたとき、世界にはいま述べた八人だけが(ノアと三人の息子とそれぞれの配偶者)、アルメニア・サーガに生き残っており、ここから地上の人類がはじまったのである(同「第二の書」、同

196-197)。

大洪水が「人類の始原」として語られ、それはカルデア人とスキタイ人が記録しているというのだ。大洪水は一六世紀においても、知識人たちが人類の起源を論じる際に起点をなすことになる。またカルデア人とともにスキタイ人が人類の起源において重要な役割をもつようになる。これはまた「スキタイ伝説」として語られることになる。

ブドウとワインを見出したノアの才能ゆえに、ヤヌスと名づけられる栄誉が与えられた。ヤヌスとはアラム語(古代東方世界の共通語)で「ワインをもたらす者」という意味である(同「第三の書」、同 200-201)。

ノアがヤヌス、すなわちことのはじまりとおわりを司るローマの神に同定される。

(バビロニアの王サトゥルノの治世)一一〇年目、ユバルがケルト・イベリアを開き、やや遅れて、ディスとも呼ばれるサモテスがケルトの移住地を作った(同「第五の書」、同 204-205)。

ディスのサモテスの子からケルトの諸王に続く系図がはじまるのであり、マグス、サロン、その子のドルイウス、バルドゥス、ロンゴ、若王バルドゥスと続いていく。

(バビロニア第六代アリウス王の治世)一一九年目、実際的知識に満ちたドルイウスがケルト人を統治しはじめた。……そしてバルドゥスがケルト人の支配をはじめた。かれは詩歌の発明者としてかれらのあいだで名が通っていた(同「第五の書」、同 214-215)。

「ドルイド」については、ギリシア・ローマの多くの作家・歴史家が記述を残しており、また「バルド」については、前一世紀のディオドロスの描写が詳しい。一六世紀後半には、つぎに述べる通りこうした著者の記述が、大きな意味をもつことになる。

さらにルクス、ケルテ、ガラテ、ガラテス（かれにちなんで「サモテスの民はガリア人と呼ばれるようになった」という記述がある、同 220-221）、ハルボン、ルグドゥス、ベルギウス、ヤシウス・ヤニゲナ、アロブロックス、とつづく。ここまですべてケルト人の王であり、この場合はガリア人と同義である。

ベロッソス文書の最後にトロイアについての記述が登場するが（同 226-227）、しかしここでは、高貴なる起源の源泉としての意義はもはやなく、単なる史実のひとつとして記録されるにすぎない。ガリアの起源としてのトロイア・フランク伝説は継承されるが、トロイアをうわまわる歴史がケルト（ガリア）にはあり、トロイアの権威はすでにアンニウスにおいてだいぶ薄らいでしまったといっていいだろう。

アンニウスの『古代史』にはもうひとつ重要な記述がある。それは、サモテスがフェニキアにアルファベットをもたらし、これをギリシア人が採用したということである（同 47）。これは、カエサルの『ガリア戦記』の記述、つまりガリア人によるギリシア・アルファベットの使用を拡大解釈するものであり、一六世紀のギリシア語の「ガリア語起源説」のもとになっている。

『古代史』がヨーロッパ各地で流布するのと並行して、フランスでいち早くガリア起源説を発表したのが、ルメール・ド・ベルジュ（一四七三—一五二五年ころ）である。かれはパリで学んだあと、女公アンヌが亡くなる二年前にこのブルターニュ公の宮廷に招かれ、『ブルターニュ賛歌』を執筆する予定だったが、未完に終わった。そのかれが、一五〇〇年ころ書いたのが『ガリアの顕揚とトロイアの特殊性』である（リヨンで一五〇九年出版）。アンニウスの書がフランスで出版されるのは一五一一年だから、フランスではアンニウスに先んじてこのルメールがガリア起源説を発表したことになる。ルメールはアンニウスをほぼ踏襲する。重要なのは、かれらの著作をつうじて、トロイアをうわまわるガリア人の長い歴史的起源が論じられたことであり、ギリシアもローマもいわばガリアから文化をもらいうけた、という主張がここから広まりはじめることになる。

歴史の転換点としての一六世紀——国語成立の時代

一六世紀がどんな時代だったか、ここでまとめておくのは、これ以降の展開を理解するうえにもむだではないだろう。一六世紀はフランスにおいてもイングランドにおいても、その後の「絶対主義」の基盤が確立する時代である。フランソワ一世（在位一五一五—四七年）はフランスの「アンシャンレジーム」（旧体制）と総称される革命以前の体制の最初の王ということになっている。ブルターニュの併合はその大きなメルクマールといってもいい。この時代はナポリ王国、スペインのアラゴン王そして教皇庁などとの四次にわたるイタリア戦争（一四九四—一五五九年）が続いており、戦争のおかげで、イタリア・ルネッサンス、人文主義の思潮がフランスに流入した。フランソワ一世は人文主義の庇護者としても知られている。

と同時に、それに対抗するようにフランスの独自性がこれまで以上に主張されるようになる。フランソワ一世の出した王令「ヴィレール・コトレ法」（一五三九年）は、フランス語を王国の文書で排他的に使用しようとするものであり、ヨーロッパにおけるキリスト教的普遍主義、その象徴であるラテン語の使用を廃止することによって、フランスの国家的自立性、民族的一体性を宣言するものであったが、イタリアとの対抗意識もそこにはあったと考えていい。

先にもふれたように、この時代はキリスト教的普遍主義（カトリシテ）がまさにその普遍性を失う時代だった。改革派すなわちプロテスタントの誕生である。改革派は聖書中心主義を掲げることによって、国家をこえる機構的枠組みをなすローマ教会に反旗を翻し、民族的枠組みのなかで自らの信仰の自由を獲得しようと努力していく。聖書を自分たちの言語に翻訳することでこれを容易にしようと考えたかれらの行為は、ときの活版印刷術勃興のなかで、印刷によって広範な流布が可能となるような言語・綴り字法の標準化をうながし、各国の国語の成立につながった。とりわけ、フランスのような政治的統一を成し遂げられなかったドイツでは、ドイツ語訳聖書がドイツ標準語の成立にたいへん重要な意味をもった。

このように政治的・宗教的に、ヨーロッパ的一体性から各国の自立的傾向が強まりはじめるのがこの時代なのであり、これを各国の書きことば（国語・標準語）の成立ということがなによりも象徴的に表現しているのである。

そしてここに、各国王家の伝統を強調することで、おのおのの権威づけを行う必要が生まれるのであり、起源神話がそのもっとも重要な根拠として語られはじめることになる。ウンベルト・エーコは『完全言語の探求』のなかで、起源神話に関する「国民主義的諸仮説」と題する一節を設け、こうした流れを完全言語の探求の歴史的ひとこまとして論じた（エーコ、一九九五年）。自然のままの言語は不完全であり、人間の手が加わってはじめて完全なものになるという思想が、「完全言語」の思想であり、起源神話がこうした完全言語生成にとっても重要なのである（ただし各国でそうした試みがあいつぐのは一七世紀になる）。

ただし、時代背景として注意しておきたいのは、この世紀のはじめはまだ、キリスト教的普遍主義の伝統にのっとるといっていい人文主義も依然として生きており、ラテン語を話しことばとしても自由に使い、国境を容易に飛び越えて行動する、エラスムス（一四六五―一五三六年）やトーマス・モア（一四七八―一五三五年）などに代表される学者たちが存在したことである。もうひとつは、この世紀の後半は宗教戦争の時代であり、政治的にはけっして平坦とはいえない時代が続くことである。もちろん、その争いが国内政治の枠組みで展開されることが多くはなっていく。起源神話は、カトリック、プロテスタント双方で主張されながら、違った意味をもつこともあったのだ。

トロイア起源説への懐疑

フランスの宮廷つきないしそれに近い歴史家のあいだではなお、一五五〇年ころまでは、トロイア・フランク伝説が大真面目に語られる。たとえば、ブシェ（一四七六―一五五〇年ころ、シャルル八世の宮廷つき詩人）の『古代そして現代のフランス諸王系統図』（一五二八年初版）、ギヨーム・デュ・ベレー（一四九一―一五五三年、フランソワ一世の武官）の『ガリアおよびフランス古代史概説』（一五五六年）にトロイアの記述が登場する（Asher, 1993: 19-21）。

トロイア起源説にはじめて疑念を表明したのは、法学者デュムーラン（一五〇〇―六六年）であり、コレージュ・ド・フランスで教鞭をとったポステル（一五一〇―八一年）である。デュムーランは、『フランス人の王国と王政ならびにフランスの王家の起源、進歩、優秀性について』(一五六一年)のなかで、「たしかな証拠の残る時代からはじめれば充分だ」(Asher, 1993: 23-24)として、トロイアに言及しなかった。ポステルもまた、可能性のひとつとしてしか言及していない(『大洪水以降、ガリア人すなわちフランス人がフランスからアジアにいたるまで行った探検についての記憶すべき歴史』一五五二年、同 24)。ポステルでは、トロイアの権威すなわちギリシア・ローマの権威が崩れているのであり、その意味では、歴史の転換点としての一六世紀に典型的な見解の表明と見ることができる。デュムーランでは、さらに一歩進んで、実証主義歴史学の方法を先取りしているようにもみえるが、問題は「たしかな証拠の残る」時代のとりようである。かれの場合は、ギリシア・ローマの権威を後ろ盾としない、その理由づけにすぎないといったほうが正確のようだ。その意味では、論点はポステルと同様だろう。ポステルは、次章で述べるようにガリア・ケルト起源説形成にさいして、重要な位置を占めることになる。

アンニウスの「ベロッソス文書」にたいする疑念は、一五六〇年代にははっきりしはじめる。アシャーの研究によれば、この時期に出された歴史学方法論の書物が、学問研究それ自体についての議論を本格的にはじめたためだという。その先駆が、ボードワンの『世界史原論』(一五六一年)であり、ボダン(一五三〇―九六年)の『歴史の方法』(一五七五年)だった。ボードワンは、次章で登場するスカリゲルと同じように、歴史的史料の真偽の吟味にこだわったようだ(Asher, 1993: 73)。おそらくこのあたりから、実証主義歴史学に近い思考が芽生えていた、ということができるだろう。ボダンは、偽文書という疑念のために、『歴史の方法』のなかで「ケルトの歴史、すなわちガリアとフランスの歴史」に関する文献リストにベロッソスをあげなかった(同 74)。「ガリア論」でその後評価の高いパキエ(一五二九—一六一五年)の『フランス考』(全八巻、一五六〇—一六二一年)も、ベロッソス文書に疑問を呈した。アンニウスとルメールをはじめてはっきりと否定したのは、一五七〇年代に国王つき歴史家となったベルフォレ(一五三〇—八三年、記述の不正確さを批判されて、のちにその職を解任される)である。「わが国の大多数の歴史家はルメールを踏襲しているが、かれは自身のガリア人の歴史の比較的明確な事実を嘘で脚色している」(『世界全体史』一五七〇年。Asher, 1993: 26)。こうして一五七〇年代以降はフランスの正統派の歴史家のなかでは、トロイア起源説、ベロッソス文書が消えていくといっていい。

民族起源論としての言語系統論——ガリアとケルトの同一視

ガリアの「発見」が、民族起源としてのトロイアの権威の失墜につながり、ガリアそれ自体が重要な意味をもつことになった。また先に引用したベロッソス文書もそうだが、カエサルの時代に用いられていた「ケルト Celt」が、ガリアの別名として登場するのもこの時代だ。中世から一五世紀にかけて、「ケルト人」という言い方はまず用いられることがなかった。古代においては語られたが、その後はまったく忘れ去られてしまった単語である。『ガリア戦記』の普及により、「ケルト」概念が一般化しはじめたのである。現在まで何の疑いもなく用いられ続けることになるが、近代に入るまさにその途上で再活性化されたことばだということは知っておくべくだろう。しかもそれは、ガリアの「発見」以来、一六世紀において始原が再構築されるうえで、キーワードにもなったのである。

同時にこの時期、大洪水以降の人類の起源について、聖書に依拠しつつもより自由な論争が巻き起こることになる。それが一六世紀後半の「言語起源論争」であり、ここではじめて「ケルト」についての本格的論述が開始されるのである。

ここにおいては、アンニウスとルメールによる展開、すなわちガリアがトロイアの先に来るという点が決定的に重要な意味をもった。そこにはギリシア・ローマにガリアが先んじるという、優越性の主張が内包されていたからである。

ここで重要なのが、ピカール（生没年不明）の『古代ケルト学について』（一五五六年）である。ガリア語がギリシア語のもとになっていることを論じた最初の書である。この書によれば、ガリアの初代の王サモテスから数えて四代目のドルイウスの時代にはガリア人はギリシア語を話しており、この当時まったくの野蛮の状態にあったギリシアにこの言語を広め、文明化したのはガリア人だった。ギリシア文明がもたらされたのはガリア人のおかげだったのだ。アンニウスにおいてすでに、ギリシアに文字を伝えたのはガリアだと記述されたが、ここでさらに一歩進んで、ガリアで話された言語そのものがギリシアに伝わったことになった。ギリシアを標的としたガリア優越論は、対抗によってではなく、同一化、吸収によってギリシアの権威を弱めることにつながった。

この書は「ケルト」が題名に登場する最初の重要文献といってもいいが、この時代とくにフランスではすでに述べたように主要な関心は「ガリア」にあり、「ケルト」がガリアと同一とみなされていたことはおさえておくべきだろう。しかしその後、一八世紀には、第五章でみるように、ガリア・ケルトの言語起源論争のなかからケルトがひとり立ちして、「ケルトマニア」が誕生することになる。

この書はまた、一九世紀末以降の公教育のなかでさかんに用いられた表現「すべての人は二つの祖国をもっている、みずからの祖国とフランスという祖国を」という祖国愛の考え方をはじめて示した書として有名である。ここでいうフランスとは、当時のヨーロッパ全体(それは世界全体をも意味するが)に広がる普遍的文明を創始し、それを広めたガリアを意味している。普遍主義という名の優越文明史観、その普及への使命感をもつ国、フランスの思想的起源はガリア認識と密接にかかわっているのだ。

もう一人の重要人物が、すでにふれたポステルである。『大洪水以降、ガリア人すなわちフランス人がフランスからアジアにいたるまで行った探検についての記憶すべき歴史』(一五五二年)などかれのガリアに関する書物は、この時代の「ケルト」起源論についてのもっともまとまった著作群と評価される。さらにかれにおいては、起源の古さがフランスの優越性を歴史的に証明し、これを政治的に利用する戦略があり、この点でもさらに一歩踏み出したものとみることができる。ただ、現実にはかれはフランスの宮廷から厚遇されるようなことにはならなかった。

ポステルはみずからの方法を「エミトロジー」と呼ぶ。「エミト」とはカバラの思想で「真実」を表す。カバラではことばが真実を表現するのではなく、ことば自体が真実なのだから、これはまさに真実解明学である。もちろん、現代の目からみればこれは一種の「象徴を解釈する語源学」である。語源学は一九世紀後半以降、音韻法則を精緻化し、それを金科玉条とすることによって比較言語学に成長していくが、それ以前は音の類似性が全てであり、この徹底化はしばしば戯画的状況をもたらす。のちのケルトマニアはまさにそうだったのだが、ポステルにおいて、すでにその兆しをみることができる。いくつか例をあげておこう。カオスの状態から宇宙が生まれるその最初のきっかけは、水と地の分離であり、これをヘブライ語では、「ガルヤー」という。ポステルはこれこそ「ガリア」の語源と主張する。これは、「ガリム」が「水からすくいあげられた」人間を意味することからも、確認できる。すなわち、大洪水の後、まっさきに生まれたのはガリア人だというのだ。「世界の最初の民族の名、それはガリア人である」(『新世界の女性の驚くべき勝利』一五五三年、二九葉表、Asher, 1993: 56)。そして、ノアの子、ヤフェトの長子にゴメル(ゴメルス)の名が与えられる。アンニウスなどのように長子がもはやサモテスではなく、聖書のゴメルであることは重要である。ゴメルこそ「ガリア人の父であり、創造者であり」、ここに「ゴメル神話」が誕生することになる。

ゴメルの長子はアスケナーズであり、この一族は、キンブレを経て、ゲルマン人を形成する。すなわち、ガリアはゲルマンをもその一族としている。「最初のアルマン(フランク)王ファラモンがガリアの地を治める」ずっと以前にこの土地はガリア人が支配していたのである(『女性の栄誉という難攻不落の要塞』一五五五年、タイトルには関係しない歴史の話が多くを占める。Asher, 1993: 58)。

さらに、「ウンブリア人」(イタリア中部の古代人)ももとは「ゴンブリー」であり、ゴメルの一分派である。ポルト「ガル」も「ガリ」シア(スペイン北部)も、「ガラ」テア(小アジア)もガリアに関係し、もちろんその子孫である。「ガリア」こそ始原を表象するキーワードなのである。さらに東の、スキタイ(もとはシンカンブレでキンブレにつながる)やアルメニアにもゴメル人は広がっていた。キンブレ、ゲルマン、スキタイとの系統関係も、ここからその影響が発するというのだ。

自分の言語こそ人類の起源につながると主張するには、学術的な説得力以上のものが必要になる。これこそケルトマニアにつながる考え方であり、言語起源論はじつはこうしたところからさかんになるといっていい。

キリスト教につながる「ドルイド」像

ガリアが大洪水後の最初の、すなわち人類の始原にたつ民族だという議論が、フランスでは国の威信の高揚に合わせて積極的に打ちだされるなかで、「ドルイド」の実像にせまる記述が登場するようになる。ドルイドについては、一五世紀以前でも知られてはいたが（南川、二〇〇三年、八九頁）、本格的な議論は、やはりガリアが思潮のキーワードとして認識されるこの時代以降になる。カエサルばかりでなく、プリニウスの『自然誌』（一世紀、全三七巻）が紹介されることによって、儀礼をつかさどり、共同体の長として威厳をもっていた、古代ガリアのドルイド像について知られるようになり、その実像が議論されはじめる。アンニウスでは短い指摘だけだが、ルメールには、「アルシドルイス」すなわち「ドルイド頭」に関する記述がある。また国王顧問官クロード・ド・セセール（一四五〇―一五二〇年）の『フランスの王国』（一五一五年執筆、一五一九年出版）では、カエサルによるドルイドの記述が「フランスにおける宗教的な継続性」、つまりドルイドがキリスト教伝来以前の聖職者的位置にあったことを立証するために引かれ（Asher, 1993: 94-95）、さらに一六世紀後半にまとまった論述がなされるようになる。議論の力点は、やはりギリシアを凌ぐガリア文化の優越性であり、キリスト教に受けつがれる宗教的継承性である。

人文主義者でカルヴァン派となり、聖バルテルミーの夜の虐殺で殺されたラムス（一五一五―七二年）の『古代ガリアの習俗と流儀について』（一五五九年）では、ガリアの最初の五人の王とドルイド職の創設を結びつけ、バルドゥスによる音楽技法の創造にもふれられた。カエサルの指摘（第一章一二頁）を手がかりに、当時はガリアのほうがブリテン島よりも文化的に優れていたはずだから、ガリアの人びとがブリテン島に学びに行ったのではなく、ブリトン人がガリアに来たのだろうとする。またギリシアに文字を伝授したのだから、文法、修辞学、論理学などはギリシア以前から発展していた、ということになる(Asher, 1993: 93-94)。タイユピエ(一五四〇—八九年)の『国家史とドルイドの共和国』(一五八五年)では、サモテスからフランクスにいたるまでの時代のガリアが描写された。フランクスがドルイドに王国の政治をゆだね、フリギア(小アジア中北部)人の王バヴォーが「ドルイド頭」に迎えられ、こうして「王国に貴族政治がはじまった」と記される(同 64)。ガリアからフランクへは、断絶することなく、正統性が継承されることになる。さらにドルイドの「いけにえ」の思想がけっして反キリスト教ではないことが力説される。「このように人間を犠牲にささげるという考え方は、ユダヤ人や預言者たちの考えを受けつぐものであり、……イエス・キリストはみずからの死と受難によって、父なる神に身をささげることになるのである」(Asher, 1993: 96)。こうしてドルイドは、キリスト教に接続されるのだ。「シャルトルの大聖堂は、聖母マリアのためにドルイドらによって建てられたのである」(同 97)。

独立を失うブルターニュ——一六世紀

さて、一四九一年のアンヌ・ド・ブルターニュとシャルル八世との結婚によって、ブルターニュ公領がただちにフランス王国に編入されたわけではなかった。結婚にさいして、公領は双方が継承の権利を保持するとされたからである。一四九八年四月にシャルル八世が死去し、アンヌはその世継ぎのルイ一二世と再婚することになった（一四九九年一月）。再婚までの一年弱のあいだ、ブルターニュはかつての独立状況をとり戻した。再婚による契約書は、シャルル八世のときよりブルターニュにとって有利なものだった。公領はフランス王家の世継ぎ（長男）ではなく、次男が継承するとされたのである。長男の継承では国王が公を兼ねることになり、編入につながってしまう可能性が高い。次男が引きつげば、公領の独立性が保持されることになるわけだ。

アンヌは二度の結婚で八人の子を産んだが、成人に達したのはルイ一二世との結婚による二人の娘だけだった。彼女は長女を王家以外に嫁がせることで公領の維持を図ろうとしたが、アングレーム伯フランソワと婚約が結ばれる。アンヌは反対したが、一五一四年一月、自らの希望が受けいられることなく亡くなり、同年五月婚姻がとりおこなわれる。アンヌを追うようにして、ルイ一二世が翌年一月亡くなり、フランソワがフランス王フランソワ一世として即位する（在位一五一五—四七年）。同年四月、かれはアンヌの娘、王妃クロードから「その生涯のあいだ」との期限付きで公領の贈与を受ける。数週間後にはこの期限ははずされ、「将来にわたって」ということになる。さらに公位は次男ではなく、長男に授与されることになる。じっさいにクロード亡き後（一五二四年）、王子がフランソワ三世の名でブルターニュ公領を相続した（Leguay / Martin, 1982: 418-435 ; Boutouiller, et al., 1987: 221-231）。

アンヌの存命中、ブルターニュの独立性は失われなかったといっていい。財政的にも司法面でも独自性を保った。公領の統治機構であるブルターニュ三部会がしっかりしていたこともその理由だろう。また民衆にたいする影響力も相当なものがあった。これを象徴するのが一五〇五年六月から九月にかけての、アンヌみずからの「トロ・ブレイス」（ブルターニュ巡礼）だった。トロ・ブレイスが一二世紀に成立していたことはすでに指摘したが、アンヌの場合は、病気に臥していた国王の治癒祈願のための巡礼だった。ナント、ヴァンヌ、カンペール、ブレスト、トレギエ、サンブリユーなど主要な地域をへめぐり、アンヌは各地の民衆の大歓迎を受けたのである。「アンヌへの敬慕」は「ブルターニュ最後の女公」(じっさいにはそうではなかったが)としての悲劇の側面を盛り込みつつ、こうしてその後二〇世紀にいたるまでうけつがれ、民族主義にも影響を与える存在になる。

こうしてアンヌ亡きあと、クロード、フランソワ三世と公位が移るなかでその位は有名無実化し、一五三二年八月四日、フランスとの「連合」をブルターニュ三部会が承認し、九月一八日には国王によって確認される。この際の条件は、三部会の承認なくしては税の徴収は行わない、ブルターニュ慣習法による司法権、また聖職者の任命権を保持する、というものであった。しかし一五四七年、フランソワ三世がアンリ二世(在位一五四七—五九年)として国王に即位することで公位は失われてしまう。フランスによるブルターニュの併合はここに完成するのである。

トロイア伝説の民衆化

一六世紀フランスにおいては、ガリアの古層性が主張されるなかで、トロイア伝説が衰退すると述べたが、いっぽうブルターニュでは、この時代以降もブルートゥスにつながるトロイア伝説がとりわけ民衆のなかで生き続ける。フランスに併合されていくなかで、その独自性を精神的に保持し続けるための「箔づけ」である。

アンヌ・ド・ブルターニュはその葬儀にあたって、「ブルートゥスとトロイアの人、フランス王妃」と形容された。また、ブルターニュ併合の年一五三二年八月、レンヌで王の後継者(フランソワ三世)の入場行進が行われた。この際に通りの主な辻には王にまつわるさまざまな人物像が掲げられた。そこにブルートゥスもあり、その解説の垂れ幕にはつぎのようにあったという。「わが名はたしかにほかでもない、疑いなくブルートゥスだ。……わたしはためらうことなく、まさに自ら望んでこのブリタニア(ブルターニュ)を征服することになった。それはわたしから代々続く人びとのためであり、この世の終わりまで話されることになる、このトロイアの真の言語をしゃべる人びとのためである」(ケルト言語学者エミール・エルノー発見の文書による、Rio, 2000: 115-117)。この解説は「トロイアの真の言語」ブレイス語で書かれていたというが、レンヌはブレイス語圏ではなく、入場行進に立ち会う民衆も、いうまでもなく貴族たちもブレイス語を理解できるわけはなかった。「トロイアの高貴性」を象徴するためにブレイス語が自覚的に使用され、それが社会的な意味をもったということが重要だろう。

またブルターニュの紋章「エルミーヌ」(白テン)が、「現在のブルターニュではルクロワジックといわれるトロワジック(トロイアの村)で見つかった」という逸話も生まれた。つぎに述べるこの時代の歴史家ダルジャントレはその『ブルターニュ史』(一五八二年)のなかで、ルクロワジックが昔はトロワジックで、それはブルートゥスの来訪に関係していると記録している(Merdrignac, 1993: 45)。トロイア伝説は、ここにいたって民間伝承の仲間入りをはたす。知識人のあいだで論議されていたトロイア起源論が、知識階層での議論がまさに終焉を迎えるころ、民衆階層で、自らの起源として、あるいはその箔づけとして普及しはじめていたことになる。

それは言語系統の理解にも反映された。有名なメルカトールの『アトラス』（一六八二年）で、バス・ブルターニュ地方のところに「ここではブレイス語が話される。土地の人はこれをトロイアの古い言語だという」（同45）と注記されていることが、このトロイア起源論の民衆化を物語っている。

正史としてのブルターニュ史の成立

この時代のブルターニュの歴史家で注目されるのがダルジャントレ（一五一九—九〇年）である。かれは一五世紀の歴史家ルボーの家系であり、職業的には法律家だった。一五八〇年に新たに刊行された『ブルターニュ慣習法』の編集もしている。そのかれがブルターニュ三部会の求めに応じてしたためたのが、『ブルターニュ史』（一五八二年）だった。その正式な題名からも執筆の意図をうかがうことができる。すなわち『ブルターニュの王国の成立とこの地位の公国への変更、さらには最後の女公でありその後フランス王妃となり、その結婚によって公国はフランス王家の手に渡ったアンヌ妃の時代にいたるまでのブルターニュの王、公、伯、王子の歴史』である。フランスに併合されるなかでの三部会を中心とした抵抗を、栄光ある歴史の誇示によって擁護しようとする政治的意図は明らかである。じっさいにパリ高等法院の命令により、有害な書物として押収されている。改版が一五八八年に出されるが、ここではフランス国王つき歴史家ヴィニエから、その記述をはげしく攻撃されることになる。それが『ベルトラン・ダルジャントレという人物の執筆になる二版のブルターニュ史の誤謬と誹謗を糺すために、小ブルターニュのかつての状況とフランス王家のこれに対する権利について』（一六一九年）である。ダルジャントレの書は、その後息子の編集により、二度出版され（一六一八、六八年）、さらに要約版も出された(一六九五年)。ブルターニュでは一七世紀以降、歴史の基本文献として評価されていくことになる(Kerhervé, 1987: 260-261)。

概説部のあと、「ブルターニュ史第一部、ブルターニュとブリトン人の名称と古い起源の時代がどうだったか」がはじまる。この時代の歴史記述の通例にならい、大洪水からはじめ、ヤフェトからガリア人が発する。そこからブリトン人が続くのであり、トロイア起源ではない。「大洪水によって全人類が破壊された後、ノアの子孫を継ぐ者たちがその居住可能な地域に入ったのであり、ユダヤの歴史家ヨセフスによれば、ヤフェトからコメルス・ガルスという名の息子が生まれ、これがガリア人のもとになった。ベロッソスによれば、ブリトン人のもとともいう。ただこのベロッソス文書についてはかれが書いたといわれる断片については信憑性を疑うものたちが多いし、わたしも必ずしもすべて信じているわけではないが」(Argentré, 1588: 4)。

ブルートゥス起源論にも疑念が表明される。そもそもブルートゥスという名前は、ラテン起源で古いものではない、という主張である。「ブルートゥスはラテン語である。……ラテン語がこの島に入ってくるのは、もっとあとになって、せいぜいカエサルの時代である」(Argentré, 1588: 11)。ガリアがローマより古いというガリア優越論は、すでにみたように、一六世紀フランスの時代的思潮といっていいだろう。

さらに、ガリアのブリトン人こそブリテン島の住人のもとになったという。「ガリアのこの地域に、島部〔ブリテン島〕よりも前に、ブリトン人とブリタニアが存在していた。島部の最初の住人はわがガリアのブリタニアに由来するのであり、ブリタニアの名をもつすべての民族の源泉はここなのである」(同3)。「この島を所有し、入植し、その言語をもたらしたのはガリア人なのである」(同5)。「ブルターニュの名は、ガリアの王ブリタヌスに由来するブリタニアからきている」(同10)。

ルボー、ブシャールら一五世紀の歴史家たちは、ガリア人とブリトン人とをはっきり区別しており、ここは大きな軌道修正ということになる。ここには一六世紀フランスにおけるガリアの「発見」、ギリシアやブリテン島にたいするガリア優越論の影響をはっきりとみることが可能である。ガリアの王、ブリタヌスの娘が「ケルティン」という名で、その息子が「ケルト」であり、ここにケルト人が由来するという。ガリア人がケルト人に先行する。もちろんブリテン島のケルト人はのちのことである。このあたりから、ガリア語こそ欧州でもっとも古いという議論がはじまる。

ダルジャントレで重要なのは、ブルターニュの起源がガリアに直結すると同時に、ブレイス語がガリア語に直結することである。この点で、フランスの正統的歴史書、すなわちフランス王国の起源としてガリアを論ずる歴史家たちとは一線を画することになる。

> アレマン人、ヘルヴェチア人、チュートン人はガリアで生まれ育ったわけではない。したがってガリア語を話したわけではなかった。……ガリア語は異邦の民族の侵入によってガリア民族ともども葬られたのであるから、フランス語もガリア語とは関係しない。唯一、このブルターニュだけにその言語とそれを話す人びとが残ったのである(Argentré, 1588: 15)。
>
> ガリアの〔ローマ帝国への〕服従以来、ブルターニュは、異国の強力な領主に支配されるようなことはけっしてなかったのであり、ブリトン人は、当時はガリア人という名だったが、こうしてことばを変えることもなく、もともとの言語を改造することもなく、ガリア語をずっと話してきた

のであり、これがブレイス語なのである(同17)。

さらに、ブリテン島のケルト系言語ももともとガリア語であり、ブレイス語こそその直系の子孫ということになる。「ブリタニアの言語は、島部のコーンウォールすなわち「ガリアの角」(コルヌ・ガリア)で話されているが、これはアルモリカの、すなわちもともとガリア人のコロニーの延長であって、真のガリア語であり、おたがいに理解できるのである」(同16)。こうしてガリア語が他の欧州語に先行すると同時に、ブリテン島の言語も含み、それがブルターニュのブレイス語につながっているという。

ダルジャントレの『ブルターニュ史』は、政治的にフランスに統合されたあとになっても、ブルターニュが独自性をもつことを、まさに当時のフランス王の宮廷つき歴史家たちの正統的フランス史と同一水準で叙述した。フランス史に対抗的なブルターニュ史の正史として、政治的な自立性をなおも主張するブルターニュ三部会の歴史的後ろ盾として充分機能することになる。

以上のように、一六世紀は、フランス王国の独自性が歴史的に主張され、そのなかでガリア・ケルト起源論が、ギリシア・ローマの古典古代を上回る歴史の長さの根拠として展開される。ブルターニュは政治的にはこの時期に完全にフランスに取り込まれるが、独自性の主張は知識人においても、また民衆レベルでも保持されている。民衆レベルではトロイア起源論であり、知識人においてはガリアからの言語的継承である。ガリアはたしかにフランスの起源かもしれないが、言語的にはブルターニュこそそれを継承しているのだ、という主張である。これがガリア語＝始原語＝ケルト語＝ブレイス語という「ケルトマニア」の思想に直結していくことになる。

第五章
ケルトマニアの誕生

衰退に向かうブルターニュ――一七―一八世紀

一五三二年にブルターニュはフランス王国に併合され、ブルターニュ公も途絶えて、その独立性は完全に失われる。だが地域としてのブルターニュが衰退しはじめたわけではない。ブルターニュの黄金時代は、政治的な独立性を保っていた一五世紀から一六世紀前半まで、といわれることがよくあるが、経済的にはその後も順調である。一六世紀はフランス全般で好況状態にあるが、一五九〇年代以降、宗教戦争により停滞にむかい、それが一七世紀も続く。回復は一八世紀を待たなければならないが、ブルターニュでは、宗教戦争の影響はほとんど受けずに、一六六〇年代まで曇りがない。とくに貿易では帆布や小麦、塩などが、イングランド、オランダ、イベリア半島等に輸出され、常に黒字状態にあった。経済的繁栄により、人口は一五世紀末で一三〇―一五〇万人程度だったのが、一七世紀末には約二〇〇万人と、二世紀で五割増加する（Tanguy, 1980: 28-52）。その後の二世紀でさらに五割増え、ブルターニュは三〇〇万人を越える人口をもつことになるが、産業革命の進展以前にこういう状態だったことは注目しておくべきことだろう。そのおかげで蓄積された富は、教会やその付随建築物にむかった。今日、ブルターニュで見られる伝統的教会は、その多くがこの時代に建てられたものであり、文化財としての教会建築もじつはそれほど古くからのものが保存されているわけではないことは認識しておく必要がある。

もちろん教会建築をもたらしたのは、宗教戦争以降のカトリック宗教改革という大きな流れのなかでの布教者たちの努力である。ブルターニュでは、この時代にブレイス語圏に入った聖職者のなかではもっとも精力的に活動した人物として有名なモノワール(一六〇六―八三年、オート・ブルターニュ地方出身)をあげておかなければならない。布教に讃美歌や聖史劇を採り入れるなど、イエズス会士として教育方法をいろいろ工夫したことでもよく知られている。その一環としてブレイス語を学び、ほかの布教師たちにも学習をすすめるために書いたのが、『イエズス・キリストの聖学校』(一六五九年)で、ブレイス語最初の文法書になった。この書の意義は、話しことばからかけ離れつつあったそれまでの文語綴字法をおもいきって話しことばに近づけた点にある。この点で、ブレイス語史では近代ブレイス語の誕生を告げる書という評価を受けている。

さて繁栄の続いたブルターニュは、一六六〇年以降、経済的にも政治的にも衰退期を迎える。ブルターニュ三部会は併合後も自治権限を大いに行使して、国王権力の直接の介入を阻んできた。その力関係がルイ一四世(在位一六四三―一七一五年)の登場により変わりはじめる。決定的になるのが、一六七五年の農民一揆である。「印紙税一揆」とか「赤帽子団の反乱」ともいわれるが、バス・ブルターニュの内陸地方を中心に数十箇所で反乱が起こった。その原因は、徐々に進む集権的な政策にあるが、きっかけとなったのは、おもに戦費捻出のための新税、印紙税の王令である。「農民綱領」という民主的共同体規約を作成する農民集団が現れるなど、一世紀後のフランス革命を想起させる場面も出現するが、国王軍が直接乗り出し、半年で鎮圧される。併合以来ブルターニュは総督(グーヴェルヌール)によって支配されていたが、この事件をきっかけに国王派遣の警察長として地方長官(アンタンダン)が加わり、中央による支配体制が一段と強化される。

一七一五年のルイ一四世の死後、ブルターニュ三部会はかつての権限を取りもどすべく、徴税の記録を拒否したり、さまざまな抵抗を試みる。このときの抵抗を象徴するのが、中小貴族による三部会の決議尊重の訴えである。決議を尊重することは、一五三二年の併合条約に明記されており、この条約遵守の訴えでもあった。パリでの王政への不満分子や、当時戦争状態にあったスペインなどを後ろ盾にして、王権転覆の陰謀が練られたが、実行に移す前に発覚して、首謀者たちが捕らえられ、一七二〇年、処刑された。中心的人物の名前をとって「ポンカレック男爵の陰謀」として歴史に刻まれるが、その事件は「語り歌」となって歌い継がれ、第六章で見るように、『バルザス・ブレイス』にもとりあげられることになる。一九世紀のナショナリズムの歌謡では赤帽子団はあまり話題にのぼらず、ポンカレックの思い出がもっぱら記録される。ポンカレックは、民族的抵抗の前史としても記憶されることになるのだ。

ブルターニュ史の刷新、ロビノーの登場

ブルターニュでは、一七世紀になってもダルジャントレ以来の伝統を引き継ぐ歴史書が出版されるいっぽうで、これまでの起源史認識を全面的に刷新する歴史家が登場する。それがベネディクト会士ロビノー(一六六六―一七二七年)である。かれの『ブルターニュ史』(一七〇七年、全二巻)は、一七世紀の「ケルト」の議論が明確に反映されている。

四五八年、今日ブルターニュの名を負う、いにしえのアルモリカ地方にブリトン人が移住したのがほぼこのころである。かれらはまず、かつてディアウリテス人、クリオソリテス人、オシスミス人が居住していた土地、さらにはヴァンヌ、ナントの人びとの一部が住んでいた土地を占有した。……かれらはガリア共和国の一員をなしていた。かれらはケルト人であり、ほかの地域のケルト民族と同じ言語、同じ宗教、同じ国を構成していた(Lobineau, 1973: 1)。

ガリア人=ケルト人という認識がまずあり、そのうえでブルターニュの起源がブリテン島からの移住ではなく、それ以前のガリアの時代にある、と説いていることがわかる。ガリア・ケルト人の認識は、明らかに一六世紀以降問い直されてきたフランスにおける支配的思潮を受け継ぐものである。

現在アングルテール〔イングランド〕と呼ばれるこの島のブリトン人は、もともとはケルト人である。それは、ガリア人のなかでドルイドの宗教を深く学ぼうとする者はブルターニュ〔ブリテン〕島に渡ったという、カエサルのいっていることを考えてみれば、すぐにわかるだろう。ガリア人とブリトン人は同一言語、同一宗教であり、したがって同一起源なので、ガリアから逃れたのである。……ケルト〔ガリア〕人そして島〔ブリテン島〕のブリトン人の共有するこの言語は、いまでも

バス・ブルターニュ地方で話されている言語と同一である。……ブレイス語は昔のケルト人の言語なのである(Lobineau, 1973: 3)。

ブリトン人がローマ帝国時代にガリアからブリテン島に渡った人びとであり、言語的に同一で、なおかつブレイス語がガリア人その他の、古代のケルト人の言語であるという考え方は、まさに一七世紀に登場したものであり、時代的思潮にのっている。

われわれが判断するところでは、レンヌその他のアルモリカへのブリトン人の渡来は、三八三年であるが、これが僭主マクシムスとコナン・メリアデクのもとで行われたというのは、マクシムスの遠征がじつはアルモリカではなくライン河口にいたるものだったので、ありえないことである(Lobineau, 1973: 6)。

ここにいたってはじめて、「コナン伝説」が否定される。とはいえこのことが、つぎに見るように歴史家としてのロビノーの立場を危うくさせることになる。

ロビノーのこの書の第一部はノミノエの登場で終わり、第二部はノミノエで開始される。ノミノエについての記述は詳細を極め、ジェフリの『列王史』ではるかに重視されていたサロモン王の倍以上にのぼる。一体的ブルターニュ創設者としてのノミノエの評価がここにはじめて登場し、以降の建国神話としての「ノミノエ伝説」のもとになったと考えられる。

一八世紀ブルターニュの歴史家についてみると、つぎに述べる「ケルトマニア」のように相変わらず大洪水以来の神話的世界について語る人びともあれば、またこのロビノーのようにこうした神話的時代をまったく相手にしない人たちもあった。この世紀の歴史家は数多い。とくにベネディクト会士たちの活躍が目立つ。その代表がモリス(一六九三―一七五〇年)である。かれの『ブルターニュの教会ならびに住民の歴史』(一七五〇年、フォリオ版五巻本)は、ケルトマニアとロビノーとの中間的な立場に立つといっていいだろう。まえがきでかれは、ルボー、ダルジャントレ、ロビノーら先達の著作を引き、続いて、「ブルターニュの王、伯、公の系図」を一八頁にわたって掲げる。その最初に登場するのが、コナンである。ここでは、アーサーを援助したオエルは登場するが、九世紀のブルターニュ統一期の武将ノミノエもサロモンも登場しない。

ここはわれわれの知る限り、ガリアにブリトン人が作った最初の移住地である。マームズベリーのウィリアムが伝えるところによれば、コンスタンチヌス大王がここにもうひとつの移住地を設けた。三六四年、ピクト人、サクソン人、スコット人がブルターニュ〔ブリテン〕島に襲来して、これが新たな移動をもたらすことになり、アルモリカに再び移住することになった。もっとも大規模だったのが、僭主マクシムスによる三八三年のものだった。……ブリトン人の部隊を指揮していたアルバニア〔スコットランド〕の王子コナンほど、寛大さと無私の心をもつ人はいなかった。かれはみずからの国を後にし、しかるべき支配者に謀反を起こす人びとの脅威をものともしなかった。マクシムスは、今日ブリトン人が居住するアルモリカの土地を、ローマ帝国付属のもとで、かれに贈与することになった(Morice, 1742: 6)。

『ブルターニュの起源神話』の著者リオによれば、コナンの再登場は、ブルターニュの名家ローアン家の政治的地位と関係するという。ローアン家はブルターニュに古くからある有力な家系として、すでに一五世紀にはコナンの末裔であることを主張し、それゆえにブルターニュ公の継承権をも要求した経緯がある。一七世紀以降、ローアン枢機卿はルイ一四世の宮廷に出入りしており、一八世紀はじめ、ロビノーの『ブルターニュ史』にコナンの記述がないことに立腹し、その書き直しを要求した。ローアン家にとっては、フランス王の宮廷で存在価値を認めさせるには、「異国の高貴なる家系」の出自を主張することが最善だという判断があった（Rio, 2000: 260）。そのためにブリタニア王の系統を引き、ブルターニュの最初の王、コナン・メリアデクを初代とするという家系がもっともふさわしかった。ロビノーは一七二七年に亡くなり、ローアン枢機卿が白羽の矢を立てたのが、モリスだった。枢機卿は、「ローアン家家系史」を要望したが、できあがったのは『ブルターニュの教会ならびに住民の歴史』という一般的な通史だった。モリスの歴史観は一九世紀にまで引き継がれて流布されていく。

スキタイ起源説――クローズアップする「ケルト」

一七世紀になっても、フランスにおいてはガリアが起源として最重要視されるのは事実である（Asher, 1993: 69, 71 ; Tourneur, 1905: 197）。また、人類全体の起源としてガリア人を考える、アンニウス以来のガリア人始原論も、一七世紀に続いている（Asher, 1993: 69）。ドルイド賢者論、すなわちケルト人の宗教がキリスト教の「原型」をなしており、フランス人がガリア・ケルトを起源とすることによる宗教的断絶はない、という主張も依然として続いている（同 101）。

一六世紀において、民族起源を論じる際に言語と民族との同一関係に着目して、言語系統論として民族起源論が展開されるようになったことはすでに指摘したが、一七世紀になると、こうした議論がさらにさかんになる。このなかで重要度を帯びるのが、スキタイ人起源論である。これがケルト語がゲルマン語と同一だという考え方にもつながっていく。

古代ローマのヘロドトスやストラボンが、ケルト人とスキタイ人の重なりを指摘していることが、ゲルマンとケルトの「合同」の主張につながったようだ。ポンタヌス(一五七一―一六三九年)は、古典古代の著作からガリア語の語彙を集めて語彙集を作り、語彙論から言語起源論へアプローチした最初の人だが、ケルト語はゲルマン語であることを語彙論的に証明し、ガリア語をオランダ語やドイツ語によって説明した(『ガリア・ナルボネンシス旅行記』一六〇六年)。かれによれば、ブレイス語はガリア語の生き残りであり、したがってゲルマン語だった(Tourneur, 1905: 194)。

ファン・シュリーク(一五六〇―一六二一年)は『ケルトならびにベルギーの事物起源』(一六一五年)のなかで、古典古代の作家はゲルマン人という言い方をしていないが、じつはこれはケルト人とスキタイ人という言い方で表現されているのであり、もとをたどれば、これらはすべてヘブライ人にいきつくと考えた(Tourneur, 1905: 195)。ドイツの地理・歴史家クルヴェリウス(一五八〇―一六二二(一三)年)は、その著『古代ゲルマニア』(一六一六年)のなかで、「[ノアのひ孫]アシュケナーズの子孫がケルト大民族(ケルティカ)をなすのであり、その居住地はゲルマニア、ガリア、エスパニア、イリュリア、ブリタニア諸島に及んでいる」(Rio, 2000: 220 ; Tourneur, 1905: 195)と記す。大陸と島のケルト、ゲルマニアが民族的には一体だと語っているわけだ。

スウェーデン人のイェーガー(生没年不明)は、一六八六年にヴィッテンブルクでゴート語とケルト語の同一起源についての論文を書いた(『欧州最古の言語、ケルト・スキタイ語とゴート語について』)。このなかで、「スキタイ語はヨーロッパのすべての言語のもとであり、ここからフリギア語、ケルト語、イタリア語が生まれた」と述べた（Tourneur, 1905: 198）。かれの場合も、ゲルマンとケルトは同一民族だった。

オランダの学者ボクスホルニウス（一六〇二―五三年）の死後出版の書『ガリアの起源についての書』（一六五四年）は、ガリアの起源をギリシアとゲルマンの共通起源に結びつけ、この共通起源はスキタイであるとした。かれによれば、「ギリシア語もラテン語もゲルマン語もスキタイという共通の起源をもっていた」（Droixhe, 1978: 89-90）。ヨーロッパ・スキタイ起源説の最初の明確な提唱者である。第四章で述べたように、これは聖書起源説のなかで展開されたスキタイとの関連を指摘する議論が下敷きになっている。かれはさらに、「オランダ語が古のスキタイ人の言語の直系の子孫である」として、オランダ語始原語説に一歩近づくことになる（Tourneur, 1905: 198）。

数学者、哲学者として有名なライプニッツ（一六四六―一七一六年）は言語学者としても当時からよく知られていた。かれもまた、ケルト＝ゲルマン＝スキタイ論者であり、この点ではまさに時代と地域の思潮を体現している。「こうして昔の人は、ゲルマン人のこともガリア人のこともケルト人と呼んだ。ゲルマン語やケルト語は、ラテン語やギリシア語と起源を共有するのだが、ケルト語の起源を理解するためにさらにさかのぼっていくと、黒海からやってきたスキタイ人の子孫という共通の起源に行き当たることになる。スキタイ人は、ドナウ川、ヴィスワ川を渡り、一部はギリシアに赴いたはずであり、残りの者たちが、ゲルマニアとガリアに広がったのである」（『人の了解についての新試論』一六九五年ころ、出版は一七六五年。Rio, 2000: 222）。

イタリアの古典学者で、イングランドなどで勉強しプロテスタントとなったスカリゲル(一五四〇—一六〇九年)の『遺稿集』(一六一〇年、パリ)のなかに、「ヨーロッパの諸言語について」という論文(一五九九年執筆)がある。このなかでかれは、欧州の諸言語を四つの大語派と七つの小語派、あわせて一一のグループに区分けした。エイレ(アイルランド)語とアルバ(スコットランド・ゲール)語を一小語派、カムリー語とブレイス語(それぞれブリタニア語とガリア語と表現される)をもうひとつの小語派に分類した。島のケルト系言語を二派に分けて記述したのはかれがはじめてだった。さらにこの分類は、ゲルマン諸語とケルト諸語とをはっきりと分けて考える最初の論考だった。もちろんこれは一七世紀の論者にあっては例外的だったが、一九世紀になって、比較言語学が体系化する過程で本格的に展開されることになる。

言語学の先駆者としてスカリゲルやライプニッツがとりあげられることはあるが、ボクスホルニウスに言及されることはほとんどないといっていい。現在からみれば荒唐無稽な主張だが、この時代の主要な思潮を考えれば、言語観に関してはけっしてそこから外れているとはいえない。スキタイ起源説はキリスト教や古典古代の権威に頼らない、自由な思考法をもつ知識人たちの時代思潮だったわけだ。

ケルト・ゲルマン同属論は一八世紀も継続される。ドイツでは、こうした議論が活発で、カイスラー(『ケルトと北方に分割された古代人』一七二〇年)、ヴァハター(『ゲルマン語語彙』一七二七年)などがケルト・ゲルマン同属論を説いている。エカルドゥス(一六七四—一七三〇年)は、『ゲルマン人ならびにその最古の植民地の起源について』(一七五〇年、死後出版)で、エイレ語とドイツ語、フリジア語(オランダ北部）の近親性を例証しながら、その同属論を説いた（Tourneur, 1905: 199-200）。つまりドイツでは、国民国家的な形成が遅れるなかで、言語起源論が知識人たちのあいだで重要な論点となったのであり、ケルト・ゲルマン同属論のもつ「北方性」が、古典古代的な「南方性」に対抗する有力な根拠を提供したのである。

「ケルトマニア」の元祖ペズロン

現在、比較言語学の一分野として「ケルト言語学」という学問が存在する。第六章でもとりあげるが、ケルト言語学研究の常識としては一八五三年のツォイス著『ケルト語文法』をもってはじまるとされる学問分野だが、これをさかのぼる試みが最近行われた。二〇〇〇年にロンドンで出版された『ケルト言語学、一七〇〇―一八五〇年』全八巻である（Davis, 2000）。一四人の著書がとりあげられ、なかにはルイド（後述）のように以前から先駆者としてとりあげられた人物もあったが、その多くはこれまでほとんどまともに相手にされなかった著作家である。それは現在の目から学問的意義を判断するというこれまでの考え方から、時代的な脈絡をトータルで考えるという、学問史上の意義づけが変わったということもあるが、ケルト語始原論が学問的でないという判断がかつては働いていたことが大きいだろう。そしてこの第一巻でとりあげられたのが、ペズロン（一六三九（四〇）―一七〇六年）だった。

一八世紀のヨーロッパ、とりわけフランスで「ケルトマニア」（フランス語では「セルトマンヌ」だが、英語圏での言い方に統一しておく）と呼ばれた人びとがある。「マニア」とは「熱愛」「偏執狂」であり、

「ケルトマニア」とは、ケルトに執拗にこだわる人びとという軽蔑のニュアンスを込めて用いられた。一九世紀の歴史家ミシュレが最初に用いたともいわれるが、一八三〇年代の造語である。

ペズロンは、ケルト語こそ人類始原の言語だと提唱し、それゆえに最初のケルトマニアと目される。ブルターニュ中南部のヴァンヌ地方エヌボン出身のシトー会修士で司祭であり、歴史家・学者としてはすでに一六八〇年代から名が通っていたが、一七〇三年に発表した『ケルト人、またの名ガリア人の民族と言語の古き時代』が、時代を画する書となったのである。

プロローグで指摘したように、大英博物館学芸員のジェームズが、ブリテン島における「ケルト非在論」を打ち出すなかで、「捏造」の張本人だとして指摘するのがペズロンである。ペズロン以前にケルト語始原論はおおかたできあがっており、かれはいってみればそのまとめ役を引き受けたに過ぎないが、その著書の広汎な流通によって、この思想を普及させたその「功績」は大きい。この書は三年後には英訳が出され(さらに一八一二年にいたるまで数版を重ねた)、さらにカムリー語の歴史概説書『主要なる時代を映す鏡』(一七一六年、一七四〇年再版)でも主要部が紹介され、フランスばかりでなく、イギリスとりわけウェールズで大いに支持されたのである。

作り話の作者であるビテルボのアンニウス以降、多くの学者たちがいろいろと書き立て、そのあとを継いでさまざまに表現してきた。……聖書によればヤフェトの長子、ノアの孫であるゴメル、かれをギリシア人はガラテス人と呼んだのだが、このゴメルをガリア人の最初の真の先祖だとわたしがいえば、非難する人があるかもしれない。これはユダヤの歴史家ヨセフス(三七―一〇〇年ころ)がその『古代史』のなかで書いているのであり、これは、アンティオキアのエウスタティオス、偉大なる聖ヒエロニムス、セビーリャのイシドールなど多くの人が引いている(Pezron, 1703: a-iii)。

「作り話の作者」としてアンニウスを退けているのは、一七世紀以降一般的になってきており、その流れのなかにあるといっていい。ケルト人の起源が聖書起源のヤフェトの子ゴメルにさかのぼることについても、古典的に著名な著者のみを証拠にあげる。

わたしはひとつのことを結論づけたい。すなわちこれこそ人が知らなくてはならないことなのだが、古代ガリアの言語であるティタン〔タイタン〕人の言語が、四〇〇〇年以上の月日を経て、今日にまで生きのびたのである。驚くべきことに、これほど古い言語が、フランスではアルモリカと呼ばれる小ブリタニア〔ブルターニュ〕の民であるブリトン人と、海の向こうの大ブリタニアの一地方、ガルの国の民、すなわちアングルテール〔イングランド〕のガリア人〔ガロア、ウェールズ人〕によって今もなお話されている(フランス語原版から、Pezron, 1703: e-iii)。

ティタン人とは、ヤフェトの子でゴメルの弟のマゴグを始祖とするスキタイ人が、フリギア(小アジア)にわたってから名乗った名であるという。スキタイ人は、ネンニウスでもスコット人の始祖として登場し、中世を通じて知られていた。とくにドイツでは、一五世紀には自民族の起源としてよくとりあげられるようになる。一六世紀に始原語がさまざまな形で議論されるようになってその主張は勢いを増す。スキタイ語始原語説として、それを決定づけたのはすでに指摘したオランダのボクスホルニウスであり、ライプニッツであった。このスキタイ人とガリア・ケルト人との系統関係がペズロンで逆転していることがわかる。かれによれば、ガリア人の始祖ゴメルは、スキタイ人の始祖マゴグの兄であり、ガリア人の方が優先権をもつわけだ。

一六世紀ブルターニュの歴史家ダルジャントレがすでに書いているように、ブレイス語こそガリア語であり、始原語に通じるというのは、けっしてペズロン独自の新主張ではない。だが、ガリアを引き継ぐのはもはやフランス王国ではなく、ブルターニュでありウェールズなのであり、ヤフェトの子ゴメルの言語は、ヘブライ語を直接引き継ぐケルト語だが、このヨーロッパの「原民族」の生き残り、その「純粋な」子孫がブレイス語であり、カムリー語なのだと明確に記すのは、かれがはじめてだった。ブリトン人こそヨーロッパの起源であり、聖書起源で説かれるように、それは人類全体の起源でもある、これを引き継ぐのが現在のブリトン人であるという、いわゆるケルトマニアの主張がここに生まれたのである。

一六―一七世紀の始原語の議論では、問題となっているのは大洪水以降である。それ以前については聖書の創世記で完結しており、話題にされることがない。ペズロンによれば(Pezron, 1703: 182)、大洪水以前は単一言語であり、それはヘブライ語だった。問題はノア以降であり、これについては繰り返しその主張が展開される。

ヤフェトの長子はゴメルである。そのつぎがマゴグ、それからマダイである。……マゴグはスキタイ人すなわち大タルタル人の始祖とみなされる。その兄ゴメルはすなわち民族全体の創始者である。これは当然であり、異議をさしはさむ人はいないだろう。ヨセフスによればゴマリア人がそれであり、ケルト人、ガリア人がその血筋を引くことになるが、ほかに考えられるだろうか。数多くの古典文献による証拠と引用によって、すでに明かしたように、ゴメルがガリア人の真の始祖ならば、ほかの民族とはまったく異なる言語をもたなければならない。これがケルト語なのだ。だがこの名をとったのは、西方に到来してヨーロッパの諸地域に住みついてからであり、それ以前のアジアでは、まずはゴマリア人の言語であり、続いてサーケス〔スキタイ〕人の、それからティタン人の、さらにはキンブレ人あるいはキメリア人の言語であった。いずれにせよ、このようにして数世紀を経るあいだに、ガリア人として知られるケルト人の言語となったのである(Pezron, 1703: 184-185)。

ヨーロッパ全体をカバーする始原語としてケルト語が提示されているのである。

ギリシア語がケルト語から枝分かれしたのだという主張が、事例をあげることで説得力をますことになり、なおかつギリシア文化にたいするケルト文化の優越性の例証にもつながっている。それは一六世紀フランスにおけるガリア優越論の議論を引き継いでいることでもある。

だいいち、みればわかるが、事例としてあげたケルト語はギリシア語より単純であり、だいたいが一音節でなっている。いっぽう、ほかでは、つまりギリシア語では二音節になる。ケルト語で二音節の単語はあまり多くはないが、その場合はほかでは三音節になる。つまりギリシア語がケルト人の言語から取られているのであり、ケルト語がギリシア人の言語のもとになっていることは明らかである。つまり、長い複雑な単語は短い単純な単語がもとになっている、というのがほとんどすべての言語に共通する規則なのだ(Pezron, 1703: 239)。

ケルト語が始原語であることを論証するさいに、かれの母語であるブレイス語とカムリー語の知識が大いに活用される。「5」はケルト語では「ペンプ」であり、ギリシア語では「ペンペ」である。

「4」はカムリー語で「ペドワール」、ブレイス語ヴァンヌ方言で「ペトアール」であり、ギリシア語では「ペトレス」である。このようにしてかれは、ギリシア語については八〇〇語、ラテン語については一二〇〇語のケルト語を出自とする単語をあげることができる、と主張する(Pezron, 1703: 330-441. ドイツ語への借用も併わせ、それぞれ一覧表が掲載される)。その証明の仕方は、ケルト語からギリシア語、ラテン語、ドイツ語を説明するという一方的なものであり、とても相互比較といえるものではないが、ここに一九世紀後半になって学問として確立する、比較言語学の手法の片鱗をうかがうことができる。ペズロンのケルト語を、比較言語学の「原インド・ヨーロッパ語」に置き換えて考えると、まさにその考え方を先取りしているといえないこともない。しかしそこから強引に導き出される結論は、比較言語学の手法の危うさを逆に表現しているようにも思える。

「ケルトマニア」ペズロンのこうした危うさに対して、この時期の言語論者のなかでただ一人今日でも高い評価を受けているのが、ルイド(シュイド、一六六〇—一七〇九年)である。かれがはじめて、エイレ(アイルランド)語、アルバ(スコットランド・ゲール)語を含めて、今日知られているケルト諸語の全体を把握したのだ。かれはウェールズの学者で、ペズロンの同時代人であるが、当時、こうした言語的系統の把握の仕方はまったく孤立したものだった。ルイドの方はペズロンを著名なケルト学者として知っていたが、直接の面識はなかったようだ。

ルイドが行おうとしたのは、これから比較研究を行おうとする人たちのための素材の提供であり、その理路整然とした収集の意味づけにより、学問としてのケルト学の先駆者として、ケルト学史ではそのはじめに必ず指摘を受ける人物である。ただ当時においては、ルイドはオックスフォードの一介の図書館司書にすぎず、ペズロンの方がはるかに知名度があった。少なくとも一八世紀中はペズロンの影響力の方が強大だったようだ。

ペズロンの単音節から複数音節への発展論について、ルイドが興味深い指摘をしている。「わたしは、単音節語が古いということについては、その確率が高いということで、ペズロン博士におおかた賛成する。しかしこれはかれが主張するような一般規則とはいえない」(Lhuyd, 1707: 266-267)。このあたりは、比較言語学の先駆者としての姿勢がうかがえるところだ。

ペズロンが説こうとしたのはまさにケルト民族優越論であり、その証左としての言語系統論だった。こうした論点は民族主義につうじるものがあるが、国家意識につながっていないことも重要だろう。ウェールズ人であってもそれが決して国家的な優越性の主張にはつながっていない。これが一九世紀的民族意識との決定的な違いといっていいだろう。

「ネオ・ドルイディズム」とフリーメーソン――もうひとつのケルト復興

第四章で述べたように、一六世紀のガリア・ケルトの「発見」のなかでは、古代ケルトのドルイドがキリスト教を準備した、聖職者の祖型として評価されたが、一八世紀になると、まったく別の形で「復興」が開始される。それが古代ケルトのドルイド的精神の復興をめざす「ネオ・ドルイディズム」である。これはキリスト教とのつながりが意識されるのではなく、それとはまったく逆に、キリスト教へのアンチテーゼとして、フリーメーソンとパラレルに展開される神秘主義運動であり、合理主義精神への反発でもあった。フリーメーソンとは、石工(メーソン)の組合が団結のために編み出した「加入儀礼」を参考にしつつ職業性を取り外して、「純理論的」に紳士の交友団体に作り変えたものであり、その後西欧の知識人のあいだに大きな影響力をもつことになるが、じつは、誕生において「ネオ・ドルイディズム」とまったく重なっていた。

生みの親は両方ともトウランド（一六六九―一七二二年）という。かれは、北アイルランドのデリー出身のカトリックだったが、教育はスコットランド、ついでヨーク、オックスフォードで受け、そこで当時のドルイド研究家で実践者のオーブリー（一六二六―九七年）に出会うことで、古代ケルトに心酔することになった。宗教的にはカトリックからプロテスタント自由主義派、さらには英国教会派、汎神論者、自然宗教派を経て、フリーメーソンとドルイドにたどり着いたのだった。

一七一七年六月、ロンドンのパブで、フリーメーソン・イングランド支部大ロッジを結成した。これがフリーメーソンの誕生とされる。同年九月、フリーメーソン・ロッジのあるパブとさほど遠くない別のパブで、「古代ドルイド団」がやはりトウランドを中心とするメンバーによって結成される。これにはイングランド、アイルランド、ブルターニュの代表が招かれ、「ネオ・ドルイディズム」の開始を告げるものになった。「古代ドルイド団」二代目団長、スチェックリ（生没年不明）もまたフリーメーソンの会員だった。

復興されたドルイドは、古代のそれとはおそらくまったく別物といっていい。「ネオ・ドルイディズム」は、その誕生のいきさつにおいても、またその実際の運動においても、フリーメーソンと緊密にリンクしている。ときはプロテスタントが勢力を拡張しつつある、「宗教戦争」のまだ収まらない時代であり、海外との交易などにより力をつけつつあったブルジョワ的教養階層による、宗教的喧騒をこえる人的結合体の試みのひとつとして、こうした団体は解釈すべきものだろう。トウランドの宗教的遍歴がそれを如実に示しているともいえる。おそらくこうした団体においてはじめて、キリスト教的な同質性を背景としない知識人の人的結合が可能となったとみていいだろう。純粋な知識人団体という観点でみれば、これこそ一九世紀に誕生する各種学術団体の先駆といえるのである。

この運動は、「ケルトマニア」の誕生とまったく同時代だが、両者に交流があったわけではない。民族・言語起源論としてケルトを論ずる人びとは、多くが聖職者で学問的関心からケルト起源を研究しているにすぎない。ところが、ドルイド復興をめざす人びとは、サークル的な運動団体の理論的基盤としてケルトを考えている。キリスト教誕生以前にさかのぼることによって、キリスト教を超える共有基盤が獲得できるのである。第六章でみるように、一九世紀に入ると、この運動がいくつかに分派して広がり、そのひとつがウェールズで、カムリー語復興において重要な役割を演じることになる。さらに第七章になるが、一九世紀末以降、ブルターニュでの民族主義運動に与える影響をみていくことになる。

「ネオ・ドルイディズム」誕生と同じ年、ロンドンでは、「考古協会」が再結成されている。じつはこの協会は遠く一五七二年に設立されたが、一七世紀はじめにジェームズ一世のもとで解散させられ、この一七一七年に再結成のはこびになったのである。この団体もまた、ブルジョワ教養階層の友好団体であり、ときに政治性をもつこともあったわけだが、次章でみるように、世紀末以降、フランスの民俗研究にも影響力をもつことになる。

拡大するケルト語論

言語的類似性を重視して、ヨーロッパの起源語としてのケルト語と、ブリテン島に起源的に由来する現在のケルト語すなわちブリトン諸語との系統関係を論じるのがケルトマニアの立場であり、これに対して宗教や歴史的事件を重要視して、ケルト・聖書起源説と現在のフランスとのつながりを主張するのが一六世紀における議論の展開だったが、ペズロン以降も両方の流れは併存し、両方を採り入れて論を展開する著作家も稀ではなかった。

マルタン(一六八四—一七五一〔五三〕年)は、南フランスの神学者で古代宗教学者である。『ガリア人の宗教』(一七二七年)、『ケルトとガリアの起源についての歴史的解明』(一七四四年)などで有名であり、『ガリア人の宗教』の序論では、「わがアルモリカの言語〔ブレイス語〕はわが祖先の言語のもっとも純粋で貴重な生き残り」(Martin, 1727: vi-vii)と指摘している。これは明らかにペズロンに負うものである。

ペルーティエ(一六九四—一七五七年)は、ナントの勅令の廃止(一六八五年)によりドイツに亡命した両親のもとで、ライプチッヒに生まれ、ベルリンで死んだプロテスタントの牧師・歴史家である。『ケルト人の歴史』(一七四〇—五〇年、二巻本)で有名になり、一七四二年、パリの「名文・碑文アカデミー」は、その一般公募の論文課題「ガラテアの名で小アジアに住み着いたガリア人はいかなる民であったか」にたいするかれの論文に賞を与えている。かれの死後、草稿を大幅に追加して出版された第二版(一七七〇年)がその後のケルトマニアに大きな影響を与えることになる。

その主張はケルト＝スキタイ起源説であり、ケルト＝ゲルマン説であり、またガリア＝ケルト＝ブリトン説である。アイルランド人も「起源的にはブリトン人であり、ケルト人、ガリア人である」

(Pelloutier, 1741: 27)とする。

一八世紀には、ブレイス語に関する辞書が相次いで出版される。こうした辞書はいずれも百科全書派的な「知識の体系」をめざすものだが、そこでカムリー語との一体性がどの辞書においても強調されていることは興味深い。ベネディクト会のルペルティエ(一六六三—一七三三年)の手になる『ブレイス語語源辞典』(一七二五年ころ執筆、一七五二年に死後出版)は一八世紀ではもっとも大部で確固たるものだが、一七世紀のモノワールの文法を土台にしており、ブレイス語とカムリー語の共通性を強く意識している。ほぼ同時期に辞書と文法書を執筆したカプチン会士ロストルネン(一六七二ころ—一七五〇年。『フランス語ケルト・ブレイス語辞典』一七三二年、『フランス語ケルト・ブレイス語文法』一七三八年)は、一七世紀のデイヴィス(一五七〇—一六四四年)によるカムリー語の文法書『ブリテンの古語』(一六二一年)を基にして書かれており、ブレイス語とカムリー語の一体性をさらに強調している。こうした書物は一九世紀になってから、ブレイス語の言語純化運動のなかで評価されることになる(原、一九九〇年、第五章)。ケルト・ブレイス語という表現で、「ケルト」が加えられていることにも注目しておきたい。

ビュレ(一六九九—一七七五年)は、ブザンソンの神学者であり、『ケルト語についての覚書』(一七五四—一七六〇年、三巻本)において、ブレイス語が起源語であることを「ヘブライ語、シリア語、カルデア語〔バビロニア〕、アラブ語、ペルシア語、タタール語、マレー語、マラバル語〔インド南西部〕、シャム語、ペグー語〔ビルマ〕、ジャワ語、ベトナム語、シナ語、日本語と比較する」ことによって論証した。『百科全書』で文法に関する項目を担当したボーゼ(一七一七—八九年)がビュレのこの書を支持し、

『百科全書』(「言語」の項目、一七六五年)でもこれを好意的にとりあげたため、この書は少なくとも一八世紀末にいたるまで、フランス言語学の基本文献のひとつに数えられた。植民地その他海外との交易の広がりによって、とくにインド以東の国々の言語的知識がもたらされ、そのことが言語比較の規模を大きく拡大した。もちろん系統的比較にはいたっていない。

ジェブラン(一七二八―八四年)は、南仏ニーム生まれのプロテスタントの神学者、歴史家であり、『未開の世界、近代世界との比較分析』(一七七五―一七八九年、全九巻)において、「普遍文法、祖語の再発見、言語活動の生物学的ならびに社会的な起源の証明を一挙に」おこなおうとした(エーコ、一九九五年、一四五頁)。ケルトに関しては、「ケルト語はヨーロッパの最初の住人たちが話していた言語であり、その起源においてはオリエント人の言語と同じものであった。そして、このケルト語からギリシア語、ラテン語、エトルリア語、トラキア語、ドイツ語、古代スペイン人のカンタブリア語、北方諸国のルーン語が派生した」(同)という。そしてこの現代における貴重な生き残りがカムリー語であり、ケルノウ語であり、ブレイス語なのだった。さらにかれは、ケルト語がなぜ祖語といえるかをつぎのように理論づける。「こうした言語にはおどろくほどの単音節語があり、それが語幹としてほかの単語のもとになっている。したがって、かれらの話しているのは未開の素朴なる言語なのである。というのも、始源の言語、祖型の言語はまずはこうしたものだからである」。単音節語=素朴=未開=原始とつながる発想は、まさに素朴でわかりやすい。ケルトマニアの究極的な理論武装においては、これが大いに活用されることになる。

一八世紀後半の議論の特徴は、ビュレやジェブランに見られるように、言語論として展開される民族系統論の視界が拡大したことだろう。ヨーロッパだけがその対象ではなくなり、世界全体がかかわりはじめる。ディドロ（一七一三―八四年）などを中心として『百科全書』（一七五一―七二年、全一七巻）が編まれ、博物学的知識が体系化され、それが系統論的な議論にも組み入れられるのである。しかし系統論自体は、これまでの議論の枠内であり、ケルト・ガリアがもとになって、ギリシア、ゲルマンなどにつながるという発想である。

しかしいっぽうで、枠組みが変わる議論が実はこの時代からはじまっていた。それは古い民衆歌謡の発掘というまったく別の分野からであり、これについては次章でとりあげることになる。

ケルトマニアの究極

マルタンからジェブランにいたるまで、ケルトマニアの「元祖」ペズロンに続く人たちはその主張を多かれ少なかれ採り入れた論考を発表したとはいえ、かれらのケルトへの関心は学問的であり、そこにとどまる。あくまでケルト語の問題を自分自身の問題としてとらえるような、いわば言語ナショナリズムの視点をもつ人びとが出現することによって、ケルトマニアが純化された形で出現することになる。こうした「本格的な」ケルトマニアは、一七七〇年代以降になって姿を現すようになる。その代表がルブリガンとラトゥールである。

ルブリガン（一七二〇―一八〇四年）は、ブルターニュ中北部ポントリユー出身の弁護士だったが、人生なかばで法学を捨て去り、歴史・言語の研究に没頭する。『未開言語の発見』（一七五八年）、『ケルト・ゴメル人すなわちブリトン人の言語の基礎』（一七七九年）などにより、ケルトマニアの主張はここで頂点をきわめることになった。かれにとって未開言語とはすなわちブレイス語であり、この点を大胆にも、最初の人間アダムとイヴの話した言語がすでにブレイス語だったという表現にまでおしすすめた。したがって、ヘブライ語もギリシア語もラテン語もすべてブレイス語に発するのはかれによれば当然の事実ということになる。世界中の言語すべてをブレイス語で解釈することで、語源学的にブレイス語に特権を与え、そのことでこの言語の始源性を主張する。解釈の手法は単純明快である。対象となる単語をまず音節ごとに分解し、これを単音節のブレイス語の単語の組み合わせで解釈するのである。ここではまさに、ジェブランの単音節語＝未開言語理論が大いに役立つ。ブレイス語は自分の母語であるからことは簡単だ。たとえば、「ヨーロッパ」は「エ・ヴロ・ペン」に分解され、ブレイス語でこれを「その・地方・端」と解釈できる。すなわち「大陸の一方の端にある地方」なのである。かれの解釈では「ヨーロッパ」ということばは、まさしく未開言語の残存語ブレイス語なのだ。

いっぽう、ラトゥール（ドーヴェルニュ、一七四三―一八〇〇年）は、ブルターニュ中西部カレ出身の軍人である。ルブリガンを「心の師」と仰いでいたかれは、二十余年にわたる兵役を終えたのち、三人の息子を戦死させていたルブリガンの末子に代わり、五三歳にしてフランス共和国軍の一兵卒として、フランス革命期の対独戦に参加し戦死を遂げた。当時第一執政だったナポレオンはこれに深く感銘し、かれに「共和国軍第一の精鋭兵」の称号を贈り、歴史上の重要人物の眠るパリのパンテオンに葬られた。「兵士ショーヴァン」と同様、愛国主義の格好の宣伝材料となったのであり、フランス史でもっとも有名なブルターニュの軍人となった。

軍人としてばかりでなく、故事研究家としてもルブリガンの協力者であり、一七九二年に『ブリトン人の言語と起源と古代についての新たな研究』を発表する。軍人としてフランス全土に名をとどろかす人物となるので、死後の影響力は絶大のものとなる。かれの起源に関する記述はルブリガンに比べると控えめである。聖書までさかのぼる表現はみられず(聖書の人名をブレイス語で解釈する記述はある)、ヨーロッパの起源としてまず登場するのがスキタイである。スキタイ始原説が知的階層で大まじめで語られる最後の場面といっていいかもしれない。スキタイの直系がケルトであり、その純粋なる生き残りがブリトン人である。そのいっぽうで、ケルトからガリア人が発し、フランス人へと続いていく。さらに、東方のスキタイの後裔がタタール人だという指摘もある。そのうえでさらにケルト語と、ヘブライ語をはじめ、ギリシア語、ラテン語との系統関係を、ブレイス語を材料にして論じていく。

かれの場合も、論証にはブレイス語のほかにカムリー語が登場するので、かれのいう「ブリトン」は、ブレイス語、カムリー語を包括するブリテン島のケルト(ブリトン諸語)である。これはこの時代の「ケルト」概念を理解するうえでも重要な点だ。つまり、これまでとりあげてきたケルトマニアに続く人びとのなかで、ルイドとトウランドを除くと、かれらが論証に持ち出す言語のうちで、現代もケルト語に分類されているものはブリトン語に限られる。アイルランド、スコットランドを含めてケルトを考えるようになるのは、一九世紀にならないと一般化しないといえるようだ。

かれが後世に与えた最大の功績は、巨石に対する「メンヒル」「ドルメン」の命名である。これが革命期の歴史学者ルグラン・ドシー(一七三七―一八〇〇年)に採用され(一七九九年に学士院で発表した「古代の民族的墓所」)、考古学的に用いられるようになるのだが(Guiomar, 1987: 376)、メンヒルはブレイス語で「長石」であり、ドルメンは「石台」である。第七章でみるとおり、ケルト石碑群は、石器時代遺跡と言いかえられ、学術用語から消えていくが、メンヒルとドルメンという学術用語は生き残った。ケルトマニアをしのぶことのできる数少ない現代の証言である。

以上のように、第Ⅱ部では、中世には忘れ去られていたケルト人・ケルト語という概念が、フランスにおけるガリア優越論をきっかけとしていかにして「発見」されて、新たに作りなおされたかを見てきた。

ブルターニュでは、一二世紀までに登場した起源説が、一三―一五世紀にはブルターニュ公つき歴史家たちによって、正統なる歴史として承認される。しかし、一六世紀までにガリア・ケルトがフランスの独自性を体現する起源として主張されるようになると、それまでのトロイア起源説がまず歴史的生命を終える。同時に民族起源論としての言語系統論が議論されはじめ、ガリア・ケルト語がヨーロッパの起源語の位置を占めることになるのである。一七世紀になると、ガリアをさらに意義深いものにするスキタイ起源説が登場する。このなかでガリア起源論はさらに勢いを増し、ガリア・ケルトこそ人類の始原につながるとする「ケルトマニア」思想が登場することになった。

そのいっぽうでは、古代ケルトのイメージも変容する。一六世紀のガリアの「発見」「再評価」のなかでは、キリスト教の原型を保持したドルイドが、ガリアからの文化的継承における宗教的連続性を例証する聖職者としてイメージされたが、一八世紀になると、キリスト教以前の、いわば大宗教に汚染されていない素朴な人間性を保持する「賢者」というイメージに変わる。知的教養階層の友好団体としての「ネオ・ドルイディズム」は、そうしたキリスト教にたいするアンチテーゼの側面があった。おそらくここから、「素朴な農民たち」の「太古からの伝承」にたいするロマン主義的な民俗研究の視線が生まれることになる。

すでにこの時代に登場していたこうした視線は、一九世紀の民族主義につながるものだが、つぎにこれについてみることにしよう。

第III部　民俗から民族へ

第六章　民族主義の源泉としての民俗研究

民衆歌謡の収集――「内なる野蛮」の発見

ヨーロッパの民俗学は、民衆歌謡の収集から誕生したといっていいだろう。わたしはそう考えている。なかでもケルト語圏の収集家たちが模範的役割を果たした。この活動がいっぽうでは、言語ナショナリズムの基盤をなしたのであり、ヨーロッパ全域におけるその意義は大きい。

まずはなんといってもスコットランドのマクファーソン(一七三六―九六年)である。一七五八年、弱冠二二歳でかれは、出身地アバディーンの農村の武勲詩『高地人(ハイランダー)』を出版する。一一世紀のマルカム二世下(一〇〇五―三四年)のスコットランドにおけるデーン人の侵略を扱う伝承歌謡である。これがエジンバラの教師ブレア(一七一八―一八〇〇年)の目に留まり、ウォルポール(一七一七―

九七年)、グレイ(一七一六—七一年)などの手を経て、一七六〇年六月、その収集した民謡がまとめて出版されることになった。『古詩断章、スコットランド高地で収集され、ガーリック(ゲール)すなわちエルセ語から翻訳』である。

内容を少し紹介しておこう。物語の舞台は三世紀のスコットランドであり、ときの王フィンガルとその息子オシアンが主人公である。ただ今日的見解では両者とも実在とはみなされていない。

初版は一五編の断片からなり、まずは「フィンガルの戦」に赴く戦士シルリックとその恋人ヴィンヴェラの対話からはじまる。フィンガルの息子オシアンの登場は、第六編である。「高貴なるフィンガルの息子オシアン、人びとの王子よ、汝のほほをぬらす涙は何ゆえか。おまえの強き心を曇らせるものは何か」。オシアンは父フィンガルと、かれの兄弟たちのかつての戦いの模様を語るのである。最後の三編では、アイルランドのクーフリンが進撃するデンマークの王と戦うのを、スコットランドのフィンガル王が加勢して撃退する武勲詩の断片が語られる(Heurtematte, 1990: 74-163)。まさに「古詩断章」であり、断片的なストーリー展開で、その構成はとても整合的とはいえない。ブレアの筆になるといわれる序文にはつぎのようにある(マクファーソン本人の執筆とする研究者もある)。

わたしは読者が本書の断章を古のスコットランドの詩歌の純粋な残存物とみなすことを確信する。それが作られた時期を正確に判定することはできない。これが書かれた地方の伝承によれば、それははるかかなたの古い時代だという。……スコットランド北部のクラン(氏族)自体も相当古いのだが、クランが確立する以前にその成立がさかのぼることは間違いない。……驚くべきことだが、これらの詩歌のなかにキリスト教ないしその信仰にたいする言及がまったくみられない

(Heurtematte, 1990: 68-69)。

キリスト教流入以前の詩歌が、農村の伝承の中に「純粋な残存物」として生き残っているというのだ。これこそロマン主義の考え方であり、民俗学の学問的要請はここにはじまる。キリスト教以前にアイデンティティをさかのぼらせることは、古典古代との断絶をも意味する。ケルト語が欧州一古い言語であるという思潮も流布する中で、ケルト語系のアルバ(スコットランド・ゲール)語による詩歌こそ、その格好の材料を提供した。それがスコットランドだったことは、政治的意味合いももちろんあった。スチュアート朝による独立は、一七一四年、同君連合によって事実上イングランドへ併合されることで終焉した。イングランドの支配にたいする反乱の意味合いが強かった「ジャコバイト一揆」も、一七四五年を最後に鎮圧されていた。それから一五年後、民俗学的要請は時宜にかなったものになった。

出版からわずか二カ月後、百科全書派のチュルゴー(一七二七—八一年)がその一部(二編)を雑誌で仏訳する。その紹介文で、チュルゴーはつぎのようにいう。

この二編のなかで読者が見出すのは、論理的とは到底いえない、まえぶれもなくここかしこに飛び交うような思考法である。大自然のさまざまなイメージ、また農村生活になじみのイメージ、そうしたイメージが堆積し、それらが何度も繰り返され、さらにはわれわれが「オリエンタル・スタイル」と呼ぶものを性格づけるあらゆる美しさと、またあらゆる欠陥をここにみることになる。一般的にはアジアの作家のほうが北方の諸民族に比べるとより生き生きとイメージさせるスタイルをもっており、さらには気候が民族の精神や性格に大いに影響するといわれるが、本編はこうした誤った一般化にたいしてまた新たな反証を加えるものである。……もっとも野蛮でもっとも自由な民族においても、また専制君主に服する民族においても、さらにいえば、南国の気候においても極北にあってもこうした比喩的スタイルは見出されるのである(Heurtematte, 1990: 202-203)。

非論理的で異様と映るもの、西洋的規範から外れる「東方的」感性、それがチュルゴーの作品観であり、これはまさにロマン主義に通じるものだ。と同時に、この当時の知識人たちのもつ「善き野蛮人」(川田順造編、一九八九年、一八頁)のイメージがそこにある。大航海時代以降の非ヨーロッパ世界の文化の「発見」、それとの比較が文化相対主義をもたらし、まさにこれがキリスト教と古典古代のみを支柱とする一元的ヨーロッパの再考につながったわけだが、一八世紀のこの時代について考えると、欧州の周縁地域と「東方(オリエント)」との比較が課題になっていた。『断章』の出版を仲介したウォルポールがダルリンプル卿(一七二六—九二年、スコットランド故事愛好家で判事)に宛てた手紙にはつぎのようにある。「これはオリエントのものとよく似た詩歌です。つまり、詩歌を不透明で退屈なものにしてしまうような韻律の発明以前の、自然のイメージと高揚した自然な感情がここには表明されているのです」(Heurtematte, 1990: 16-17)。

『千夜一夜物語』が一七〇四年から一七一七年にかけてフランス語に訳され(コーランの仏訳者ガラン(一六四六—一七一五年)による一二巻本)、フランスではこれが東方趣味の火付け役になり、モンテスキューが主張した南方の北方にたいする優位性、気候と文学との関係が議論されるようになったのだという(同10)。『古詩断章』の仏訳は、このような「東方」への憧憬と称賛の言説にたいして、まさに欧州の内なる「野蛮」に目を向けることで反論しようとしたのである。チュルゴーは紹介文の最後に、「スコットランドの高地人の例は、タキトゥスの語る古代ゲルマン人、スカンジナビアの昔の住民、アメリカの諸民族、ヘブライの作家たちの例証につながる」(同 206)と述べる。タキトゥスの再発見はすでに述べたように一五世紀の「ケルト」の再興に位置づけられるものだが、「スカンジナビアの昔の住民」は、アイスランドのサガ『エッダ』を指す。「北方」からも反論が加えられたわけだ。一二世紀にさかのぼるともいわれるこの武勲詩は、一六四三年に古い写本が「発見」され、ときのデンマーク国王に献呈された。『エッダ』はただたんにキリスト教以前の北方文化の貴重な証言とされるばかりでなく、国家的アイデンティティを体現するものにもなる(Thiesse, 1999: 32-33)。

フランス語圏のスイス出身で、デンマークのコペンハーゲンで教授職にあったマレ(一七三〇―一八〇七年)が、一七五六年にフランス語で『ケルト人、とりわけ昔のスカンジナビア人の神話と詩歌の記念碑』を発表した。アイスランドのサガ、さらに広くスカンジナビア文化の概説書だが、スカンジナビア人がケルト人の末裔だという考え方は、前章に紹介したゲルマン人とケルト人の同一民族説のなかで一般に受け入れられていた。ドイツ語圏では、一七五七年、スイスのボドマー(一六九八―一七八三年)によって、『ニーベルンゲンの詩』が出版され、キリスト教・古典古代とは別の源泉が自らのたどるべき本源として確信をもって自覚されるようになる。この神話は一三世紀の写本があり、その作成は部分的には六世紀にまでさかのぼるとされ、アイスランドのサガともつながる北方文化の神髄の表明と受け取られた(Thiesse, 1999: 31-32)。

『古詩断章』は、チュルゴーのほか、ディドロ(一七一三―八四年)、スアール(一七三二―一八一七年)が早くに翻訳していた。チュルゴーとディドロは百科全書派であり、こうした啓蒙主義と初期ロマン主義的な「内なる野蛮」志向とが結びついているのは興味深い。本章冒頭で述べたように、わたしはこのあたりがまさに民俗学誕生の思想的原点と考えている。百科全書は実学の集大成であり、庶民的実学たる民俗学のめざす「表の顔」でもある。しかしそこにはルソーの「善き野蛮人」のように、素朴な人間たちのなかにこそ人間の「善なる」本性をとらえることができるという感性ばかりでなく、同じくルソーの『言語起源論』(一七八一年)のような本質論的起源論もある。日本の民俗学、柳田國男や折口信夫を引き合いに出すまでもなく、民俗学もまた本質論的起源論、古代への思想的飛翔の側面をもっている。つぎに見るケルト・アカデミーはまさにそうした二重性をかねそなえている。

さて、『古詩断章』の成功に気をよくしたマクファーソンは、さらに精力的な調査を行い、一七六一年末には『フィンガル』、一七六三年には『テモラ』、一七六五年にはそれらの集成である『オシアン作品集』を矢継ぎ早に世に問うた。一七七三年には決定版『オシアン詩歌集』が出版される。フランスでは早くも一七七七年に、この決定版の仏訳版が出される。シェークスピアの翻訳などを手がけていたルトゥルヌール(一七三六—一八八八年)がこれを請け負ったのだった。

農村伝承が古代の「純粋な残存物」だとするマクファーソンの考えに対する疑念は、すでに『古詩断章』出版のときからあった。フランスではヴォルテールが(『百科全書への質問』一七七〇年)、イギリスではジョンソン(一七〇九—八四年。『スコットランド西部諸島への旅』一七七五年)が、一連の作品が贋作であると公言し、初期の崇拝者ディドロなども言及をやめるようになる。フランスでの「再評価」は、つぎに見るようにナポレオン期以降になされるのであり、民謡発掘・民俗学にたいする評価もまた、これ以降にもち越されることになる。しかしイギリスでは、類似の作品がその後も巷間をにぎわすようになる。なかでもジョン・スミス師（生没年不明）の『オシアン』はマクファーソンのものといっしょに出版された（一七八〇年）。パーシ（一七二九—一八一一年）は、イングランドの古い民謡を集めて『古代イギリス詩文拾遺』（一七六五年）を出す。マクファーソンにより、スコットランドの文学的地位も上昇し、バーンズ（一七五九—九六年）やスコット（一七七一—一八三二年）の登場につながる。

イタリアではセザロッティ神父（一七三〇—一八〇八年）がいち早く『フィンガル』『テモラ』を翻訳し（一七六三年）、民謡への興味を掘り起こしていく。ドイツではヘルダー（一七四四—一八〇三年）である。一七七〇年代のいわゆる「疾風怒濤」（シュトゥルム・ウント・ドランク）運動でロマン主義的民族運動の理論的支柱となる人物だが、一七六二年から六四年にかけて『古詩断章』の独訳に取り組んでいる。

民話の収集について、ヘルダーの思想的位置はたいへん重要だ。かれは、東プロイセン出身であり、ケーニヒスベルクでカントに学び、モンテスキューやライプニッツ、ルソーなどの著作にふれている。英語を学ぶなかでシェークスピアやオシアンに出会い、『古詩断章』の独訳は二〇歳になるかならないかの学生時代である。貧しい家庭で、二〇代は苦労を重ねたようだが、パリでディドロとダランベールに会い、ストラスブールでは五歳年下のゲーテと知己になった。オシアンについてはかれがゲーテに教えたらしい。一七七六年、ゲーテの推薦でワイマールの教会監督長となり、終生ここで暮らすことになる。

かれは、『中世の英語・ドイツ語詩歌の類似性について』（一七七七年）という論文のなかでこう述べる。「文明化していない民族はみな歌い躍動する。かれらは自らの活動を歌う。かれらの歌は、民族の記録庫であり、学問・信仰・神統記・始原論の宝庫である。それはまた、父祖の偉業の保管庫であり、その歴史をたどり、それを心に刻み、婚礼の夜から墓場まで、喜怒哀楽の家庭生活を語るのである」。フランス啓蒙派の「善き野蛮人」論に通じる論理である。歌こそが「文明化していない」民族のアイデンティティを明かすものなのだ。まさに民俗学の考え方といっていい。

ヨーロッパにおいてさえ、うち捨てられたまま、記録されていない数多くの民族がある。エストニア人とラトビア人、ヴェンデ〔ソルブ〕人とスラブ人、フリジア人とプロイセン人、かれらは、これまで自分たちの詩歌を収集する労をとるにいたらなかった。イギリス人や南の人びとは言うに及ばず、アイスランド人、デンマーク人、スウェーデン人はすでに行っているのにである

（Thiesse, 1999: 39）。

イギリスや南ヨーロッパにくらべ、ドイツ語圏、東欧地域が遅れていることを強調し、自ら率先して諸民族の詩歌を集め、一七七八―七九年、『民謡集〔フォルクスリーダー〕』を出版する。これには、古代ギリシアのホメロスの叙事詩やオシアン、またドイツの中世宮廷恋愛詩「ミンネザンク」ばかりでなく、シェークスピアやゲーテの詩まで収録された（同 40）。民族の心を体現するそのことが重要であり、古さは相対的なものという考え方である。かれがマクファーソンの贋作疑惑にたいして寛容だったのは、この考え方が基本にあったためである。

このように、一八世紀後半、古典古代とは異なる、あるいはキリスト教化以前の姿こそ自民族の原点だと考える知識人たちは、おそらく古代から変わることのない生活を営む農民たちの文化遺産、世代から世代へと口伝えで連綿と伝承された民謡のなかに、まさに「民族の魂」が宿ると考えた。民謡

の収集によって、自民族の埋もれていた過去の宝が掘り起こされ、民族としての自負心を自覚することが可能になり、これを広めることで自負心を大衆化することができる。民謡収集はまさに近代のナショナリズム生成の原点をなしたのである。柳田國男の主導した日本民俗学による民謡収集、俚言収集もまたこの点では、果たした役割は同様といえるだろう。

一九世紀になると、民俗学的収集活動はますます組織化する。国がそこに関与するようにもなる。学問として民俗学が成立していくのである。フランスでは、その先駆けとしてケルト・アカデミーを考えることができる。これにはブルターニュの知識人たちが大いに関与している。ブルターニュの当時の状況をふまえつつ、つぎに見ていくことにしよう。

ケルト・アカデミー

フランス革命では、ブルターニュ出身者が何人も活躍している。ジャコバン派の起源をたどると「ブルトン・クラブ」にいきつくが、ブルターニュは革命派の拠点のひとつでもあった。もちろん革命派にとっては、ブルターニュのアイデンティティは二次的意味しかもっていない。むしろ否定的関心をいだく側から、地域的こだわりがさらに高じていくといっていいだろう。この意味でフランス革命がブルターニュ地方にもたらしたもっとも大きな変革は、地域としての特権が廃止され（一七八九年一一月のブルターニュ三部会の解散）、五県へと分割されたこと（一七九〇年春）である。行政単位としては県と市町村（コミューン）だけになり、ブルターニュは行政的意味を失う。だがブルターニュの人びとにとっては、「歴史的地域」として政治的意味は失われずに残ることになる。一九世紀ブルターニュの言語ナショナリズムは、まさにこの政治的な意味を失った地域のアイデンティティ確立運動なのである。

革命のもうひとつの記憶は、反革命王党(シューアン)だろう。一七九一年、立憲議会が聖職者に対して共和国憲法への宣誓を課すが、ブルターニュではこれを拒否するいわゆる宣誓拒否司祭が七五%から九〇%にのぼった(ほかの地域では四五%)。一七九一年から九二年にかけて、こうした司祭を中心にして農民たちの反乱がおきる。一七九三年には徴兵にたいする抵抗運動もはじまる。これら一連の抵抗運動が一七九四年春に組織化され、反革命王党といわれるようになるが、一七九五年夏のヴァンヌでの大反乱を契機に鎮圧される。しかし反革命王党は、フランスの国家権力に対する抵抗の象徴として、第五章にふれた「ポンカレック男爵」と同じように「語り歌」になって歌い継がれていくのである。

さて、ケルトマニアの元祖とされるペズロンの後を引き継ぐ書物は、一九世紀になっても数多い。ウェールズではまず一八〇一年から一八〇七年にかけて三巻本で出版される『ウェールズ考古学研究』をあげなければならない。これは、オーウェン(一七五九—一八三五年)、ジョーンズ(一七四一—一八一四年)、モルガヌグ(一七四六—一八二六年)の三人が編んだもので、カムリー語の古典的歴史的文献を収録して解説を施したものである。ジョーンズは、一七七〇年にロンドンで「グウィネズ人協会」を設立して、ウェールズのとくに古代研究の振興に力を入れた人物として知られている(Tourneur, 1905: 136-139)。モルガヌグは一七八〇年にバルドの称号を授けられ、ウェールズにおける一九世紀ドルイド復興の基点となった人物である。この二人の収集した古い文献をまとめたのがこの書物であり、ラヴィルマルケ（後述）がブルターニュの詩歌と「円卓の騎士」文学との関係などの論証に頻繁に援用する書物となる。モルガヌグは、「アネイリン」「タリエシン」といった当時は五―六世紀にさかのぼると見られていたバルドの詩歌の写本をも収集していたが、これはその息子がまとめ、『イヨロ文書、ウェールズ古文書集』として一八四八年に出版されることになる。

『ケルト研究』（一八〇四年）を出版するディヴィス（一七五六―一八三一年）もあげておこう。ペズロンの単音節語の手法を応用し、なおかつこうした単語の結合がドルイドの秘法に由来すると主張した。それゆえにケルト人において起源語が保存される、というわけだ。こうして、カムリー語、ケルノウ語、エイレ語が、ラテン語、ギリシア語、ヘブライ語と同一語族であると証明される（Davis, 2000: xxi）。

すでに指摘したように、近代におけるドルイドの「復興」である「古代ドルイド団」はトウランドなどによって、一八世紀はじめのイングランドで誕生したが、その後、ハール（生没年不明）による互助会的集団「ドルイド古代団」（一七八一年結成）や、モルガヌグによる哲学的文学的団体「ブリテン島バルド・ゴルセズ」（一七九二年結成）などの分派を生んだ。これらはいずれも、トウランドの場合と同様、知識人団体であり、とりわけ新興ブルジョワ階層と結びついた知的サークルである。一六世紀の古典古代の復興が聖職者を中心とするキリスト教改革につながった運動だったとすれば、一八世紀以降の新興知識人は、非聖職者が中心であり、非キリスト教的でもある。それがフリーメーソンであり、「ネオ・ドルイディズム」だった。

モルガヌグによる古代ドルイドの「復元」は、その後の運動に大きな影響を与えた。古代そのままの復元はありえず、それはまさに「ネオ・ドルイド」の定式化だったが、ストーンサークルにおける儀式は、トウランドをはじめ一八世紀以降のドルイド団に共通する。サークルの中心に「ゴルセズの石」という祭壇を設け、そこに剣を供えることで儀礼を聖別する方式はモルガヌグがあみだしたものだった。「ゴルセズ」はカムリー語で「玉座」を意味し、そこからドルイドの「集会」をもさす用語として用いられるようになり、ついにはドルイド団の別名になった。

ウェールズでは、バルドの集会が「アイステズヴォッド」と呼ばれ、中世末期に一度復活し（一四五〇年ころ）、近代では一七八九年に本格的に再興される。このアイステズヴォッドが一九世紀のあいだにウェールズの詩吟・歌謡のナショナル・フェスティバルに成長していくのだが、そのなかでゴルセズの果たした役割は大きかった。一八一九年以降、この集団によって詩歌の優勝者たちが聖別されるという儀式を経ることで、祭りのいわば権威づけがおこなわれるようになったのである。ゴルセズの位階は、「ドルイド」（賢者、白衣を身につける）を頂点に、「バルド」（吟者、詩歌に秀でる者、青衣）と「オヴァット」（知者、薬草など知識に秀でる者、緑衣）に整備され、宗教色が薄められた。一八六一年にウェールズ全域からの代表を集めたコンクール「全ウェールズ・アイステズヴォッド」がはじまる（Edwards, 1990: 20）。

フランスでは、『オシアン』の衝撃がヴォルテールの批判によって一度は途切れたものの、ナポレオンの傾倒によって復活する。かれは一七七七年の仏語訳版をどこの戦場にも携行したという（Gluck, 1980: 61）。第一統領になってから、オシアンを主題にする数多くの絵画を発注し、マルメゾン城の皇后ジョゼフィーヌのサロンは、「ハープによって霊魂を導くオシアン」（ジェラール男爵（一七七〇―一八三七年））や「フランスの英雄を歓迎するオシアン」（ジロデ（一七六七―一八二四年））で飾られていた(Thiesse, 1999: 52)。ナポレオンの文化的嗜好は、古典古代よりも、ガリアにつながるケルトだった。フランス革命期の思想家ヴォルネ(一七五七―一八二〇年)は、一七九五年にすでに、師範学校での歴史の講義で、ギリシア・ローマ以外の文化的起源、とりわけ古代ケルト人の重要性を指摘していたが、これはまさにフランスの文化的ナショナリズムに直結する方向性だった。この延長上にあるのが、「ケルト・アカデミー」であり、その年報創刊号がナポレオンの皇后ジョゼフィーヌに献呈されたのは、けっしていわれなきことではない。

共和暦第一三年ジェルミナル月九日(一八〇五年三月三〇日)、フランス記念碑博物館で、「ケルト・アカデミー」創立大会が開催された。大会を主導したのは、アレクサンドル・ルノワール(一七六一―一八三九年)という考古学者である。「皆さん、わたしはその大部分が皆さんの研究対象をなす記念碑に囲まれて、この場所に一同に会することを、たいへん恵まれたことだと思います」(ルノワールの設立大会での演説、Gluck, 1980: 65)。

フランス革命期には、修道院所蔵などの文化財が革命派による破壊の危機にさらされていた。一七九一年、「芸術、歴史、教育に関係する物品」を調査するために、記念碑保存委員会が作られ、これが一七九六年に記念碑博物館になった。これをまとめた中心人物がルノワールであり、ケルト・アカデミーは、革命派の文化財調査保存運動の延長上にあった。

もちろんこれは、百科全書派的啓蒙主義の流れ、すなわち知識の体系化とそのための統計的調査の思想でもある。大革命初期の有名なグレゴワール師(一七五〇―一八三一年)の言語に関するアンケート調査は、こうした精神を体現するものだった。つぎにとりあげるケルト・アカデミーの質問表にもっとも近いのは、グレゴワール師がヴォージュ県(ロレーヌ地方)の調査員に宛てて出した言語調査の枠組みだという(Ozouf, 1981: 17)。この統計調査の思想は、総裁政府期の内務省に引き継がれた。一八〇五年五月二一日以来、当時の内務大臣の号令のもと、大規模な統計調査が行われた。もちろんこれは、ナポレオンの侵略戦争によって新しい領土となった地域の実情把握に重点が置かれ、習俗習慣については必ずしも重要視されたわけではないが、この調査がケルト・アカデミーにもつながっていた(Gaidoz, 1904: 131-138)。じっさいに、一八〇七年にはじまる、ケルト・アカデミーでの「放蕩息子」(聖書の逸話)の方言版調査は、内務省による調査を受けつぐものだった(Belmont, 1980: 60)。

設立大会が開かれたのは当時の文化財保護の中心地、記念碑博物館であり、パリの権威ある学術団体として発足した。年報創刊号(一八〇七年)では「ケルト人、ガリア人、フランク人の子孫たちがもたらした偉大なる財産を見つけだし、収集する目的で、ケルト・アカデミーが誕生することになった。高貴であるばかりか民族的なるこの感情は、フランス人がまさにその先祖に自らが誇りをもてる時代に、顕在化したのである」とルノワールが皇后に献辞を述べている(Belmont, 1980: 58)。ナポレオンの栄光を、古典古代とは異なる、独自の過去の栄光と結びつけようとする意図をうかがうことができる。

会の設立趣旨は、まず第一に「ケルト人の歴史をつまびらかにすること、かれらの遺構を調査し、点検し、検討し、説明すること」、第二には「ブレイス語、カムリー語、アルバ(スコットランド・ゲール)語を援用して、ヨーロッパのすべての言語の語源をあきらかにし、公表すること」である。この会にケルトマニアが影響力を及ぼしていたのは、この設立趣旨をみても明白である。ここで注目しておきたいのは、語源解釈の援用言語として、アルバ語がつけ加わっていることで、ここには明らかに、ロマン主義の高揚の一源泉オシアンの影響があるのだ。実際にオシアンのテキストの復元がその課題のひとつに入っていた。「ガリア人の言語と神話学の貴重なる傑作、オシアンのガル語(ゲール語)原本から作成されるケルト・オシアン文法」(ケルト・アカデミー年報第二巻、一八〇八年から。Gluck, 1980: 61)の作成である。ここでのケルトは、すでにブリトン語派だけでない。現在にいう、ゴイデル(ゲール)語派を含めた「ケルト諸語」全体にようやく広がることになったのである。

アカデミー誕生の大きな動機づけをなしたのは、第五章にふれたイギリスの「考古協会」であり、フランス革命期に、フランスからの亡命者が一〇人前後この協会に出入りしていた。こうした人びとを通じた直接間接の影響がアカデミー設立をうながした。その代表的人物が、ノルマンディーのカーン出身のラリュ神父(一七五一―一八三五年)だったが、かれはアーサー王関連の物語など、いわゆる「ブルターニュもの」の古文書探求に専心した人である。フランス文学史では、「ローランの歌」の古文書をオックスフォードで発見した人物として知られている。一八〇八年にノルマンディーの中心地カーン大学文学部の歴史学教授となり、『中世におけるアルモリカ・ブルターニュの伝承歌詩人研究』(一八一五年)を出版する。つぎにみるように、ブルターニュでの民話探索でも大きな影響力をもつことになる。

アカデミー設立の立役者は、ジョアノー(一七七〇―一八五一年)、マングーリ(一七五二―一八二九年)、カンブリー(一七四九―一八〇七年)の三人だった。一八〇四年六月ころ、ジョアノーが、イギリスの考古協会をモデルとする協会の設立をマングーリに、さらにカンブリーに打診した。初回の会合はカンブリーの自宅で(一八〇五年二月二一日といわれている)、二回目はその二日後、ルーブル宮の一室でおこなわれた。カンブリーが会長に、ジョアノーが常任書記に、マングーリが非常任書記に決まった。創立大会はすでに述べたようにその約一カ月後、三月三〇日に開かれたのである。

最重要人物は、初代会長におさまったカンブリーである。かれは革命初期からジロンド派に与しており、一七九一年、郷里ロリアン(モルビアン県)の検事になる。九四年秋には、カンペルレ地区議会議長、九五年一一月にはフィニステール県総裁政府総代理、九六年九月には同県中央行政部長になる。その後、オワーズ県(パリ近郊)の知事などを勤めたが、かれはその著作『フィニステール県旅行記』(一七九九年)でとくに知られている。これは地区議会議長の時代に、県行政部の指示によって、革命の混乱で県内の文化財が散逸していないかどうかを調査するため、村むらを訪ね歩いた報告書がもとになっている。すでに指摘したように、これはルノワールが指導する記念碑保存委員会の指令である。

図 8 「ケルト遺跡群」を調査する人びと(カンブリー『フィニステール県旅行記』初版 1799 年より. Balcou/Le Gallo (eds.), 1987, II: 30)

この書はいわば現地調査の記録だが、これをみると当時の一般的なブルターニュの知識人の歴史観をうかがうことができる。たとえば、ブレイス語についてはつぎのような言及箇所がある。

ブルターニュの言語が古代ケルト人の言語であることは間違いない。ケルト人が最古の時代にはその交易路、支配権をあらゆるところに及ぼしていたのであり、それについては、遠い昔の作家たちがすでに古い時代といっているので確かだろう。アイルランド、スコットランド、イングランド、広大なドイツといった北方の地域や島々の言語、そして世界の一角を占めていたスキタイ人の言語はその昔はケルト語だったのである（Cambry, 1993: 102）。

ここでは、ケルト語が最古の言語であり、それがブレイス語につながるとするケルトマニアの主張、また、ライプニッツ以来のケルト・スキタイ同族説をうかがうことができる。

カンブリーが会長の椅子につくことで、ケルト・アカデミーは、考古学の草分け団体であると同時に、民俗学の草創団体ともなった。その大きな理由は、年報第一巻で公表した、習俗・慣習・迷信・儀礼・伝統行事などについての五一項目にのぼる民俗学的調査表だった。この表は、一三〇年後の一九三七年刊のヴァン・ジェネップ著『フランス現代民俗学要覧』第三巻「質問表の部」冒頭に、その歴史的骨董的価値ではなく、まさにその実用性ゆえに採録されたのだった。「一世紀以上たっているとはいえ、この質問表はいぜんとして重宝する。わたしはこの体系的な調査項目の方が、セビヨのものより好ましいと思う」（Van Gennep, 1937: [11]）。セビヨとは、第七章で登場する民間伝承学会の創始者である。

ヤーコブ・グリム（一七八五—一八六三年）は、一八〇五年以降何度かパリに滞在しており、ケルト・アカデミーとも接触したようだ。一八一二年には『童話集』を発表しており、ドイツでこうしたアカデミーの設立を模索したようだが、政治的混乱のなかで実現しなかった（Thiesse, 1999: 64-65）。一八二〇年代には、ナポレオン戦争によってフランスに略奪された美術品の調査のため、再度パリを訪れており、こうしたなかで、ドイツの独自性を体系化するドイツ語の文法辞書作成が企図されていく（文法は一八一九―三七年、辞書は一八五二年以降）。

さてこのケルト・アカデミーは、ナポレオンの盛衰と運命をともにした。会合の最終日は、一八一三年八月一九日であり、同年一〇月九日の会合では、「ケルト・アカデミーすなわちフランス考古協会」と名称変更され、事務局も規約も変わった。一八一四年中にこの会からケルト・アカデミーの名が取れ、「フランス王立考古協会」の名を冠するようになる（Guiomar, 1992: 74-76）。「ケルト・アカデミーの主流をなした会員たちは、ケルト人が学問・芸術・文化の粋をきわめるレベルにあったという。かれらはまた、バス・ブルターニュ地方の方言がケルト人の話した言語だなどとも主張したが、これはまったく疑わしいことだ。かれらがこんな途方もない道を誤った考えを堂々とひけらかしたので、わたしたちが異論をさしはさむのも気まずいものだった」（考古協会年報第一巻、一八一七年、Belmont, 1980: 58-59）。ケルトが会名からはずされるとともに、ケルト語が人類の始原語であり、ブレイス語がその後裔だというようなケルトマニア的考え方は、少なくとも学者たちの間では相手にされなくなりはじめる。

ただし、その民俗学的方向性とガリア・アイデンティティへのこだわりは変わるわけではなかった。考古協会の研究対象として「碑文、硬貨、証書、写本、因習・習慣・慣習、諸方言、伝統など昔の時代、とりわけガリアの時代について、歴史書が語らないものを補完できるすべて」（年報第二巻、Belmont, 1980: 59）があげられた。すでにここでは民謡にたいする指摘がない。史料的な裏づけを欠くゆえに、民謡が古代の探求につながるという考え方は放棄される。さらにその年報では、因習・習慣・

慣習や方言についての論文がしだいに少なくなり、一八三〇年ころには、考古学と歴史学だけの論集になってしまう(同)。民俗学は考古学と完全に分離され、古代を実証する学問ではなくなるのである。フランスにおける民俗学的研究は、こうして考古学・歴史学的な、実証に資する学問としてではなく、つぎに見るようにロマン主義的な文学と結びついて、そこでさらにケルト的関心と交差することになる。

ブルターニュにおけるケルト・アカデミー

ケルト・アカデミーはパリの活動においてもカンブリーやマングーリのようにブルターニュ出身者が中心的位置を占めていたが、地方会員の活動においても、ブルターニュにおける活動がぬきんでていた。なかでも重要なのがルゴニデックとペランの二人である。

ルゴニデック(一七七五―一八三八年)は、フィニステール県北部の港町コンケの小貴族の家に生まれ、森林行政の官吏としてパリ、ナンシー、アングレームなどに滞在し、その間、ブレイス語文法・辞書を執筆した。一八〇七年に出版された『ケルト・ブレイス語文法』は、設立されてまだ日の浅いケルト・アカデミーに献呈されており、その序文で、古代のケルト語と現在のブレイス語は同一だと述べた。「昔のケルト人の言語と、アルモリカのバ・ブルトン(ブレイス語)が同一であることは、たいへんよく知られたことであり、ギリシアやローマの作家たちがケルト語として例示する単語は、今日のフランスのアルモリカ地方の人びとのなかに、まったく同じ意味で見出されるのである」(Le Gonidec, 1807: 7)。

ここに、ラトゥールドーヴェルニュなどから引き継ぐケルトマニア的な心情の共有をみることもできるが、その文法書では統一規範を作成することに全力が注がれ、むしろ冷静で学術的だった。当時のブレイス語は宗教界では書記言語として用いられていたが、綴字法でも語彙面でもラテン語やフランス語の影響が大きかった。そうしたことばが「司祭のブレイス語」となかば蔑みをもって呼ばれはじめたのがこの時代であり、ルゴニデックがはじめたのはそうしたラテン的要素をブレイス語から極力排除することだった。そのために一八世紀のルペルティエやロストルネンの、カムリー語との共有性を意識する辞書・文法書が活用されることになった。今日でもブレイス語の綴字法は、このルゴニデックの発案になるものが基盤にあり、「ブレイス語規範作成者」と呼ばれている。一八二一年にはブレイス語辞典を出版した。

いっぽうのペラン(一七六一—一八三二年)は、一八〇八年、『アルモリカのブリトン人の習俗・慣習・衣装描写集』を出版した画家として知られている。かれはカンペールに近いロストルネン出身で、革命初期は、国民議会議員の似顔絵を描いて暮らしを立てていた。パリの国立図書館所蔵の版画集『一七八九年国民議会議員似顔絵全集』全六〇〇人中一四八人にペランのサインがあるという(Laurent, 1977: 26)。一八〇五年、フィニステール県中央学校(カンペール)のデッサン担当教授となり、生涯この職にあった。

この『描写集』は、ペランが絵を描き、友人のマレシャル(一七七二—一八四八年)による解説文を付したものだ。マレシャルもブルターニュ出身の文人である。絵からもまた解説文からも、百科全書派的啓蒙主義とケルトマニア的なケルト万能主義的思潮をうかがうことができる。ケルト・アカデミーへの献辞にはつぎのようにある。

皆さん、貴学会は、ケルト人とガリア人の古代とその言語について、三年前から、ヨーロッパの知識人の注目されるところとなっています。この有名なる古代民族は、今日もなお、アルモリカのブリトン人の名のもと、フランス帝国の一半島に生きつづけています。その言語は、ヘロドトスやサンコニアトン〔紀元前三―前二世紀のフェニキアの歴史家〕と同時代の先祖の話した言語なのです。かれらはまた、当時の性格、習俗、宗教的儀礼や信条、習慣、衣装、身体特徴を保存しています。アルモリカの人びとは、長い間、無知による侮蔑的な嘲りにさらされてきましたが、いまや学術的観察の対象となっているのです(Perrin, 1808: [1])。

ペランはこの農民の生活習慣という「民俗学」的な題材と並行して、『年代記描写集』を準備していた。これは革命派の教育的精神を備えた百科全書派的企画であり、死ぬまでに第一部「人類の起源からキリスト誕生まで」を仕上げ、第二部のカルル大帝(シャルルマーニュ)まで準備が進んでいた。死後の一八三六年に分冊による出版が開始されたが、予定された二五〇回の配本のうち三四回が実現されただけだった(*Breiz-Izel*, 1977: XXVI-XXVIII)。油絵も描いたが、注文に応じて描いたのが生涯で一度あっただけで、絵が売れたためしはなかった。かれの評価は、死後そうとう後になってからはじまる。

ペランを最初に積極的に評価したのは、フランス民俗学を体系的に確立したヴァン・ジェネップ(一八七三―一九五七年)だった。未完におわった主著『フランス現代民俗学要覧』第三巻〔文献目録〕で、六度にわたって指摘しており、とくに婚姻に関する文献では、「われわれのもつ最上の描写」と最大限の評価を与えた(Van Gennep, 1937: t.III, 191 et al.)。

フランス国立民芸民間伝承博物館の創設者で、民俗学が博物館学と緊密な連携を保ち、さらに理論的な体系化を達成すべく民族学への脱皮を推進したリヴィエール（一八九七―一九八五年）もペランを絶賛した。

それは戦争のほんの少し前だった。民芸民間伝承博物館が船出を果たし（創設は一九三七年）、私自身も一般民族学から地域民族学に矛先を変えようとしているときだった。ある日オリビエ・ペランの大著を発見して、おおいに驚き感嘆した。……これは詳細な解説文と雄弁な画像のぎっしりつまった地域的な専門研究書であり、ひとりの人間の伝記なのだった。わたしは、バスク、オクシタン、オーヴェルニュなどほかの民族・地域についても、これと似たような書物がないものかと、何年間も探し続けたが無駄だった。ペランしかいないのだ（*Breiz-Izel*, 1977: VII）。

ペランの未刊行の民俗描写デッサンは一二〇枚にのぼるが、そのうち若者の生活、結婚関連が六七枚もあり、ヴァン・ジェネップの指摘のように、これについてはとくに重要である（原、一九九三年、三一―四八頁）。もうひとつは民俗衣装である。百科全書派的すなわち知識の体系化への関心から、衣装の描写がこの当時からさかんになるといっていい。パリの画家で出版業者、グラセ・サンソヴール（一七五七―一八一〇年）の描いた『世界の四地域の探景旅行』（一八〇六年）と同時代であり、こちらも『諸民族平服大全』（一七八四―八七年）を出版し、「諸民族大百科」を計画していたことを考えると（Cuisenier, 1975: 14, 236）、ペランだけを先駆者として位置づけることはできないが、リヴィエールの言葉にもあるように、フランス国内の民俗衣装描写については、時代を先取りするものだった。

ブルターニュでは、このあと、一八四五―四六年に、ラレッス（一八一二―八四年）によるきわめて詳細な衣装描写である『アルモリカ描写集』が出版され、一八七四年には「ブルターニュ衣装博物館」（一八四六年に開館したカンペール考古学博物館の一部門として）が誕生し（Le Gallo et al., 1989: 116）、比較対照の体系化が図られると同時に、ブルターニュの民族アイデンティティを確認する大きな要素となっていく。

見ただけでそれとわかる民族衣装は、民族主義にとってはたいへん好都合のものだが、この時代になって注目されはじめたにすぎない。というのは、もともと衣服は社会的階層性を有していたからである。フランス革命以前では、民衆の衣服は民衆性の表現であり、「お国柄」あるいは地域性を表現するものとはいえない。だいいち、民衆には地域性を「差異化する」ような衣服レベルでの購買力はなかった。産業革命が進展して、生地が廉価になってはじめて、民族衣装が誕生するといっていいだろう。しかも衣服はハレの日の衣装であっても、ときに流行に左右され、変化していく。決して固定的ではない。固定化するのは、二〇世紀も半ばすぎになって、普段着としては着られなくなる、「博物館入り」する時代になってからである。終章で見るように、民族衣装は観光化と結びついて、世紀末以降、ブルターニュでは固定的イメージが出来あがっていく。それが独自性を表現するかぎり、民族主義者は肯定的評価を下すが、「田舎の」「遅れた」否定的イメージにつながる場合は、むしろこれを捨て去る傾向も現れる。歌謡に比べると、民族衣装の「民族性」の根拠は薄いようだ。

「われらが祖先ガリア人」——フランス史の大衆化

確かにパリの知識人たちのあいだでは、ケルトマニア的な考えは影をひそめてはいくが、大衆レベルでは逆に、アイデンティティの源泉として広く浸透するようになる。民衆階層では一般的に、フランス人の祖先として、正統なるキリスト教すなわちカトリックを体現するローマ人か、戦う人たる貴族そして王家の出自であるフランク人かのどちらかが自覚されてきた。それに対して、貴族がフランク人の出であり、民衆はガリア人を出自とするという思想を明確に打ち出したのは、一八世紀のブーランヴィリエ伯爵(一六五八―一七二二年、『フランス古代統治史』一七二七年)だが(ポミアン、二〇〇二年、九二―九七頁)、その言論は知識層に限られており、社会的にはけっしてメジャーではなかった。

この時代、とくに一八三〇年代になって、ガリア人への注目の度合いが強まるにはそれなりの理由があった。ローマ教皇の影響力を排除しようとする「ガリカニズム」がフランス教会全体に広がりつつあり、そのいっぽうで、フランク人(ゲルマン人)は強大化しつつあったプロイセンと同一視される傾向にあった。ローマとフランク、ふたつともがフランスにとって好ましい存在ではなくなりつつあったのだ。

フランス革命においては古典古代への憧れも強いが、ガリアへの言及も頻繁だ。「われらが祖先ガリア人」という表現は一八世紀末に使われはじめたようだが、ナポレオンはガリアを基点とするフランス史の構築によって、フランスの統一を模索した。この執筆を依頼されたのがアンクティル(一七二三―一八〇三年)であり、その作品が今日では凡作とされている『フランス史』(一八〇三年)である。これがはじめてガリアをフランスの起源として全面的に記述した歴史書とされる。

さらにはサンマロ出身で、ナポレオン期ブルターニュを代表する文人シャトーブリアン(一七六八―一八四八年)の『殉教者』(一八〇九年)によって、ガリアはフランス人の心をしっかりとらえる「民族感情の源泉」(Didier, 1982)となる。

アメデ・ティエリ(一七九七―一八七三年)による『ガリアの歴史』(一八二八年)は、フランス民族主義を鼓舞するガリア起源史であり、『ガリア戦記』で描かれるガリア人の最後の戦い「アレシアの戦い」を主導したガリアの武将ウェルキンゲトリクス(ヴェルサンジェトリクス)は、一八世紀の『百科全書』には項目としてもとりあげられていなかったが、ここにきて民族的英雄としてはじめて祭りあげられることになる。一八三〇年代は初等教育が整備されはじめる時代であり、フランス史の普及が民族起源としての「ガリア人意識」を普及していく。一九世紀で最初の本格的な教育改革であるギゾー法は一八三三年だが、ここで町村に小学校を建てることが義務づけられる。まさにこの一八三三年にミシュレ(一七九八―一八七四年)の『フランス史』第一巻が刊行され、一八三七年にはアンリ・マルタン(一八一〇―八三年)の『フランス史』第一巻が出版される。ガリア人こそフランス人の祖先という意識、そして「われらが祖先ガリア人」という表現がこうした一般向け概説書のなかで広まっていくことになる。

フランスの象徴として「雄鶏」が使われるようになるのも、この一八三〇年代と言われている。「雄鶏」はラ

図9　マルタン『フランス民衆史』(1865年)の挿絵に登場する「カエサルの眼前のウェルキンゲトリクス」(Viallaneix, 1982: 245)

テン語で「ガルス」であり、ガルスはまた「ガリア人」をも意味した。この同音異義が、「ガリアの雄鶏」として愛国的フランスの象徴となったのである(Agulhon, 1998: 297)。終章でもとりあげるが、一八五〇年代にウェルキンゲトリクスは「最初のフランス人」として神話化され、ジャンヌ・ダルク、ナポレオンと並ぶ英雄になる。一八六〇年代には、ウェルキンゲトリクスが祖国愛を、ジャンヌ・ダルクが信仰を、ナポレオンがフランスの栄光を体現する英雄として「整備」され、愛国主義のなかで占めるガリアの位置が定着することになる。

比較言語学の成立とケルト諸語

ガリアとケルトとの関係、とりわけブリテン島とアイルランド島の「島のケルト」との関係は、比較言語学が学問として成立するこの時代になってはじめて明確に論じられるようになる。第五章にあげた一八世紀はじめのルイドの研究は孤立したものであり、ルイドの書が一般によく知られるようになるのは一九世紀後半以降である。比較言語学はウィリアム・ジョーンズ(一七四六―九四年)によるインド・ヨーロッパ祖語の提示からはじまるとされるが、初期の代表的な研究者アーデルング(一七三二―一八〇六年)は、主著『ミトリダーテス、すなわち言語学大全』(一八〇六―一七年)で、ケルト語は欧州の諸言語、とりわけゲルマン語とは異なり、二派に分類されることを、ルイドに基づいて記述した。第一のグループは、エイレ(アイルランド)語、アルバ(スコットランド・ゲール)語が属し、いわば純粋ケルト語である。第二のグループは、カムリー語、ケルノウ語、ブレイス語からなり、こちらはカエサルの時代に大陸から渡ったので、ケルト語とゲルマン語とが混ざった混合集団とした(Tourneur,

1905: 204)。この理論は、その後フランスで流布することになる。

ボップ(一七九一―一八六七年)は、最初の概論『サンスクリット語とその親縁諸言語の比較分析』(一八二三年)ではケルト語に言及していない。印欧諸言語の比較にケルト語をはじめて入れたのは、イギリスの人類学者プリチャード(一七八六―一八四八年)の『サンスクリット語、ギリシア語、ラテン語、チュートン諸語とケルト語諸方言との比較によって証明される、ケルト諸民族の東方起源』(一八三一年)である。ボップが一八三八年に「ケルト諸語について」という論文をベルリン・アカデミー学術論叢に発表し、印欧語におけるその位置が一般に認められるようになる。しかし、比較言語学におけるケルト語の重要性が広く認知されるには、ケルト学の祖、ツォイス(一八〇六―五六年)の登場を待たなければならない。かれがラテン語で書いた『ケルト語文法』(一八五三年)は、ガリア語、古エイレ語、古ブレイス語、中世カムリー語などを含み、その後のケルト諸語研究の必携書となった(Tourneur, 1905: 207-209)。

ガリア人の言語についても、ケルト語であって、フランス語とは関係がないということが一般的理解として定着したのは一九世紀前半であり、その契機となったのは、ドイツの言語学者でロマン諸語言語学の創設者と目されるディーツ(一七九四―一八七六年)の研究である。一八二〇年代の南仏中世吟遊詩人の研究(『トゥルバドゥールの詩歌』一八二六年など)、そして一八三〇年代後半以降の『ロマン諸語文法』(三巻、一八三六―一八四四年)によって、フランス語の起源としてはむしろ南仏の中世詩歌のほうが注目されるようになる。その流れをフランスで作り出したのが、レヌアール(一七六一―一八三六年)などのロマン語文学者たちである。「ガロ・ロマン(ガリア・ロマン)」という言い方が増えるのも、こうした背景があってのことである。

アーサー王伝説、「円卓の騎士」文学研究は、すでに指摘したモルガヌグの『イヨロ文書』などカムリー語文献の整備によって、学問的にも体系化が進む。その先駆者がドイツ人のシュルツ(サンマルテの筆名で通常知られている。一八〇二年—?)の『ウェールズの伝統のドイツ、フランスおよびスカンジナビアの文学への影響について』(一八四一年)であり、『アーサー王伝説とヘルゲストの赤本の物語』(一八四二年)である。次章でみるように、一九世紀後半、本格的な研究がはじまる。

言語・民俗研究と在野学術団体の形成

さて、「われらが祖先ガリア人」意識は、ブルターニュでもとりわけ歴史家たちのあいだで根強く続くことになる。この場合にはわれわれブルターニュの民こそ、「純粋」なケルト、それゆえに正統なるフランス人であるという自負意識につながるのである。

フランス革命期以降、在野の学術団体が各地に誕生し、それが地域の学問水準の向上に貢献すると同時に、地域的独自性のアイデンティティ意識形成にもつながっていく。ケルト・アカデミーの場合もそうだが、学問的世界でも、集団的努力が個人を凌駕していくようになる。もちろん個人的業績は今後も重要なのだが、人海戦術を必要とするような集団的調査が行われ、それが学問分野の形成のもとになるといった事態が生まれてくる。方言調査や民俗学・考古学研究ではこの傾向が強い。

ブルターニュでは、一八四三年に「ブルターニュ協会」という学術連合団体が誕生する。地元の知識人のあいだでブルターニュのナショナル・アイデンティティ形成に重要な役割を果たすことになる団体である。この団体のモデルとなったのが、一八三一年設立の「ノルマンディー協会」だった。この協会はコーモン（一八〇一―七三年）によって設立されたが、かれはすでに述べたカーン大学のラリュ神父など、英国帰りの学者たちの影響を受けていたようだ。コーモンの伝記作家がつぎのように書いている。「フランスの考古学派はロマン主義文学とイギリスの考古学研究の二派の影響力のもと、まずノルマンディーで形成された」（Guiomar, 1987: 55）。

コーモンは、一八三四年に「全フランス（歴史的）記念碑保存調査協会」を設立する（のちには「フランス考古学会」として知られる）。一八三〇年に、文化財保護に関して積極的だった当時の内務相ギゾー（一八三二年からは公教育相）が、歴史的記念碑調査局を設立していた。旅行記で有名になるメリメ（一八〇三―七〇年）は、このとき調査員となっているのだが、コーモンの「調書協会」はこの調査局を民間で支える役目を果たした（Guiomar, 1987: 56）。ギゾーはまた、一八三二年に「歴史調査委員会」を設置し、地方の歴史史料の体系的保存に着手している。ただしこの委員会の活動が軌道に乗るのは一八四〇年代、また第二帝政に入ってからだった（同 54）。

コーモンは一八三九年には、「地方学士院」を設立、さらに一八四八年からは、学術団体大会を組織する。いずれも地方の在野の学術団体を連携組織化しようとする試みだが、一八五三年からは公教育省が大会を組織するようになり、その役目を終える。いずれにしても、一九世紀前半の段階では、地方の学術団体は民間のイニシアチブで連携を取り合い、ノルマンディーがその中心にあったということがわかる。

ブルターニュでは、革命期以降、各県単位で民間学術団体が形成されていく。革命によって、地域としてのブルターニュが県という単位に分解されたわけだが、県はそれ以前の司教区をほぼ踏襲しており、学術団体もこれが組織化の単位となった。

ナントは、学術団体がもっとも早くから誕生しており、すでに一七九一年に「農業・商業・諸芸協会」が、また一七九八年には「全県科学諸芸院」ができていた。「農村経済・商業・海運」、「歴史・地理」、「人文学・政治学、文学・芸術」の三部門からなるこの協会は、フランス学士院(一七九五年創立)をめざすものだった(Guiomar, 1987: 31)。一八一七年には、「ロワール・アンフェリエール県(現ロワール・アトランティック県)学術協会」になり、一八三一年には同県「王立協会」に改組された。協会の会員には医者が多かったが、人文研究では歴史的研究より考古学的分野の方がさかんだった。

ヴァンヌでは、一八二六年に「モルビアン県博識会」が設立された。カルナックとロクマリアケールという二大巨石文化遺跡を抱える地域なので、考古学研究が盛んだった。カルナックの遺跡は、一八世紀なかごろまでは、旅行者もなんら注目することなく通過したという(Bertho-Lavenir, 1998: 305)。一八二八年、公共事業によってカルナックの遺跡が取り壊しの危機を迎えるが、博識会の反対によってこれが阻止され、一八三〇年代の歴史的記念碑調査局もこの方針を継承した(Guiomar, 1987: 38)。この遺跡はその後も保護の対象となったが、一六〇年後の一九九〇年代になって、「メンヒルランド」という大観光施設建設(それ自体は遺跡の保護を目的としたものだが)という一六〇〇万ユーロにのぼるプロジェクトが発表され、再び注目されることになった。エコロジスト的な環境保全を名目とするプロジェクト反対派が「自由メンヒル会」を結成し、その運動の結果、二〇〇三年一月、政府はプロジェクトの中止を決めた(*Bretagne Hebdo*, 39: 3)。一九世紀でも現代でも、過去の記念碑の保全という考え方は変わっていないのだ。

ブレストでは、革命期(一七九二年)の愛国学校(「学校」という名をとるが、学術団体)が一八一七年に科学諸芸学校となり、一八一九年に「競学会」と改められた。カンペールでは、一八三二年に「カンペール市競学会」が設立される。同じフィニステール県でも、ブレストは軍港をもつことを反映して軍人中心、いっぽうカンペールは法学者中心で棲み分けが行われていた(Guiomar, 1987: 39-44)。

ブルターニュの中心地レンヌでは、一七九六年に「科学諸芸協会」が設立されていたが、実質的な活動は一八三三年以降になるようだ。政治的中心地が学問的中心地となっていなかったわけだ(ナントが学問的中心だった)。一八三八年、レンヌ大学に文学部が設けられ、パリでミシュレの教育を受けた歴史学者ルユエルー(一八〇七—四三年)がそこの教員となることでそれなりの役割を担うようになったものの、レンヌ大学の歴史学に対する貢献は、ブルターニュ全体から見ればまだまだ小さかった(同 44-47)。

サンブリユーでは、一八三五年に農業協会が設立され、一八四二年に「コート・デュ・ノール県(現コート・ダルモール県)考古学協会」となっている。

このようにブルターニュ五県では、ほぼ一八三〇年代に県レベルでの学術団体が結成されて、とりわけ考古学・歴史学研究が組織化されるようになった。

こうした学術団体の登場により、ブルターニュ史における起源伝説の扱いはどうなっただろうか。まずいえることは、学術研究が組織的になっても、その内実が急に高度化するというわけではなく、一九世紀になっても以前と同じような歴史認識が続く場合が多い。たとえば、「コナン伝説」を正史としてとりあげる歴史書が生産され続ける。リシェ（一七九二―一八三四年）の『ブルターニュ史概説』（一八二一年）、ダリュ『ブルターニュ史』（一八二六年、三巻本）、ロジュー『ブルターニュ王統史』（一八二八―二九年、四巻本）、ブルステル『ブルターニュ史』（一八三三年）、メリネ（一七九五―一八四三年）の『ブルターニュ史』（一八三八年）などである（Guiomar, 1987: 26 ; Tourneur, 1905: 171）。

ケルトマニア的主張ももちろん廃れるわけではない。ヴァンヌのマエ師（一七六〇―一八三一年）は、『モルビアン県古代論』（一八二八年）のなかで、ブレイス語はかつてペルシアで使われており、ドイツ語圏ももとはといえばブレイス語、スペイン、イタリア、さらには遠くアフリカ内陸部でもしゃべられていたと主張する。これはむしろ当時まとまりつつあった印欧語圏の考え方にも近い（Guiomar, 1987: 29）。在野の歴史家、古物愛好家の場合、前世紀の著名な歴史書の主張をそのまま受け継いでいることが多く、この面では、伝統的なブルターニュ史の「大衆化」が起こっていたと考えてもいいだろう。

この時期のブルターニュの歴史家を代表するのは、クルソン（一八一一―八九年）であり、かれの『アルモリカのガリアと島のブリタニアの諸民族の諸制度とその起源史、太古から五世紀まで』（一八四三年）と、『ブリトン人史』（一八四六年）である。ブルターニュの起源について立場ははっきりしており、コナン伝説はさすがに否定されるが、ブリテン島からの移住が歴史叙述の起点となる。「ルドンの救世主教会の記録文書が逐一明かしているが、移住者とともに古き諸制度が、その民族語でさえも海を渡った。……ブリテン島の封建制度が、わたしの表現でいえば、まったくそのまま大陸に移されたのである」（『ブリトン人史』Guiomar, 1987: 386）。

同じく一九世紀のブルターニュを代表する歴史家、ラボルドリ（一八二七―一九〇一年）は次章で見るように、一九世紀後半になって権勢を振るうようになるが、すでに一八四〇年代後半には「ブルターニュ協会」の大会などで発言をしており、一八五〇年ころまでにはブルターニュの起源に関する事項については見解が固まっていたようだ。それによると、四世紀末のアルモリカ半島ではローマの支配体制が崩れ、以前のガリア人の文化が再興されていた。それは島のケルトとの共通性をもつ文化だったが、五世紀になってここにブリトン人が到来し、六世紀にはその支配権を確立する、とするものである。移住の画期として四六〇年という年代をあげる。このあたりの見解はその後も変わることがなかったところであり、この当時のブルターニュの歴史家の支配的見方と考えていいだろう（Guiomar, 1987: 386-387）。いずれにしても「移住」によるブルターニュ文化の形成は、それだけでフランスとの起源における違いを鮮明にするものであり、ブルターニュ民族主義につながる。

民謡収集の広がり

パリではこの時代、文学者ブリズー（一八〇三―五八年）がブルターニュを舞台としたロマン主義的な抒情詩『マリー』（一八三一年）を書き、スーヴェストル（一八〇六―五四年）が農民を題材とした小説『最後のブリトン人』（一八三六年）を発表するなど、ブルターニュが文学者に注目されはじめていた。シャトーブリアンが自叙伝『墓のかなたからの回想』（一八三四―四八年執筆、一八四九―五〇年出版）の執筆をはじめたのもこのころである。

こうした注目のされかたは、ブルターニュがほかとは異なる「特異性」を保持している、そのことが社会的に認知されはじめたことの証明でもある。そこではロマン主義的な「異国情緒」がまず押し出される。ここではじめて、「ガリア」とは異なるものとして「ケルト」性が強調されるようになるのである。それは農民世界の「野蛮」「未開」とつながり、一九世紀後半になるとますます強調されることになる。これが観光開発の方向性に合致するのである。

パリではまた、ソルボンヌの教授フォリエル(一七七二―一八四四年)が『近代ギリシアの民謡』(一八二四―二五年)を出版していた。一八三〇年には、パリ大学文学部にロマン諸語学文学講座がかれのために設置され、弟子たちを北欧、スペイン、アラブなど各地の民謡研究へと駆り立てた。ちなみにかれは、ケルト・アカデミーの会員としてその会合に参加したこともあったが(Thiesse, 1999: 87)、フランス中世文学で重要なのは南仏であり、ここがフランス全体の文学の基礎を作ったとみなすようになる。これは先にもふれたように、フランスにおけるロマン諸語研究の創始者であるレヌアールの見解に基づいている(『トゥルバドゥール詩歌原典集』一八一六―二一年)。

ドイツ、デンマーク、スウェーデンなど北ヨーロッパや、ハンガリーやセルビアなど東南ヨーロッパでも、すでに一八二〇年代までにはロマン主義的なアイデンティティ確立運動(国語の確立と民謡の収集)がはじまっていた。注目すべきはフィンランドである。レンロット(一八〇二―八四年)が一八三五年、武勲詩『カレワラ』を出版する。かれは二〇代のときからすでに伝統的詩歌を収集し、発表していた。『カレワラ』はフィンランドのナショナリズム高揚に貢献すると同時に、スウェーデン語(一八四一年)、フランス語(一八四五年)、ドイツ語(一八五二年)に訳され、ヨーロッパ中で評判になる。言語的に近いエストニアには直接的影響があり、一八五七年には類似する武勲詩『カレヴィポエク』

が出版されている。レンロットはまた、ヘルシンキのフィンランド語文学の教授となって、辞書の編纂にもたずさわった。フィンランドがスウェーデンから独立するのは一九一七年だが、すでに一八六三年にフィンランド語がスウェーデン王国の公的認知を受けていた（Thiesse, 1999: 115-118）。これはレンロットの個人的貢献度がたいへん大きい。

こうした民謡収集のヨーロッパ規模での広がりは、民族としての自覚を呼びかける知識人たちの広がりを示すものであり、それは民族主義の原点を構築する試みだった。と同時に、民族の独自性認識につながる知識の集成をめざす民俗学が、各国に誕生していくことを明かすものでもあった。

ブルターニュでもヨーロッパ・レベルでの民謡収集に呼応する動きが現れる。

初期の代表はブロワ（一七六〇—一八五二年）である。モルレーの近郊出身で、革命前は海軍の軍人だった。ブレイス語ができる教養人で、カムリー語の古詩に興味をもち、そのブレイス語訳も試みた。ケルト・アカデミーには創設から参加し、その調査課題にしたがって民謡採集調査をはじめた。そしてその収集した歌謡で有名になる。それが「ケルラスの跡取り娘」である。かれは、歌われる場所と人名から、それが一五七五年ころに実際にあった結婚の悲劇であると文献学的に実証した。一八二三年、歌の原文とフランス語訳、さらに解説をつけて出版した（『一六世紀ブルターニュのロマンス、ケルラスの跡取り娘』Laurent, 1989: 17）。「現在から過去を説明する」というケルト・アカデミーの指針がそのまま生かされたのである。歴史的文書ではなく、フィールドワークによって過去を説明するというのは、まさに民俗学の手法だ。

固有名詞の入る語りの歌をブレイス語で「グウェルス」という。「歴史的事件」を歌にこめるこうした語り歌こそ歴史的文書に匹敵するものであり、収集すべき歌だということになった。こうして一四八九年、継承戦争時(ないし一五九一年)のガンガン(現コート・ダルモール県)の町の包囲戦を題材にした「ガンガン包囲戦」、国家反逆罪で一六〇二年に処刑された「ラフォントネル」の歌などが、一八三〇年代、パリで紹介される(フレマンヴィル(一七八七―一八四八年)が、一八三七年刊『コート・デュ・ノール県遺物論』でとりあげる。Laurent, 1989: 18-19)。こうしたなかで、民謡収集の英雄、ラヴィルマルケが登場するのである。

『バルザス・ブレイス』とラヴィルマルケ

ラヴィルマルケ(一八一五―九五年)は、フィニステール県南部ニゾン出身であり、二四歳の若さで執筆した『バルザス・ブレイス』(ブルターニュ詩歌集、一八三九年)が評判を呼び、以後、一九世紀ブルターニュを代表する知識人となる。この詩歌集をまとめるにあたっては、既述のラリュ神父の影響力があった。一八三四年、つまりかれがまだ一九歳のときに神父に送った手紙がカーン市文書館に残っている。

「ブルターニュの文学的題材を増やし、そのくにの名誉のためにこれを活用するのはブルターニュの文学者の仕事である」とあなたが書かれるとき、一九歳ですでにその成果をあげているなどとは、おそらくは想像しておられないでしょう。それが現実に起きているのです。わたしは今現在『ブルターニュ文学史ならびにフランス未開文学との関係』という書物を執筆中ですが、その着想は全面的にあなたによるものです。ほかでもない、あなただけがわたしの書物の価値がわかるというものです(一二月一一日付け手紙、Laurent, 1989: 318)。

この『ブルターニュ文学史』こそが『バルザス・ブレイス』である。「未開言語」という表現をケルトマニアのルブリガンがすでに一八世紀に用いているが、「未開文学」という表現はこの時代の新しいものだろう。啓蒙主義では、野蛮ないし原始と表現されていたものだ。他者としてでなく「内なる野蛮」としての意識がそこに働いている。

出版にさいしてラヴィルマルケは、歴史調査文学委員会(既述の歴史調査委員会の一部門)に出版助成を申請した。「歴史調査文学委員会の援助を受けてわたしが出版しようとしているブルターニュ民謡集は、一〇年間の研究成果です。フォリエル氏のギリシアに関する重要な研究を除けば、この種の

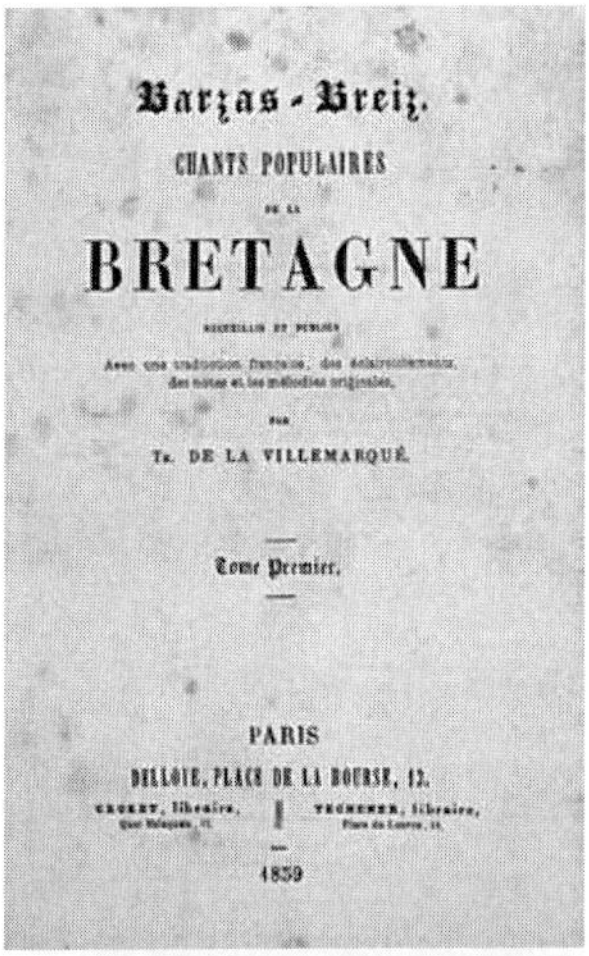

図 10(上) ラヴィルマルケ『バルザス・ブレイス』初版(1839 年)の表紙(Buhez, 2001: 100)
図 11(下) 民話を収集するラヴィルマルケ(『バルザス・ブレイス』第 2 版, 1845 年から. Dutertre, 1993: 35)

書物はフランスで初めてのものです。ブルターニュではこれまで誰も企画していません」（ケランスケール文書館蔵の助成申請書簡、Laurent, 1989: 319）。

かれはカンペルレに館を構える田舎貴族の末っ子として生まれ、家庭内ではフランス語だけだったようだが、幼少期から近隣の住民との接触のなかでブレイス語が使えたらしい（同 20）。一〇歳でサンタンドレーのイエズス会の神学校（初等科）に入り、さらにゲランドとナントの神学校中等科で教育を受ける。一八三四年、文科（哲学）の大学入学資格をもってパリで法学の勉強をはじめると同時に、有名なパリの古文書学校にも通った。申請書に「一〇年間の研究成果」とあるのはかなりの誇張だとしても、母親がかなりの民謡の素養をもっており、一八三三年以降は、つまり五年ほどは実地調査をやったようだ（同 21）。

手紙ではまた、自らが採集した代表的な歌をあげて、その「過去を探る」手立てとしての有効性を主張する。たとえば、妖精が登場する「コリガン」の歌については、「キリスト教は受容されてはいるようだが、ドルイド信仰はいまだ死んでいない。森の奥には、その祭壇があり、聖なる石があり、神聖なる泉があり、妖精たちが守護する。ナンという名の領主が小川のせせらぎで馬の口を潤すと、妖精が現れ、その神聖なる空間を乱し、水を汚したことをとがめ、領主を襲って殺害する。この歌はたいへん古い時代の性格を有する」と述べる。「吟遊詩人メルラン」の詩については、「われわれの保持する最大級の歌であり（二連ごとに韻を踏む、八音節五〇〇連からなる）、ここでのメルランは尋常ではない。洗礼は受けているようだが、聖職者ではなくなっているようだ。バルドではあるようで、金の指輪とハープを保持しているので、バルドの王子かもしれない。……この詩の作者は、六世紀はじめに実在したブルターニュの王と同時代だと言っているので、おそらくかれもこの時代の詩人だろう」という〔Laurent, 1989: 319-320〕。

歴史調査文学委員会では、ラヴィルマルケと直接面識もあったフォリエルは援助に賛成したが、ロマン主義の作家で旅行記でも有名になるノディエ〔一七八〇―一八四四年〕が、マクファーソン的な贋作の嫌疑ゆえに反対し、けっきょく出版助成はならず、ラヴィルマルケの自費出版ということになった〔Thiesse, 1999: 122〕。

スペインは、すでに一五一〇年から印刷された民謡集がある。イタリアではミュラー〔一七九四―一八二七年〕の収集作品、スウェーデンではウォルフ〔一七五九―一八二四年〕、ガイヤー〔一七八三―一八四七年〕、アフゼリウス Afzélius、オランダは、ファーラースレーベン〔一七九八―一八七四年〕とルジョンヌ Lejeune、ボヘミアはハウカー Hauker、ロシアはゲッツェ Goetze、セルビアはヴック〔カラジッチ、一七八七―一八六四年〕、デンマークはグリムとティエール〔一七九五―一八二〇年〕、ドイツはヘルダーにハーゲン〔一七八〇―一八五六年〕、ゲーレス〔一八〇五―五二年〕、ビュルシング〔一七二四―七三年〕、エルラッハ Erlach、ブレンターノ〔一七七八―一八四二年〕、イギリスはパーシにウォートン〔一七二八―一七九〇〕、リトソン〔一七五二―一八〇三年〕、エリス〔一七四五―一八一五年〕、ジェーミソン〔一七五九―一八三八年〕、ブルック〔一七〇六―八三年〕、エヴァンズ〔一七三〇―九〇年〕、ウォルター・スコットである。これに対してフランスはどうか。ヨーロッパにとっては牽引車になることが多いのに、この分野では二人のドイツの古物収集家が編んだ退屈な二冊の選集しかないのだ。……フランスの一地方について、わたしはこのような空隙を埋めようとしている（『バルザス・ブレイス』初版序文、原綴を残した人物については生没年不明、Thiesse, 1999: 123）。

すでにみたように、民謡収集がフランスでまったく行われていなかったわけではなく、一八三〇年代にはいろいろな企画がはじまっていた。またブルターニュでもすでに同趣旨の仕事があった。にもかかわらず、「空隙を埋める」かれの意気込みが人並みでないことはこの序文をみただけでもわかる。それにしてもかれは、ヨーロッパのほかの国の研究をよく知っている。出版時、かれはパリにいて情報をいろいろとえているし、出版前年には、英国にも出かけていた。フォリエルの仲介によってパリ大学から調査資金をえて、ウェールズに文学調査に赴き、アベルガヴェニーで開かれた「アイステズヴォッド」にブルターニュ代表としてはじめて参加した。そしてただひとり「バルド」の称号を授与された。その帰途にはストーンヘンジを見学し、グラストンベリーでは、アーサー王の「墓」をも実見した（Thiesse, 1999: 122）。ウェールズでの大きな成果は、モルガヌグ他編の『ウェールズ考古学研究』を入手したことだろう。『バルザス・ブレイス』のいたるところに引用がみられる。

『バルザス・ブレイス』は、当時のブルターニュの一般的な歴史意識を表明しているとみていいだろう。ここに収録された歌謡の多くは二〇世紀まで歌い継がれ、民族主義にも大きな影響を与えることになる。歴史書が果たしてきた歴史意識形成の役割を、民謡集が担うことになった。マクファーソン以来、民謡集が言語ナショナリズム醸成へ大きく貢献することになったのである。

ここでラヴィルマルケの歴史意識を見ておくことにしよう。

リオティムとはコナンつまりブルターニュの王冠をいただく王である。これが伝説上のコナン・メリアドクスの原型だろう。……五―六世紀にカンブリア人（ウェールズ人）の貴族の家庭で育ったバルドたちが、武将たちにしたがってアルモリカにやってきたのである(『バルザス・ブレイス』序文一八頁、La Villemarqué, 1963)。

当時、コナンが実在する王だったという見方がまだ生きていたことはすでに紹介した。しかし知識人のあいだでは、史実としては捨て去られていたはずである。それをもう一度言語起源(解釈)論的に再検討する。ラヴィルマルケはここで、コナンが「ブルターニュの王冠をいただく王」を意味する普通名詞であるという新しい見解を出した。これはそののち広まることはなかったが、重要なのは、五―六世紀の習慣が現在にも続いていて、それがブルターニュとウェールズで共有されているという見方である。

民謡のなかでもっとも起源が古いとされる「グウェンフランの予言」についての解説では、ウェールズの古詩との類似性・同一性を具体的に述べる。「「タリエシン」と同様、グウェンフランは「存在の三界」すなわち輪廻の教義を信ずる」、「この詩の第二三、二四、二五節は、リウワルフ・ヘンが戦いをつぎのように描写する武勲詩の二節とまったく同一である」(La Villemarqué, 1963: 22-23)。「タリエシン」の書は、一四世紀はじめの写本が現存するにすぎないが、「六〇〇年以前」の「アーサー王の宮廷」の話を語っており、一部は六世紀に書かれたと、長らく信じられてきた。「リウワルフ・ヘン」は、一二世紀の写本『ヘルゲストの赤本』に収められる詩歌の作者であり、その一部はやはり六世紀にさかのぼるとされた(Morrice, 1909: 2-5)。六世紀のウェールズの古詩に同定可能な詩歌が、ブルターニュの農民の歌謡のなかに生きつづけていた。これこそラヴィルマルケの「大発見」であり、これでブルターニュは、ウェールズやスコットランドと肩を並べる「文化財」をもつことになった。

ブルターニュのナショナリズム形成にとってたいへん重要な歌、それが「ノメノエの貢物」である。「ノメノエは、ブルターニュの歴史上もっとも偉大な王であり、祖国の解放の事業を推し進めた。……オーギュスタン・ティエリはつぎのようにいう。「驚くほど美しく、太古の慣習がこと細かに描写され、この独立という偉業の詳細を語っている」」(La Villemarqué, 1963: 112)。ノミノエ(ノメノエ)をブルターニュの初期の代表的な王と評価したのは、一八世紀のロビノーが最初だったが、独立の偉業を達成した英雄、という評価はラヴィルマルケに負うのであり、ブルターニュ民族運動史では、「史上もっとも偉大な王」という位置づけが定着することになる。ブルターニュのナショナリズム形成に決定的役割を果たしたのが歴史書ではなく、民謡集だったことをここで確認することができる。

オーギュスタン・ティエリ(一七九五―一八五六年)は、アメデ・ティエリの兄であり、ミシュレやマルタンと並ぶ、当時のフランスの代表的歴史家だが、一八二五年に『ノルマン人英国征服史』を書いており、ラヴィルマルケにとってはなじみの歴史家である。ティエリは、征服する者とされる者を「人種」による違いで説明する。『メロヴィング朝物語』(一八四〇年)では、征服者フランク人と被征服者ガリア人で展開される。フランク人とガリア人によってフランスの二階級が形成されたという理論は、すでに見たように一八世紀に誕生していたが、一九世紀にも生きつづける。ラヴィルマルケは、ブルターニュの住民構成について、「ガエル人」(ガロ・ロマン系)、「キムリア人」(ブリトン系)という言い方をするが、これはティエリによる「人種」論の反映だという(Guiomar, 1987: 91)。ふたりは面識もあり、ラヴィルマルケはティエリに題材の提供もしていたようだ(Thiesse, 1999: 127)。

いずれにしてもかれのブルターニュにたいするパトリオティックな心情は、『バルザス・ブレイス』に反映されており、ドナシアン・ロランなどの研究によると、初版においては全体の三分の二が「愛国的」詩歌だった。一八四五年の第二版ではさらに四分の三にまで高まるが、これは一八四〇年代のブルターニュにおける民族的自覚の高まりの反映とみていいだろう。

『バルザス・ブレイス』の衝撃

『バルザス・ブレイス』は、それまでのブルターニュを題材とする文学作品をはるかに超える影響をパリの文壇にもたらす。そればかりか、ヨーロッパ中にその名声をとどろかすといっていい。ロマン主義作家ジョルジュ・サンド（一八〇四―七六年）はラヴィルマルケを絶賛した。「詩歌において、もっとも偉大なる詩人の才能と、もっとも詩的な民族が生み出した才能の高みにある、それどころかそうした才能を超えるといってもいいかもしれないが、そうした地方がフランスにひとつだけある。それがブルターニュなのだ。……「ノメノエの貢物」は、〔ホメロスの〕「イリアス」をもしのぐ、一四〇行の詩であり、人類の生み出したどんな傑作より完璧で、美しく、完全である。……まったくもってわたしたちはこれまでブルターニュをあまり祝福してはいない。そしていまだにこうした崇高なる詩歌に慣れ親しんでいない文士がいるのだ。こうした詩歌を前にすると、わたしたちなどはいってみれば巨人の前の小人にすぎない」（『農村の夜の幻想』一八五五年、Thiesse, 1999: 125）。

パリでは、フォリエルの弟子の一人で比較文学者のオザナム（一八一三―五三年）が「六世紀のブルターニュのバルド」（一八五一年）という論文を発表し、ラヴィルマルケを絶賛した。この詩歌は古代ケルト人の残響であり、だからこそウェールズの詩歌との比較が意義深い、とするものであった。

ドイツ語では、一八四一年にチュウビンゲンで、一八五九年にケルンで別々の訳者で出版された。英語では、一八六五年、テイラー(一八一七—八〇年)によって出される。この英訳は、その解説で「ケルト性」をつぎのように述べている。

ブルターニュの人びとの民族性と場所的状況ゆえに、その民衆歌の口頭伝承と保存がこれほど見事に可能になった。かれらは、フランスのほかの地域と、血統、言語、習慣、感情によって相異なる民族なのである。〔イギリスの〕カンブリア、デヴォン、コーンウォールでは、近隣の民族との融合によってケルト性の人種的特徴がほとんど消えてしまった(地名とわずかな普通名詞を除いて)。ウェールズでも何世紀も前からそれがはじまっているが、ブルターニュではやっと大革命によってそれが開始されたのである。……ウェールズではプロテスタントのメソジスト教会が、アイルランドでは宗教・人種戦争が、ケルト的詩歌への結実を妨害ししりぞけたが、ブルターニュではこれが自由に解き放たれ、詩歌となってほとばしりでたのである。一〇世紀、一二世紀、一四世紀に歌われた語り歌や讃歌が、口伝によって、農民、物乞い、さらには昔のバルドに代わる放浪の大道芸人のなかで、父から息子へ、母から子どもへと歌い継がれてきたのである(Taylor, 1865: 15)。

民族性が血統や言語によること、またケルト的民族性が意識されていることがわかる。イギリスでは同化が前世紀から進んでおり、いっぽうブルターニュでは一九世紀になってそれがはじまった、という考え方が示されるが、産業的発展において英国が優位に立ち、フランスが遅延しているという意識が反映していると考えることもできる。

異教的なバルドによる歌謡がまずはブリテン島ではじまり、続いてアルモリカで五―六世紀以降キリスト教化することによって伝統化し、そこで『王統史』というブリトン語で書かれた歴史書が七五〇年ころアルモリカの修道院で成立し、これがブリテン島にもたらされて、ジェフリの『ブリタニア列王史』につながった、というのがラヴィルマルケの説である。次章で見るように、「円卓の騎士」文学成立の過程についての、フランス派とブルターニュ（ケルト）派との対立がここにはじまる。

かれは言語面では、ルゴニデックの後継者を自認しており、かれの辞書を再版し（『フランス語ブレイス語』一八四七年、『ブレイス語フランス語』一八五〇年）、一八四七年出版の辞書には、「ブレイス語史」のまえがきをつけ、その後継者たる立場をあきらかにした。民謡に関する作品はロマン主義的であり、なおかつ民族主義的だったが、言語的にもフランス語の影響を排除する純化主義の信奉者であり、それゆえにこの面でも民族主義的だった。

さらにかれは、『バルザス・ブレイス』出版の三年後、『ブレイス語の将来』という論文を書く。六二年後の一九〇四年、ブレイス語擁護運動のなかで再版され、これこそジョアシャン・デュ・ベレー（一五二二―六〇年）の『フランス語の擁護と顕彰』（一五四九年）のブレイス語版という宣伝文句がつくことになる本だが（La Villemarqué, 1904: 6）、このなかでかれはまず、自らの敵としてカルヴァン主義とヴォルテール主義をあげた。「二つの恐ろしい災いが、運命が一体化している民族に降りかかっている。カルヴァン主義とヴォルテール主義である。神の敵と人びとの敵であるゆえに大敵というわけだが、誤謬の二大才人これがヴォルテールとカルヴァンである」（同 10）。つまり、敵対すべきはプロテスタントと啓蒙主義であり、守るべきはカトリックなのである。

この論文はじつは同年に出版されたブレイス語による『聖なる讃美歌』の序文として書かれたものであり、こうした歌こそがブレイス語擁護につながる、という考えを表明しているが、これは「ブレイス語と信仰とはブルターニュにおける兄弟姉妹である」という、おそらくこの当時できたであろう有名な定式につながっている。世紀末以降のブレイス語擁護運動のなかで繰り返される定式だが、かれの場合、さらにケルト的連帯の主張が乗りかかる。

ブリトン人の言語ほど尊敬すべき確定的な高貴さを保持する言語は欧州にはほかにない。ケルト諸方言〔諸語〕の血を引き、印欧諸語という大家族の一員であり、サンスクリットと姉妹である。サンスクリットとは語彙も統辞も驚くほど似ており、この言語と同様、この世の始原の時代にまでその起源をさかのぼるとされる。プリチャードやピクテ(一七九九—一八七五年)といったウェールズやアイルランドの文献学者による明晰な研究によって、この事実がごく最近明るみに出たのだ。こんなに古い文学の記念碑的作品群をもつ言語は欧州にはほかにない。北半球のほかの民族がまだ野蛮な状態にあったとき、わが文学は、アルモリカに難を逃れたガリアの伝統を受け継ぐ詩人たちによって数世紀間の歴史をもっていたのであり、かれら自身がドルイドの過去の学問とキリスト教の現在の学問を体現していたのである(La Villemarqué, 1904: 13)。

ケルト文化の古き伝統は、ケルトマニア的な主張が基礎におかれるのではもはやなく、英国の先進的近代学問に裏打ちされるのである。それが印欧諸語を中心におく近代比較言語学ということになるが、ラヴィルマルケの引き合いの出し方をみても、その基盤は脆弱で危うさをもっていたといえよう。かれがある意味で安易に六世紀からの伝統というとき、そこには学問的厳密性を追求しつつある当時の新興学問からの批判の余地を残すことになる。

かれの説のもうひとつのたいへん重要な論点は、ブリテン島とアルモリカのキリスト教化においては、ドルイド信仰などの「ケルト」的文化は、破壊されて魂を奪われたのではなく、その文化的伝統がキリスト教にそのまま引き継がれたということである。「未開の異教的バルド伝統」が、キリスト教化されることによって、真の文化的伝統として継承されたという考え方である。これは、ケルト文化に裏打ちされたキリスト教を自らのアイデンティティの基本におく、ブルターニュの民族派キリスト教者の欠くことのできない論拠である。

ラヴィルマルケは『バルザス・ブレイス』ではっきり述べている。「こうした〔ドルイドの〕儀礼が、守護聖人の祭礼に習合し、結局は聖人信仰だけが生き残ることになった。たとえば、聖ロナンの隠遁修業所は、山の中腹にあるネヴェットの森に位置するが、ここにはドルイドの遺跡があり、七年ごとに練り歩きが行われるのである」(Guiomar, 1987: 191-192)。フィニステール県南部、ロクロナンで七年ごとに行われる練り歩きは、こんにち観光行事としても重要な位置を占めている。基本的にはカトリックの守護聖人の行事だが、ラヴィルマルケの述べる事情を考慮して、ドルイドの「ゴルセズ」の団体もこれに参加することが現在でも許されている。

一八五一年、かれは、グリムの推薦でベルリン王立アカデミーの通信会員になり、さらに一八五八年にはフランス学士院会員にもなり、パリ中央に君臨するブルターニュ出身の知識人としての地位を確立する。

以上のように、一八世紀後半から一九世紀前半にかけて、ヨーロッパでは各地で民謡の収集が行われた。これは自らの民族起源探索のためであり、民族的アイデンティティ確認のためだった。民族主義はこうしたなかで誕生するのであり、民俗学はその使命を帯びて学問として確立されていくことになる。一九世紀後半には体系化することになるが、そのあたりの状況をつぎにみていくことにしよう。

第七章
民俗学とケルト学の成立

民俗の変容と観光地化――一九世紀のブルターニュ

民俗学は、民衆の伝統的生活習慣が失われていくという危機感によって、研究が加速される。伝統的生活の変貌をもたらしたのは、なんといっても交通の発達である。一九世紀のはじめ、その発達は運河の建設からはじまる。第一帝政期(一八〇四―一四年)に建設がはじまり、ブラヴェ運河(モルビアン県)が一八二六年に、ナント・ブレスト運河(総延長三六〇キロにのぼる大運河)が一八四二年に完成した。石炭や農業用肥料の運搬に用いられたが、一九世紀後半は、鉄道との競合にさらされることになる。一八五七年、鉄道によってパリとレンヌが結ばれる。一八六〇年代にはカンペール(六四年)やブレスト(六五年)にまで伸張し、とりわけ物流が促進される。

前章で民俗衣装についてふれたが、衣服は、その素材、織りの技術、モチーフ・型の流行など、ほかの分野の民俗的伝統に比べると変化の激しい面をもっている。たとえばレース編みは、一九世紀な

図 12 「被り物一覧」(1840 年, P. Saint-Germain. Balcou/Le Gallo (eds.), 1987, II: 86)

かごろまでは手編みに限られ、富裕階層の独占する衣装だったが、この時期に機械織りが発明され、民衆階層に広がりはじめ、バス・ブルターニュ各地の「コアッフ」(女性の被り物)ヴァリエーションを生み出すことになった。この被り物が村ごとに異なる多様性を獲得するのは、じつは一九世紀半ば以降なのである。また、鉄道に乗って、リヨン、サンテティエンヌ(オーヴェルニュ地方)、エルブフ(ノルマンディー地方、ラシャ地で有名)、モントーバン(ギュイエンヌ地方)などから各種の生地が入ってくるようになった。とりわけビグーデン地方(フィニステール県南部)の衣装はもっぱらモントーバンの生地が使われ、第一次大戦までその衣装は「モントバーネット」(モントーバン人)とあだ名されるほどだった(Hélias, 1990: 7)。皮肉なことに、固有の民族衣装は、まさに流通の時代に誕生するのである。

第二帝政期(一八五二―七〇年)には、サンマロやディナールの海岸が観光客用に整備され、シャトーブリアンなどの著作によってロマン主義をかきたてられた富裕階層が、「神秘の土地」ブルターニュに鉄道に乗ってやってくるようになる。観光客のために旅行ガイドが出されるようになる。ブルターニュについての本格的なガイドブック『ブルターニュ旅行者のための歴史的統計的旅行ガイド』が出版されたのは一八五七年、まさにパリからレンヌへの鉄道開通の年だった。フランスで定評ある旅行ガイドシリーズ『ギッド・ジョアンヌ』が出版されるのも一八五五年以降だ。とはいえ観光が庶民にまで広がるのは、世紀末以降であり、現在もっとも定評ある旅行ガイド『ギッド・ブルー』が出されはじめるのは一九一〇年である（原、一九九四年）。

旅行客のため、観光地もまた整備されていく。むしろ「創出」されていくといったほうが正確だろう。「ブロセリアンドの森」が興味深い実例を提供してくれる。

図 13　ブルターニュでの海水浴などをテーマとするパリ・オルレアン鉄道の観光ポスター（1891 年. Richard et al., 1996: 33）

円卓の騎士の活躍の舞台のひとつであるブロセリアンドが、イル・エ・ヴィレンヌ県西部のパンポンの森付近であるという見方は、中世の物語（たとえば一二世紀のクレチアン・ド・トロワの著作）に登場していたが、それ以降はまったくの忘却のかなたにあった。フランス語による円卓の騎士物語の古典、ワースの『ルー物語』（一一六〇年ころ）の校訂本が一八二七年に出版されてから広まったのだった。
もちろんこの時期は、「騎士物語」が伝説としてではなく実話としてとらえられ、「遺跡」としてその同定が行われた。たとえば、魔術師マーリンが最後に閉じ込められた「マーリンの墓石」、マーリンが妖精ヴィヴィアンヌにはじめて出会った「バラントンの泉」などは、一八三〇年前後にその場所が確定した。魔女モルガン・ル・フェーがその恋人たちを閉じ込めたとされる「不帰の谷」は、一八三〇年代に一度決まった場所が変更された。これらの地は一九世紀後半になると、観光地として定着する。一八六七年の『ギッド・ジョアンヌ』では、パンポンの森が「有名なブロセリアンドの森」と紹介され、マーリンについてもふれられた。一八九一年、一八九九年、一九一一年の各版でもこれは同様だった(Calvez, 1989: 39-48)。

鉄道の登場によって、祭りの様態も大きく変わる。たとえばブルターニュを代表する祭り「パルドン祭」である。「赦免」という意味のパルドンという単語は、一五世紀以前にフランス語からブレイス語に入っており、巡礼をしなくてよいという「巡礼免償」の意味で長らく使われていた。フィニステール県中部のリュマンゴルの教会は、聖母マリア信仰で有名なイタリア南部の聖地ロレトと関係していたため、巡礼免償のパルドン祭には、昔から多くの人がつめかけていた。

だが一九世紀になると、このパルドン祭の意味が変わりはじめる。守護聖人の祭りの意味で使われるようになるのだ。つまり巡礼免償ではなく、自らの守護聖人に罪の許しを請うということになったのである。しかも守護聖人祭としてのパルドン祭ばかりでなく、それ以外の免償を請う祭りが「小パルドン祭」などとして年中行事に入り、一つの教区で二つも三つもパルドン祭をかかえるところさえできた。こうしたなかで、とくに有名な祭りが「大パルドン祭」に変貌していく。とりわけ、一八五四年、聖母マリア信仰が教皇の承認をえることで、この趨勢に拍車がかかる。有名なルルドへの巡礼がはじまるのが、一八五八年である。フィニステール県では、上記のリュマンゴルのほか、サンタンヌ・ラパリュ、ロクロナン（ともにカンペール北西）、シャトーヌフ・デュフー（コルヌアイユ地方中部）などが有名になる。リュマンゴルの聖母像が教皇の名による冠をいただくのは一八五七年である。サンタンヌ・ラパリュの巡礼が定式化するのが一八六三年から一八六六年にかけてだった（Guiomar, 1987: 217）。一九世紀末以降、狭い線路のいわゆる狭軌の鉄道の網の目が非常に発達するころには、こうした教会は身近な巡礼の地として名を高めていく。シャトーヌフ・デュフーは、一八九〇年ころで六〇〇〇―八〇〇〇人、リュマンゴルは一九一二年で二万人、サンタンヌ・ラパリュは一九二〇年で五万人をその「大パルドン祭」に集結させている。

ブルターニュにはさらに、その全域をひきつける巡礼の地サンタンヌ・ドレー（ヴァンヌ地方）がある。この地の聖アンナ信仰は、一七世紀の奇蹟譚に起源を発している。一六二三年のある日、農民ニコラージック（一五九一―一六四五年）が聖アンナの出現を目にし、この聖女の導きでその翌年には礼拝堂を建てる。一六二五年にはすでに巡礼がはじまり、この時代でも知名度が高かった。ルイ一三世とその王妃アンヌ・ドートリッシュが来訪している。聖アンナ信仰がブルターニュで強まったのは、ブルターニュ「最後の女公」アンヌのイメージがそこにダブったためだろう。とはいえ民衆の圧倒的支持をえるようになるのは、一八六〇年代以降にすぎない。ナポレオン三世とその妃が一八五八年に訪問し、一八六〇年には、一六八五年以来秘匿されていたニコラージックの奇蹟記録帳が公開された。

一八六二年に隣村のプリュヌレに駅ができ、ここがもっぱら巡礼客の利用駅になる。一八六六年には新しい礼拝堂が完成する。こうして一九二〇年代には、毎年二〇万人がここを訪れるまでになる。フランス西部の「ルルド」の観を呈するのである(Lagrée, 1992: 299-305 ; Le Scouezec, 1989: 593-595)。

宗教性をもたない祭りが生まれ、それが伝統化するのも、このころの大衆社会化状況のたまものだろう。「ビニウ・コンクール」にその典型を見ることができる。ブルターニュの独特な民俗楽器ビニウ(小型バグパイプ)とボンバルド(オーボエ系縦笛)は、中世以来、伝統的舞踊の伴奏楽器だった。結婚式、守護聖人祭、開墾の祝いなどハレの日にはこうした楽器がかならず登場した。この楽器のコンクールがブルターニュではじめて行われたのは、一八八一年六月、サンブリユーの農業祭の一行事としてだったようだ(Defrance, 1987: 192)。

伝統音楽の祭典が爆発的に広まるそのきっかけとなったのは、一八八九年のパリ万博だった。パリのトロカデロで行われた「民俗音楽祭」には、オーヴェルニュ、ベリー、ブルボネ、プロヴァンス、ブルターニュさらに植民地から伝統音楽家たちが招かれ、大好評を博した。これ以降、各地に音楽コンクールが広まったという(Defrance, 1987: 193)。

地場産業で民俗的要素を取り入れていこうとする傾向が、一八七〇年代にはじまる。これも観光開発の影響である。陶器で有名なカンペールのアンリオ社が、ブルターニュの民俗衣装を描いた絵皿をはじめて売り出したのは一八七八年だった。一八八〇年代以降、ビスケット会社や鉄道などで、民俗を題材とした広告が続出するようになる(Touillier-Feyrabend, 1989: 108)。伝統音楽の場合と同様、これはブルターニュだけの突出した現象ではない。アルザスやノルマンディーなどほかの地方でも、民俗的モチーフが盛んに使われるようになるのであり、これもパリ万博の影響だろう。

産業化が顕著になるとはいえ、とくに農村では伝統文化が生きていたことも重要である。「語り歌」の伝統は、たんに昔からの伝承を受け継ぐだけでなく、身のまわりの出来事、事件を題材にした新歌が作られつづけたことも重要だ（原、一九九〇年）。だからこそ民謡の採集調査が二〇世紀にいたるまで継続されるのである。

伝統文化が強固に残るということは、宗教的にはカトリックの伝統が継続されるということであり、政治的には王党派的な保守勢力が中心を占めるということでもある。第三共和政期（一八七一―一九四〇年）、政教分離法による学校の非宗教化に頑強に抵抗したのがブルターニュであり、その伝統は第二次大戦後まで残った。

「ケルト」相対化の時代――考古学の進展

考古学が学問として確立し、実証的な研究方法が定着しはじめると、先史時代全般を「ケルト」という範疇でひとくくりにすることではすまなくなる。時代区分が設定され、それに基づく呼び方が主流になる。一九世紀ヨーロッパの考古学をリードしたのはデンマークの学者たちだった。考古学史の基本文献、グリン・ダニエル『考古学の一〇〇年』（一九五〇年）によれば、石器、青銅器、鉄器の三時代区分を最初に提唱したのは、デンマークのヴェデル・シモンセンである（『最古の民族史』一八一三年）。一八一九年にコペンハーゲンで開館された王立博物館の初代館長となったトムセン（一七八八―一八六五年）が、この三時代区分を用いた展示をはじめておこなった。この分類がドイツや英国にも導入される。トムセンの弟子ヴォルソー（一八二一—八五年）は、デンマークの最初の居住者は紀元前三〇〇〇年期であり、これがケルト人到来のはるか以前であることを明言した（『デンマークの最古の時代』一八四二年、英訳一八四九年、Daniel, 1950: 40-42）。

ブルージュ（ベルギー）出身のエドワール（一七七七—一八四二年）は、一九世紀に知識人のあいだで流行する人種論の嚆矢的存在だが（『人種の生態的特徴について』一八二九年）、一八三九年、パリで「民族学会」を設立した。この学会自体は短命に終わるが、ケルト語についても研究していた（『ケルト諸語研究』一八三二年発表、死後の一八四四年出版）。このなかでかれは、ブルターニュにおける「ガル」と「キムリス」の違いに言及している。「ガル」とは「ガエル」人、すなわちガリアから続くブルターニュ東部地方（オート・ブルターニュ）の住人であり、それと、「キムリス」すなわちブリタニアを起源とするブルターニュ西部地方（バス・ブルターニュ）の住人とに分ける。「キムリス」は「カムリー」であり、「島のケルト」である。「ガエル」は「大陸ケルト」であり、出自に基づく二種類のケルトがフランスに共存し、それがブルターニュに反映されている、という考え方である。一八三七年にブルターニュを旅行したスタンダールは、このエドワールに基づく「ガル」と「キムリス」に頻繁に言及している（『旅行者回想』一八三八年、Guiomar, 1987: 354）。

一八四〇年代、考古学的な遺跡調査が、英独仏の研究者たちによって、あいついでおこなわれる。有名なハルシュタット（オーストリア）の発掘がはじまるのが一八四六年だが（一八六八年まで続く）、フランスでもっとも有名なのは、ブーシェ（一七八八—一八六八年）によって、一八四〇年から四六年にかけてピカルディー地方のアッブヴィル近郊で行われた発掘であり、その成果が『ケルト人および大洪水以前の古代』(第一巻、一八四九年)で発表される。

「大洪水」以前に人間が存在していたかどうかという議論は、じつはこの時代になっても解決済みではなかった。博物学者でパリ大総長となったキュヴィエ(一七六九—一八三二年)などは、大洪水によって人類がこの世に存在するようになったとする、いわゆる「天変地異説」を信奉していた。この対極にあったのが、博物学ではラマルク(一七四四—一八二九年)などの「進化論」(一八〇一年の『無脊椎動物の体系』など)であり、地質学では、ライエル(一七九七—一八七五年)などの「斉一説」(天変地異説に反対し、地質現象の斉一な発展を説く。『地質学原理』一八三〇—三三年など)だった。

ブーシェは大洪水以前にも人類が存在していたことを主張したわけだが、一八五九年にライエルがこの説を支持して、進化論が圧倒的な優位をもつようになるという(Guiomar, 1987: 359)。一八五六年にプロイセンのライン地方でネアンデルタール人が発見され、一八五九年にはダーウィンの『種の起源』が出版される。進化論は時代思潮になりつつあった。

ドイツで、ケルト人とゲルマン人がはっきりと区別されて主張されるようになるのもこのころである(ブランデスによる『ケルト人とゲルマン人の民族学的関係』一八五七年)。

遺跡発掘の成果から、人類学も学問として確立されはじめる。ブロカ中枢(運動性言語中枢)の命名者ブロカ(一八二四—八〇年)を中心として「パリ人類学会」が設立されたのが、まさにこの一八五九年である。

ブロカは一八七二年に『人類学雑誌』を創刊し、一八七六年には人類学学校を設立する、一九世紀フランスでもっとも重要な人類学者だが、パリ人類学会のなかでは、ケルト人の専門家だった。一八七二年、創刊されたばかりの『人類学雑誌』に「古代および現代のケルト人種」を発表して、かれの考えのあらましをまとめている。まずかれは考古学、言語学、頭蓋骨学それぞれでケルト人の考え方が違うことを述べ、一九世紀前半のとりわけアメデ・ティエリの言語と人種を同一視する考え方を批判する。

一八四〇年代に活躍したエドゥアールと同様、ブロカもフランス人の起源をガリア人とみる。ガリア人は「ガル」人(かれはこちらを「ケルト」と呼んだ)と「キムリス」(ベルガエ)人がカエサルの時代に(ブリテン島から渡来して)混ざり合って形成されたとする。アルモリカ人も言語は「キムリス」(すなわちカムリー語、ブリトン語)が残っているかもしれないが、人種的にはほかのフランス人と同様「ケルト」人である、と主張した。つまりブリテン島から移住はあったとしても、人種的構成を変えるほどではなかった、「ガリア」的人種はブルターニュでも残存した、という考え方である。言語起源論と民族起源論とがイコールであった従来の起源史探究とは異なって、言語と生物学的人種とを分けて考える、当時としては斬新な思考法である(Guiomar, 1987: 354-355)。これによって、ブルターニュの独自性の根幹をなす、ブリテン島からの移住の意義は一蹴され、その独自性はフランスの固有性と同レベルのもの、ということになる。ブルターニュ民族主義の根拠が学問的になき物にされるのである。

一九世紀のパリ人類学会で活躍した学者でもう一人、ケルトの専門家をあげておこう。ベルトラン(一八二〇—一九〇二年)である。かれはレンヌで中等教育を受け、パリの師範学校で学んだ後、中等学校の先生になるが、一八五八年、ナポレオン三世の設立したガリア地形学委員会に招かれ、一八六七年以降は、この年開館するサンジェルマン・アンレーの古代史博物館で古代研究にたずさわる。ナポレオン三世は文人であり、『ユリウス・カエサルの生涯』(一八六五年)の著書をもつ歴史家でもあったが、これを書くために一八六一年から六五年にかけて、カエサルがガリアの武将ウェルキンゲトリクスと戦ったオーヴェルニュのアレシアでの大規模な発掘調査を手がけている。古代史博物館はこの過程で誕生したものであり、一八六二年にナポレオン三世自らが設立を決めた(Mohen, 1998 ; Duval, 1994)。

この博物館は、開館に際して「国立古代史博物館」と命名されたが、準備段階では「ガロ・ロマン」博物館といい、その構想はすでに開館していた記念碑博物館と並行する形で第一帝政期にあった。これが七月革命ののち、パリの街中の遺跡であるクリュニーを場所として実現するはずだった。それは一八一六年に閉鎖されていたフランス記念碑博物館を継承するはずのものだったが、一八四四年に開館されたクリュニー博物館は、中世の展示を主体とするもので、古代ガリアについては削除されたのだった(ポミアン、二〇〇二年、八〇―八二頁)。これがナポレオン三世のもとで実現することになったのである。

ウェルキンゲトリクスのイメージが完成されるのもこのころだが、それにも考古学が関わっている。一九世紀になってからかれの肖像をもつコインがあいついで発見され、それに基づいて製作されたプレオー(一八〇九―七九年)の「ガリアの兵士」(一八六二年)などによって、ガリアの兵士が長髪でひげをもつ形で定着する。これがミレー(一八一九―九一年)のひげを生やしたウェルキンゲトリクス像(一八六七年)につながる。アンリ・マルタンの『フランス民衆史』(一八六五年)は挿絵がふんだんに用いられ、

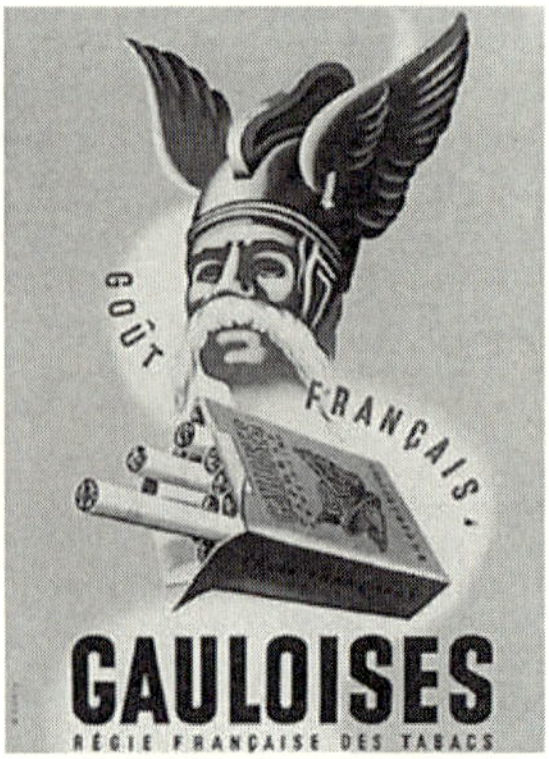

図 14(右)　ミレー「ウェルキンゲトリクス像」(1867 年．Duval et al., 1994: 366)
図 15(中)　ラポルト「ガリア人」(1885 年ころ．Duval et al., 1994: 361)
図 16(左)　タバコ「ゴロワーズ」のデザイン(1947 年ころ．Duval et al., 1994: 374)

ガリアのイメージが一般に普及することになったが、とりわけその「未開性」が強調される。ここでもウェルキンゲトリクスのイメージは長髪でひげだった。

これに「勝利の翼」を左右にもつ「ガリア・ヘルメット」(「ヒバリ・ヘルメット」ともいわれる)をかぶることで、かれの最終的イメージが完成する。ナポレオン三世が古代史博物館開館にさいして注文した「ガリアの騎士」(フレミエ(一八二四—一九一〇年)による、一八六四年)では、まだこれではないが、一八八〇年代には、ラポルト(一八五八—一九〇七年)の「ガリア人」(一八八五年ころ)、ムリー(一八四六—八六年)の「ウェルキンゲトリクス像」(一八八六年)などによって「ガリア・ヘルメット」がはっきり定着する。イメージの民衆化が明確になるのは、一九一〇年にタバコの「ゴロワーズ」(ガリアのタバコ)が発売されてからだろう。一九三〇年代の軍隊のバッジには好んでこのガリアの兵士像がとりあげられた(Duval, 1994: 360-375 ; Pingeot, 1982: 255-283 ; Thill, 1998: 312-316)。ロマン主義全盛の一九世紀はじめにおいては、大学教育を受けていないような素人学者でも参加する余地があり、だからこそ「ケルトマニア」的研究が存在を許されたのだが、一九世紀も後半になると、そうはいかなくなる。ケルト・アカデミーなどとは違う、より学問的な学会組織や博物館が整備されはじめ、そのつながりのなかで、国家レベルでの学問的な体系化がはじまる。

これを象徴するのが、一八六七年八月、パリで開かれた第二回「人類学・先史考古学国際大会」である。第一回大会は、一八六五年九月、スイスのヌーシャテルで開かれた。古代ケルトの時代名称となる「ラテーヌ」(スイス)の遺跡発掘がはじまるのが一八五八年であり、第一回大会は古代ケルト遺跡の意義の検討が中心的課題だったが、第二回大会はそうではなかった。巨石群についてベルトランやヴォルソーが「かつてはドルイドの祭壇という見方があったが、今日では墓石というのがおおかたの見方であり、これだけでも大きな進歩」(Guiomar, 1987: 362)と発言したのに対し、ケルト擁護派の旧世代を代表するアンリ・マルタンが、ブルターニュとアイルランドの遺跡は同一年代であり、「未開のガエル人ないしケルト人」に帰すべき「ケルト遺跡」である、と発言した。これは世代的な論争でもあったが、旧世代に勝ち目はなかった。マルタンのほかにもブルターニュから、聖書論的な「突然変異説」を議論にもちだす動きがあったが、相手にされなかった。こうした発言は議事録に逸話として挿入されたにすぎない(同)。

ベルトランの研究成果は『ケルトとガリアの考古学』(一八七六年)、『ガリア人以前のガリア』(一八九一年)の二冊に結実するが、かれの見解によれば、ケルト人は石器・青銅器時代の人びとであり、ガリア人は鉄器時代人である。つまり、両者の区別は人種的違いではなく、時代区分なのである。しかもこれによって、ガリア研究は古典古代期の文献調査が可能な歴史学の領域の仕事ということになる。ケルト研究は文献的裏づけをもたない、その他の領域に追いやられる。

以上のように、一八四〇年代から六〇年代にかけて、ヨーロッパ全体で考古学研究が体系化されはじめ、国際的学術大会まで開かれるようになった。学術用語が整備されるようになり、「石器時代」という用語がケルトを考古学から追放しはじめ、ガリアとケルトの区別によって、歴史学用語としても使用が制限されはじめる。では、ケルトとのかかわりの深いブルターニュでのその後の考古学研究では、こうした点はその後どうなったのだろうか。

近代的考古学とブルターニュ

一八四三年、すでに指摘したように、農業の振興・発展をめざして地元の有力者たちがブルターニュ協会という研究・交流機関を設立する。その翌年、考古学研究部会が設けられ、ロマン主義的民族主義的知識人たちの溜まり場になる。巨石文化がケルト起源と考えられていた時代である。考古学はまさにケルト主義の源泉だった。県レベルの考古学会がこの時期ぞくぞくと設立される。一八四五年に「イル・エ・ヴィレンヌ県考古学会」、一八五四年に「ナント市考古学会」、一八六一年に「コート・デュ・ノール県競学会」、一八七三年に「フィニステール県考古学会」である(Cassard, 1980: 130)。

巨石遺跡群の多いモルビアン県では、一九世紀前半から発掘調査が行われ、すでに指摘したように、カルナックほかでは保存をめぐって論争がおきていたが、学術的調査としては、一八五三年、トゥミアックでの発掘が最初だった。このときの調査報告書は、遺跡をもはやドルイドの祭壇とはみなさず、古代人の墓石としたが、いぜんとして「ケルト遺跡群」という言い方をした。一八六二年、カルナックのサンミシェル古墳の発掘では、その責任者がつぎのように書いている。「カルナックの遺跡群は太古の時代のものであり、北欧の学者の言い方を借りれば、石器時代のものだろう」。「ドルイド遺跡群」という表現も取りやめられた。もちろんすべてのブルターニュの考古学者がこうした見方に切り替わったというわけではないが、パリを経由して、「石器時代」という考古学の最新の成果が入っていた。

おそらくこうした方向性に対する例外をなしたのが、ブルターニュ協会考古学研究部会だった。一八五一年に、ブルターニュ史研究の大物、ラボルドリがこの部会の書記となり、ラヴィルマルケが一八五五年に会長になり、その方向性はますます強まる。この部会はこうしてケルト・アカデミー消滅以降のケルト派的知識人の集まるところとなったので、一八五九年には結社禁止になる。ここで政治運動がはじまったわけではないが、ブルターニュ民族主義の原点はここにあるといっていいだろう。それは言語的自覚に基づく、反フランスを指向するようなケルト的連帯意識である。

こうした方向性を示唆する論文が一八六四年に発表される。「一九世紀のケルト人」(『ブルターニュ・ヴァンデ雑誌』)である(Guiomar, 1987: 200)。執筆者はシャルル・ドゴール(一八三七—八〇年)というパリ在住の文化人である。同姓同名の戦後の大統領の大叔父にあたるという。かれは自らの祖先をガリア人と自覚し、そのもっとも純粋な後裔がブルターニュのブレイス語を話す人びとであるというケルトマニアの見解を受け入れ、自ら進んでブレイス語を学び、さらにはブルターニュの文化運動・学術運動にも加わることになった人物である。かれの著作は言語と血統的出自を同一視し、なおかつケルト人としての優越性を主張する、まったく人種主義的見解を示しているが、当時としてはけっして例外的思考とはいえない。ブルターニュの文化運動を担う、ないしは民族的信条をもつ人びとは、その歴史意識に基づく誇りから、多かれ少なかれ優越的アイデンティティ意識を保持しており、かれにおいてはそれがストレートに主張されたにすぎない、という考え方も可能だ。一八六七年一〇月に、ウェールズとコーンウォールの代表が招かれて、ブルターニュではじめての「国際ケルト大会」が開催されるが、かれが主催者の中心だった。

ちなみに、第二次大戦後大統領となったドゴールは、第三共和政下で、ラヴィス(一八四二―一九二二年)やジュリアンによる歴史書で教育を受け、フランスの起源としてのガリア人を信奉していた。なおかつ敬虔なカトリックとして、クローヴィスによるキリスト教受容とそのフランク的伝統をも認識していた。この二つの伝統の和解こそ統一的フランスの姿であり、それをなしうる人物として自らを自覚していたようだ。大叔父のドゴールのことは十分に意識しており、ブルターニュ来訪のさいにはそのブレイス語でのことばを引用したこともある(Agulhon, 1998: 299)。

さて、国際ケルト大会は、当初の意図としてはブルターニュではじめての「アイステズヴォッド」の試みだったが、ウェールズの代表などを招いた交流集会というだけに終わる。ケルト言語圏での交流はかれの文化的戦略からは重要だったが、ウェールズはプロテスタントが文化運動の中心を担っていたので、カトリックのブルターニュとそうたやすく交流が進むわけはなかった。連帯交流運動は世紀末以降になる。

『バルザス・ブレイス』と円卓の騎士文学

『バルザス・ブレイス』以前では、アーサー王伝説に発するいわゆる「円卓の騎士」文学はブリテン島のものであり、それはブルターニュがブリテン島起源であることを明かすものだった。しかしラヴィルマルケは、ジェフリの『列王史』の記述、すなわちかれの参照した古文献のひとつが「ブリタニアの言語」で書かれた書物だという一節を手がかりとして、「ブリタニアの言語」はブレイス語であり、これこそブルターニュがアーサー王伝説の源泉の一部を提供した証左とみなしたのである。とはいえ、当時の比較文学者のあいだではこうした主張は受け入れられず、『バルザス・ブレイス』を絶賛したオザナムもこの点はラヴィルマルケとは異なる見解だった(Guiomar, 1987: 397-398)。

一八五二年、コレージュ・ド・フランスに中世フランス言語文学講座が設置され、その担当教授となったポーラン・パリス(一八〇〇―八一年)は、一八六三―六四年に「ブレイス語詩歌とその伝統のフランス文学にたいする影響」を講義した。ジェフリの上記の記述をとりあげ、一八六三年の講義では、ジェフリはブレイス語を知っており、かれのいう「ブリタニアの言語」で書かれた書物とはブルターニュの民間伝承を伝えるものと認めた。しかしその翌年の講義では、ストーンヘンジのような遺跡にもアーサー王の逸話があるので、アルモリカからの影響というより、ブリテン島から広まったと考えるのが正当、と言明した(Guiomar, 1987: 399-400)。中世武勲詩の専門家ゴーチエは、『フランスの武勲詩』(一八六五年)のなかで、ネンニウス以前のアルモリカで歌謡の伝統が続いていたことは認めたが、円卓の騎士文学はブリテン島起源だということは譲らなかった。

ポーラン・パリスの息子、ガストン・パリス（一八三九—一九〇三年）は、一八六九年からコレージュ・ド・フランスでの父親の講義を引き継ぐことになるが、一八六六年、「いくつかのバージョンを援用して歌謡を改作するのは許しがたい」と言明した。ラヴィルマルケにたいする間接的な批判である。ホメロスの「イリアス」が一人の作ではなく、複数の時代の複数の手になる合作だと主張したのは、ドイツの古典学者ヴォルフだが（『ホメロス論』一七九五年）、ヘルダーをはじめとするロマン主義作家、また一九世紀前半のフォリエルやアンペール、オザナムなどの研究者は、中世の歌謡は一人の作者の手になるものではなく、伝承のなかでさまざまな介入を経ることで、たとえば「円卓の騎士」という壮大なる文学群が誕生したとみなした（Guiomar, 1987: 397）。ラヴィルマルケの試みもまさにこれを掘り起こすことが課題だったわけだが、こうした研究そのものが批判されはじめたのである。

学問としての民俗学・ケルト学の確立——ラヴィルマルケへの批判

『バルザス・ブレイス』は、スコットランドのマクファーソンによる『オシアンの歌』に匹敵する政治的インパクトをもち、なおかつのちに贋作の嫌疑をかけられる点もよく似ている。ブルターニュでそうした論争が持ち上がるのはちょうどこのころなのである。一八六七年春、ラヴィルマルケは同書第三版を出版していた。まずはパリの文学批評誌『批評雑誌』において、のちに登場するダルボア・ド・ジュバンヴィル（一八二七—一九一〇年）らが、その新たな出版をまさに挑発として非難した。

正面切った批判が、一八六七年の「国際ケルト大会」開催の当日に公にされる。フィニステール県文書館司書ルメン（一八二四—八〇年）が、ブレイス語の最初の辞書『カトリコン』（一四九九年）のリプリント版を大会初日(一〇月一七日)にあわせて出版し、その序文につぎのように書いたのである。「想像力が超えてはいけない領域というのがある。それがお好みなら、バルドになろうが、バルド頭になろうが、ドルイドになろうが自由だが、みずからのでっち上げで歴史をゆがめてはいけない。真実は早晩明らかになるのであり、かれの不誠実な試みには軽蔑しか残らないだろう」(Laurent, 1989: 23)。ラヴィルマルケにたいする批判というより、あからさまな非難である。これにたいしてかれは、「わたしはさまざまな資料を照合して、歴史的文献学的真実を忠実に誠実に追究したのであり、これに付け加えることは何もない」と大会中に反論しただけで、以後はほとんど沈黙を通すことになる(同24)。

このいっぽうで非難の輪は拡大していく。その中心人物がリュゼール(一八二一―九五年)だった。学校の教師をしながら、また政府から援助金をえて民話・民謡の収集にあたり、『バス・ブルターニュの語り物集』(一八六八、七四年)、『バス・ブルターニュの民話民謡集』(一八九〇、九一年)などを出版していく。『語り物集』はブルターニュでは本格的なフィールドワークを経た初の学術的な研究書といえるものだが、わずか三〇〇部の自費出版だった。発売後すぐに再版の話が出たラヴィルマルケの書とは段違いの差がある。そのリュゼールが「ラヴィルマルケ氏の『バルザス・ブレイス』の詩歌の真正性について」(一八七二年)という論文で、ラヴィルマルケの正面を切った批判を開始する。それは共和派とカトリックとの対立とも絡み(リュゼールは共和派だった)、たんに学術的とばかりもいえない論争だった。またラヴィルマルケは生涯、これに反論することはなく、いわば当事者の一方を欠いた論争にすぎず、スコットランドのマクファーソンのときほど盛り上がることは一度もなかったが、その後の評価にとっては影響を与えた。

すでに第三版出版時に批判をしていたコレージュ・ド・フランスの初代ケルト語文学教授ダルボア・ド・ジュバンヴィルは、権威ある学術誌『ケルト雑誌』で二度にわたり(第二一巻、一九〇〇年、第二三巻、一九〇二年)、ラヴィルマルケは一八三九年にはブレイス語がろくにできなかったので、執筆自体がかれによるのでないとまで述べた(Laurent, 1989: 28)。ラヴィルマルケの息子によって、かれ自身の収集手帳が存在し、かれの執筆だという反論が行われるが(『ラヴィルマルケ、その生涯と作品』一九〇八年)、その効果はなかった。一九六〇年に公刊されたブレイス語学者フランシス・グルヴィル(一八八九—一九八四年)の学位論文『ラヴィルマルケとバルザス・ブレイス』(Gourvil, 1960)もリュゼールのほうに好意的だった。ラヴィルマルケが完全に復権を果たしたのは、民族学者ドナシアン・ロランによってだった。末裔の館でかれが実見したラヴィルマルケ自筆の一八三〇年代の収集手帳をもとに、その収集がしかるべくおこなわれ、しかもほかの収集家たちの記録と比べても、その価値は一九世紀のもののうちではもっとも良質なことを明かしたのだった(Laurent, 1989)。

いずれにしても、リュゼールの批判が現れたのは、ケルト学・民俗学が学問として成立しつつあったという時代背景をもっていたことが非常に大きい。ケルト学の初の学術雑誌『ケルト雑誌』が創刊されたのは、リュゼールの『語り物集』の二年後(一八七〇年)であり、発行者はかれの友人の言語学者ゲドス(一八四二—一九三二年)だった。ゲドスはパリ生まれだったが、ウェールズ滞在中にケルト語への興味を覚え、以降みずから研究に乗り出すとともに、ブルターニュの研究者たちとも交友を結ぶ。これはケルト諸語研究に限定した、はじめての国際的学術雑誌である。

考古学ではケルトの意義が相対化する時代だが、ヨーロッパ各地で学問として確立していく民俗学や言語学では、ケルト研究は重要な位置を占めていく。ドイツでは一八五六年に『比較言語学研究論集』が創刊され、比較言語学は学問として体系化されていく(まもなくして、クーン(一八一二―八一年)を主幹とする『比較言語学雑誌』にとってかわる)。ここにはケルト語の専門家エーベル(一八二〇―七五年)が加わっており、一八七一年には、かれが中心となって、ツォイスの『ケルト語文法』第二版が刊行されることになる。かれはその翌年、ベルリン大学の比較言語学の正教授となる。ケルト諸語の講義は、ドイツでは一八七一―七二年のライプチヒ大学でのヴィンディッシュ(一八四四―一九一八年)によるものが最初だが、一八七八年には、ベルリン大学でツィマー(一八五一―一九一〇年)による講義がはじまる。この大学では、その後一八九七年に『ケルト言語研究誌』が誕生し、ケルト学研究の中心地となっていく(Tourneur, 1905: 214-219)。

イギリスでは、ウェールズのアバリストゥウィス大学で一八七五年にケルト学講座が設立されるのが、その最初である。一八七七年にはオックスフォード大学で、ジョン・リース(一八四〇―一九一五年)によるケルト語文学講座がはじまる。

フランスでは、民俗学研究とタイアップした形で、本格的なケルト学研究が開始される。パリでは一八六四年に『民族誌学雑誌』が生まれ(六年で休刊)、一八七二年には『人類学雑誌』が創刊されるが、国内の民俗学的事象に絞った研究は、セビヨ(一八四三―一九一八年)が設立する民間伝承学会が最初といっていいだろう(一八八六年)。セビヨはフランス語圏のオート・ブルターニュ出身であり、ブレイス語圏出身のリュゼールやゲドスとは交流がほとんどなかった。ただラヴィルマルケとは面識があった。一八八〇年、パリで出会ったおりに、ラヴィルマルケはつぎのように述べたという。「あなたがた若い人たちは恵まれています。学術方法が確立し、民話を全部出版できるのですから。わたしたちのころは考えてもみないことでした」(セビヨによる一九一三年の回想文、Laurent, 1989: 25)。これは民謡・民話の採集の意義がまったく変わってしまった、ということの表明でもある。ラヴィルマルケにとって、学問研究は民族的使命を帯びたみずからのアイデンティティ追究の試みだったが、セビヨの時代では、すでに学問分野と学会組織が確立し、学術研究自体が目的の研究が十分ありえたし、セビヨもそうした学会の人間だった。かれはブルターニュの民族主義運動にはまったくタッチしていない。

リュゼールは、おなじトレゴール地方(コート・ダルモール県)出身ということで、ルナン(一八二三―九二年)と親交があった。一八五八年、ルナンが国立図書館の司書をしているとき、ブレイス語の書物の閲覧を頼んだという偶然に恵まれた出会いであったが、このとき以来、手紙のやり取りは終生におよんだ。一八六〇年代に物語収集のために政府の資金をえたのもルナンの取り計らいだった。ルナンはブルターニュ出身者のなかでも自由主義共和派の元締め的存在であり、そうした知識人はごく一部の少数派にすぎなかったが、ゲドスなどと知り合いになったのもその関係だった(Morvan, 1999)。

ルナンは一八七〇年にはコレージュ・ド・フランスの教授になり、一八七八年にはフランス学士院会員に推挙される。一八八二年には「ナシオンとは何か」という有名な講演をソルボンヌでおこなう(ルナン、一九九七年)。このころから世紀末にかけて、かれはパリでももっともよく話題にされる知識人となる。しかしブルターニュ出身者たちとの交友関係も相変わらず続いた。

そんな雰囲気のなかで一八八二年、コレージュ・ド・フランスにケルト語文学の講座が誕生するのである。この担当者となったのはゲドスではなく、先述のダルボア・ド・ジュバンヴィルだった。このときのゲドスの落胆は相当なものだったらしい。一八八五年には『ケルト雑誌』の編集もダルボアの手に委ねてしまう。一八八七年には民間伝承研究誌『メリュジーヌ』を創刊し、民俗学的研究に重点が移る。リュゼールは、これの常時寄稿者にもなった。

ブルターニュでもっとも権威のあるレンヌ大学では、一八八三年にケルト語の講義がはじまった（正式な講座となるのは一九〇三年）。また一八八六年に『ブルターニュ年報』が創刊され、以後、ブルターニュ研究の中核的位置を占めることになる。レンヌでのこうした学術発展を一手に引き受けたのが、ジョゼフ・ロート（一八四七―一九三四年）だった。ロートは一八九一年にはレンヌ大学学長になり、一九一〇年には、ダルボアの後を継いで、コレージュ・ド・フランスのケルト語文学講座担当教授となる。学問としてのケルト学は、パリにおいても、そしてブルターニュにおいてもこのころにその基礎固めを終えていたともいえるだろう。

レンヌ大学でブルターニュ史の講義が開始されるのは一八九〇年であり、これを担当したのがラボルドリ（一八二七―一九〇一年）だった。一八九六―九九年にかれが出版した『ブルターニュ史』全六巻のうちの最初の三巻は、一九世紀のブルターニュ歴史学の集大成であり、そこには神話・伝説的要素はもちろん入っていない（後半の三巻はかれの死後の一九〇五年、ポケ（一八五二―一九二六年）が完成する）。近代的実証歴史学としての史料吟味、事実考証が入念に行われている。ここにいたってようやく「コナン伝説」などの「非実証的な」事象が歴史記述から最終的に追放された。一八世紀のロビノーの試みは、ブルターニュ史上最大の歴史家のお墨付きをえて正統化されることになったのである。

民俗学は、一八六〇年代に学会団体も誕生して、民族主義という政治性を薄めつつ体系化していくことになった。そのなかで、『バルザス・ブレイス』の真偽をめぐる論議が、採集された民謡の位置づけの再検討をうながし、学問的な厳密化に貢献したわけだが、いうまでもなく、この時期までのフランスでは、ブルターニュにおける収集が民俗学の中心だった。一九世紀末以降、とくに南フランスで収集が盛んになるが、現代のドナシアン・ロランにいたるまで、民俗学研究の中心にブルターニュがあり続けたことは、記しておかなければならない。それはフランス国内でのブルターニュの独自性、異質性の表現でもある。

終　章
地域主義とケルト・ブーム

観光開発、メディア、地域主義

一九世紀末はブルターニュの人びとにとってまさに転換期だった。中央の文化の流入が本格的にはじまるのである。

鉄道が一八六〇年代にブルターニュにとどいていたことはすでに述べたが、はじめは物流それから上流階層のためであり、民衆の乗り物として旅行に利用されるようになるのは一八九〇年代以降だろう。鉄道用の観光ポスターにブルターニュがさかんにとりあげられるようになるのも、世紀末以降だ。このころから絵葉書も一般化し、ブルターニュについては、民俗衣装を身に着けて、ビニウにあわせて踊る「民俗」イメージが一般化する。

いわゆる「ポンタヴェン派」が観光ブルターニュの絵画的イメージを定着させるのに大いに貢献した。フランス革命期にすでにカンブリーが「フランスでもっとも典型的な田園風景で風光明媚」とポ

図17　ポンタヴェンの「金のハリエニシダ祭」の絵葉書(1905年. Dutertre, 1993: 91)

ンタヴェンを称賛していたが、一八六〇年代から画家たちが居住しはじめ、一八八六年にゴーギャンがやってきて、画家集団形成が決定的となった。「ポンタヴェン派」は、一八八六年から一八九四年までの短期間だったが、町にとっては決定的な意味をもった(Cassard et al., 1980: 134-136)。民族衣装の祭り「金のハリエニシダ祭」もこの絵画的イメージのもとで成立したのだ(一九〇五年)。じつはこの祭りは、ボトレル(一八六八―一九二五年)が音頭をとってはじめたものである。一八九五年、ポンラベ(フィニステール県南部)の民族衣装を着てパリの酒場で歌ったのがあたり、とくに「ラ・パンプレーズ」(パンプルの女)は大ヒットし、一九世紀末から二〇世紀はじめのブルターニュの大衆的イメージの形成に貢献したのだが、かれ自身は、観光によるブルターニュの振興にも熱心で、つぎにみる地域主義者の集まりにもよく参加している。

一九〇〇年のパリ万国博覧会では、メンヒルの前に立つ男性が「ブラグウ・ブラース」という典型的な伝統衣装を着た姿のマネキンによる展示があった。これもまさに民俗的ブルターニュこそその代表的イメージという考え方である。

カルナックなどの「石器時代」遺跡は、学術的には「ケルト」をとうの昔に追放したはずだが、ブルターニュの民俗的イメージを駆り立てることで観光化を促進するために動員される。それは観光ガイドにも典型的に現れ、一九二〇年の『ギッド・ブルー』では、「〔カルナックなどの〕列柱石群は、宗教的神秘的意味をもっていたのであり、ドルイド信仰の秘儀にも役立った」と指摘する(Bertho-Lavenir, 1998: 308)。

ブルターニュで発行された最初の新聞といえるのは、一八六〇年代に誕生する各司教区による宗教的週刊情報紙だった。バス・ブルターニュではブレイス語だけを使う司教区週刊情報紙も存在したが、そのマーケットはまだ伝統的な地方の内部にとどまっていた。

本格的な新聞といえるのは、一八八〇年創刊の日刊紙「クリエ・デュ・フィニステール」が最初だ。けれどもこの場合もフィニステール県を中心とした地方紙で、一八八〇年代ではその紙面でブレイス語とフランス語が共存していた。フランス語への統合は一九〇〇年代になる。フランス西部地方全域をカバーする、現在フランスで最大の地方紙「ウェスト・フランス」の前身「ウェスト・エクレール」が創刊されるのが一八九九年で、一九〇〇年代はメディアにおいてもフランス統合化の画期とみなすことができる。

祭りについてみても同じことがいえそうだ。一九世紀のあいだ、ブルターニュでの祭りは活力を保ち続けたものの、ローカルなレベルにとどまっていたとみてよい。しかし世紀末から、フランス全土にわたるネットワークにブルターニュも組み込まれるようになる。典型的なのがルルドへの巡礼だ。一九〇〇年代から鉄道による巡礼ツアーがブルターニュのあちこちで開始される。

ブレイス語圏へのフランス語の流入は、いっぽうで中央の文化的侵略を象徴するようにもなる。一八八〇年代の義務教育化により、その方向性は決定的となるが、効果的に教育がおこなわれるようになるのは一八八九年ころからだった。フランス語によるフランス語教育、いわゆる直接方式の教育が徹底されはじめるのだ。

こうした学校の伸長に危機感をもったのが地元の知識人たち、とりわけカトリックの聖職者たちだった。一八九六年、すでにふれたブルターニュ協会の一部会として「ブレイス語擁護委員会」が新たに設けられる。教育運動家のヴァレ(一八六〇—一九四九年)を中心として、この部会のメンバーの多くがバス・ブルターニュ地方の聖職者だったが、ブレイス語の擁護とカトリックの防衛がまさに重なっていた。

そんななか、一八九八年八月、「ブルターニュ地域主義連合」が結成される。「フランスにおいては、地域の暮らしがますます圧迫されている。……利害や要求に違いがあるにもかかわらず、国全体に同一の経済体制がのしかかっている。……フランスの一体性は今日、破壊されるような危険性はない。われわれがこの一体性の侵害をもくろんでいるなどというのは、誹謗であり、愚かしいことである。われわれはフランスのことを考えている。われわれはあらゆる政治党派を超えて、ブルターニュの地域生活の再編を求めるのだが、これはフランスの利益を考えてのことである」(連合結成大会で配られたビラ『ブルターニュの独立』、Le Stum, 1998: 28)。

言語がアイデンティティの自覚の大きな要素を構成する地域的な政治運動は、アイルランドでもまたバスクやカタルーニャでも民族主義の形をとる。これは一八四八年革命以降のヨーロッパの民族主義的潮流の延長上に考えることができるが、ブルターニュの場合には、自らの地域独自の民族としてのアイデンティティの自覚はあっても、それがただちに民族運動にはつながらない。おそらくそれは、知識人たちが民族主義的な自覚をもつ時点で、民衆レベルではフランスへの文化的統合が進んでいたためである。第三章でみたように、一三世紀からブルターニュのフランス文化圏への統合が開始されていた。五世紀にわたるゆるやかな統合化の後、一九世紀にはその傾向は加速化していた。一八三〇年代以降の「われらが祖先ガリア人」意識を植え込む大衆的イデオロギー、一八五〇年代以降の鉄道による市場統合、一八八〇年代以降の徹底したフランス語化教育。こうした幾重もの統合化が、民族主義的政治運動の登場を阻止したのである。

フランスの地方のなかで、民族としての自覚を知識人たちがもちつつ、政治的には民族主義とはなりえなかったのは、ブルターニュ以外では南フランスのプロヴァンス地方くらいだろう。一九〇〇年にパリで結成される「フランス地域主義連盟」は、実質的には南フランスの地域的独自性を主張し、分権を訴える運動であって、民族主義的傾向はなかった。やはりそこには、ブルターニュの場合と同じように、中世末期以来の統合化の流れがある。

さて、ブルターニュ地域主義連合は、宣言文にあるように「あらゆる政治党派を超え」た連合だったが、学者、ジャーナリスト、芸術家、弁護士、地元の聖職者、企業家など、やはり知的階層が主体であることは間違いなかった。初代会長には、民俗学者のルブラース(一八五九—一九二六年)が就任した。『ケルトの劇場』(一九〇五年)など民衆演劇に関する著書をもつかれが会長になったことは、ラヴィルマルケをはじめとするブルターニュにおける民俗学者の活躍の度合いを象徴する。知識人のなかでも相当な権威があったわけだ。それは伝統的な民俗自体の「連合」にとっての重要性をも表現するともいえるだろう。一九〇八年九月、プルーガステル・ドゥラス（フィニステール県北部）で開催された第一一回大会のプログラムをみると、六日間の大会は、伝統楽器ビニウが奏でられるなかでの、伝統衣装を身にまとった入場行進にはじまり、ブレイス語の詩歌の吟唱、ブレイス語劇の上演、伝統音楽のコンサート、民族衣装のコンクール、伝統舞踊会、さらには競馬大会、自転車競走と催し物が目白押しで、まともに会議を開いているのはわずか二日半しかない（原、一九九四年）。民族衣装から伝承歌まで、伝統文化への依存度がたいへん大きい。これはアイデンティティの参照枠として地域的伝統が重要な意味をもったということでもある。

　地域主義連合の二〇〇人ほどの参加者を数の上でみると、貴族・聖職者が三分の一以上を占め、革命以前の旧体制への回帰がその大きな主張だった。基本的に反共和主義ゆえの地域伝統擁護派だった。そして伝統擁護の一環としてのブレイス語擁護なのだ。したがってブルターニュ協会のブレイス語擁護委員会に比べると言語にたいする熱意は希薄で、政治経済的な自らの利権を維持しようとする地元の名士層がその中心的担い手になる（Nicolas, 1982: 53）。

図 18　プルーガステル・ドゥラスでの「ブルターニュ地域主義連合第 11 回大会」のポスター（1908 年．Le Gallo et al.(eds.), 1989: 84）

しかし、ブルターニュのこうした伝統的な地域主義者、ブレイス語擁護運動家のなかに、新しいタイプの知識人が参加していたことも指摘しておくべきだろう。それは「ケルト的連帯」を語る知識人たちだ。ラヴィルマルケの収集した民謡にみられるような、「ブリトン的」言語文化の共有性を自覚する知識人たちは、一八六七年の「国際ケルト大会」以来、ケルト的連帯を語るようになっていた。この場合、ブルターニュの宗教的枠組み、カトリックの防衛からはみ出さざるをえない。先に述べたように、ウェールズのカムリー語擁護の中心的勢力は一八世紀以来、メソジストなどプロテスタントなのだ。したがってプロテスタント派との協力関係を築き上げるには、ブレイス語擁護と切っても切れない関係のはずだったもうひとつの側面、カトリックの擁護と手を切る必要が生じる。世紀転換期になってはじめて、この宗教的ジレンマを乗り越える知識人層が出現する。宗教より文化的事項の価値が高いという認識が生まれるといってもいいだろう。

この面で中心的役割を担ったのが、ネオ・ドルイディズムである。

ネオ・ドルイディズムとブルターニュ民族主義

ネオ・ドルイディズムがフリーメーソンとも密接なかかわりをもちつつ、一八世紀イギリスで成立し、一九世紀はじめにはウェールズにも波及したことは、第五章、第六章で述べた。そのネオ・ドルイディズムが、ブルターニュに本格的にもたらされることになる。一八九八年夏に「ブルターニュ地域主義連合」が設立され、その翌年に代表団がウェールズの「アイステズヴォッド」に招待された。その後相互交流が続くことになるが、一九〇〇年の地域主義連合の大会のおり、ブルターニュにおける「アイステズヴォッド」の設立が協議され、「ブルターニュ・バルド団ゴルセズ」が結成された。

初代代表、「大ドルイド」となったのは、ルフュステック(一八五三―一九一〇年)である。学校教員でパリでは美術評論家としても名を売っていたが、パリのブルターニュ出身者の集まりから地域主義運動に興味をもち、ウェールズとの交流に際しても中心的役割を果たした。一九〇三年、レスネヴェン(フィニステール県北部)で開催された第六回地域主義連合の大会のさい、ブルターニュ初のゴルセズの集会が「大ドルイド」の号令のもとで開かれた。一九〇四年、詩人のベルトゥー(一八六一―一九三三年)がこの地位を継ぎ、その後三〇年にわたり、ブルターニュのドルイド運動の中心的役割を果たす。

ブルターニュの地域主義者として、また第一次大戦後は自治主義者として活躍した人物の多くが、この「バルド団ゴルセズ」のメンバーだった。ネオ・ドルイディズムは、さすがに現代ではそれほどの影響力はもちえないが、二〇世紀前半の運動では事情が違っていたことは知っておく必要がある。

そうした知識人の代表がジャフレヌウ(一八七九―一九五六年)だろう。ウェールズの運動家たちと接触するなかでカムリー語を率先して学習したひとりだった。一八九八年に地域主義連合が結成されたとき、ブレイス語部会の事務長を引き受けた。二〇歳になるかならないかのときである。一八九九年のウェールズでの「アイステズヴォッド」に参加した代表団の世話役であり、翌年ブルターニュで「ゴルセズ」が設立されたときには、すでにその主要メンバーだった。レンヌ大学法学部を卒業し、職業としては公証人として安定した収益をえるなかで、ブレイス語ジャーナリズムを積極的に生み出していった。一九〇四年には、『アル・ヴロ』(くに)というブレイス語による雑誌を創刊し、ブレイス語印刷物のための「アル・ボーブル」(人びと)という印刷会社、および同名のバイリンガル週刊誌をはじめた。第一次大戦後、ブルターニュの経済界をまとめようとする「ブルターニュ企業連合」(一九二五年)を組織すると同時に、それをバックグラウンドにした文化雑誌『いえ』(一九二七年)を「地域主義とバルド主義の季刊雑誌」として創刊した。こうしたなかで「ゴルセズ」では実質的にはベルトゥーに代わって中心的役割を担い、一九三三年には「大ドルイド」となって、名実ともに主導していく。

図 19(上)　サンブリユーでのゴルセズの行進の絵葉書(1906 年. Le Stum, 1998)
図 20(下)　ブルターニュ地域主義連合の大会を「ブルターニュ衣装保存のための優美な祭」と報じる, パリの諷刺雑誌『ル・プチ・ジュルナル』(1906 年. Dantec et al., 2001: 34)

第二次大戦中のヴィシー政府への協力により、大戦後五年間の投獄と財産の没収を宣せられたが、翌年に出所し、その翌年に「ゴルセズ」の活動だけは再開した。二〇世紀前半のブルターニュにおけるドルイディズムの中心人物といっていい。

ジャフレヌウのブレイス語とカムリー語の先生であるヴァレも「ゴルセズ」に関わった。というより、ルフュステック、ジャフレヌウと並び、創設時の中心的人物のひとりだった。しかし病弱だったこととカトリック的心情が強かったこともあり、その後は「ゴルセズ」の活動にはあまり積極的にならなかった。ヴァレはブレイス語の入門書(『ブレイス語文法入門』一九〇二年、『ブレイス語四〇課』一九〇九年)や規範辞書『フランス語ブレイス語大辞典』(一九三一年)などで有名であり、ブレイス語復興に言語学的に寄与した人物として、のちの運動家たちからは「ブレイス語の父」と呼ばれている。

「ゴルセズ」の初期のメンバーでその後運動から離れた人には、年配になってから参加した人、それとカトリック信者である場合がほとんどだ。ブルターニュ地域主義連合の二代目代表(一九〇二―四五年)レストゥルベイヨン卿(一八五八―一九四六年)は、ナント出身の地域史研究家であり、この時期はヴァンヌ選出の国会議員だった(「人民自由行動派」という保守派の一員)。一九〇七年に「ゴルセズ」のメンバーとなったが、一九一一年には離れた。これには「ブルターニュ地域主義連盟」という分派集団の結成も絡んでいた。おもに若手の文化運動派からなる分派行動だったが、ごく一部の若手はさらに進んで、民族としての独立をめざす「ブルターニュ民族主義党」を結成した。その中心的人物ルルウ(一八九〇―一九四四年)は、一九一〇年に「ゴルセズ」のメンバーになっている。かれはむしろ社会主義派であり、それゆえにドルイディズムには熱心とはいえなかった。第一次大戦中に英国軍に参加し、その後、英国労働党の活動家になった。

さて、第六章に論じたウェールズにおけるネオ・ドルイディズムは、モルガヌグによる定式化以降、カムリー語文学の理論的基盤として認識され、それゆえにカムリー語文学・文化大祭「アイステズヴォッド」の優勝者をたたえる称賛儀礼として定着化した。こうすることによって、その宗教性は薄められ、キリスト教から横槍が入ることが避けられた。キリスト教からはウェールズの「民俗的文化」とみなされ、宗教とは認識されなかったのである。「アイステズヴォッド」はウェールズ最大のカムリー語による文化芸術祭として現代に続いている。ゴルセズもまた、この祭りにおける儀礼的役割ゆえに、現在でも威厳を保って継続されている。

ブルターニュにおけるネオ・ドルイディズムは、フォークロア的イメージと結びついている。その限りにおいて、たとえば地域主義連合の大会での、なかば余興的なドルイドの集会は、ブルターニュの文化的独自性と、その古き時代からの継承を人びとに自覚させることを可能にした。そこには大勢の観客がつめかけ、地域主義運動に対する客寄せ的役割を充分に果たした。これこそブルターニュにおいて、「ケルト」を民衆に実感させたのである。この限りにおいて、カトリックの聖職者たちも寛容だった。しかしウェールズと違って、その「異教性」には不寛容だった。つまり、ゴルセズの儀礼が「ケルトの宗教」として、ベルトゥーやジャフレヌウなどの熱心な「活動家」たちによって主張されるようになると、態度を変え、たとえば教会への立ち入りを禁止するようになる。ルモアル（一八七四―一九五七年）やヴァレらが離反したのはこうした理由からであり、ゴルセズがブルターニュで定着しなかった理由もこれである。

ゴルセズは第二次大戦後、復活して現在に至っているが、ウェールズのような大衆的な支持はない。わたしは一九九九年に現代のドルイドたちを調査したのだが、このゴルセズばかりでなく、多種多様なドルイド団体がブルターニュには存在する。このうち一〇団体ほどについて面接調査をした。すべて小人数のサークル的集団である。加入儀礼をもち「新宗教的」おもむきがある。しかし危険視はされていない。現代社会の喧騒に打ちのめされた人たちに対する、また社会的ストレスに対する「癒し」の空間としての役割を果たしているようだ（原、二〇〇一年）。

ウェルキンゲトリクスからベカシーヌへ

「二〇〇〇年前、わが国はゴール（ガリア）と呼ばれており、住民はゴール（ガリア）人だった」。これは、第三共和制期前半によく使われたラヴィスの『フランス史』初等準備科第一学年の教科書（一九〇〇年）の出だしの部分である。第三共和制にとって、「われらが祖先ガリア人」という定式は、二重の意味で都合のいいものだった。「ガリア」とは、王政が確立していない時代であり、キリスト教がまだ流入していないときである。非宗教的な共和制を信条とする第三共和制にとって、この時代に起源を求めることで、自らの起源からキリスト教を排除できる（Agulhon, 1998: 297-298 ; Maguet, 1998: 317）。ガリアこそフランスの源泉という考え方は、ジュリアン（一八五九―一九三三年）の『ガリアの歴史』（全八巻、一九〇七―二八年）、『ガリアからフランスへ』（一九二二年）で決定的となった。その象徴としてのウェルキンゲトリクスは、もはやブルターニュではなくフランスのナショナル・アイデンティティの代表者となる。

ウェルキンゲトリクスとまさに正反対の、遅れた地域ブルターニュを象徴するキャラクターがこのころ誕生する。「ベカシーヌ」である。劇作家で書店経営者のラングロー（一八六七―一九四一年、筆名コームリ）が構想を書き、パンション（一八七一―一九五三年）が絵を書いて、漫画雑誌『スメーヌ・ド・シュゼット』に発表された（一九〇五年）。連載はコームリ亡き後の一九五〇年まで続いた。単行本の刊行は一九三九年までで、二五冊にのぼった。生まれたときに「ベカッス」（ヤマシギ）が空を飛んでいたことから「ベカシーヌ」と名づけられた少女の物語である。出生地は、カンペール近郊の架空の村「クロシェ・レ・ベカッス」、ここからパリに女中奉公にでた少女が、その無学と純情さから周囲の笑いものにされながらもたくましく生きる姿を描き出し、「フランスにおける漫画のキャラクターの最初の一人」（『プチロベール固有名詞辞典』一九九六年版）となった。朴訥純情で、常に民俗衣装を身にまとい、しかしブルターニュ出身であることに誇りをもっている。その姿は、当時のブルターニュの観光的民俗と結びつくイメージであり、遅れた農村の象徴でもあった。

図 21　『女中奉公のベカシーヌ』の表紙（1919 年．1992 年の復刻版より．Caumery, 1992）

　ブルターニュの歌謡によってパリのシャンソン界でデビューを果たし

た先述のボトレルは、ポンラベの民俗衣装に身を固め、伝統文化をポジティブに表現しており、ブルターニュでもけっして否定的にみられることはなかった。しかしベカシーヌの場合は、もっぱらパリの出版界で、パリ民衆へのエンターテインメントに供されたため、ブルターニュの人びとにとってはまさにさらし者であり、その「無学性」「素朴さ」が、フォークロア化されたブルターニュの否定的なアイデンティティの象徴たらしめたのだった。

第一次大戦後になると、つぎにみるように新しい世代による民族主義運動が誕生し、フォークロア的イメージを強調する民族アイデンティティを拭い去り、新しい文化的創造力を備えた文化運動もはじまる。そこでは、ボトレルやベカシーヌはまさに捨て去るべきイメージの代表とされることになる。

ケルト学・ケルト連帯運動のその後

二〇世紀前半のベルギーのケルト言語学者トゥルナーの『ケルト研究史概説』(一九〇五年)によれば、この概説の執筆時点で、ドイツではベルリンをはじめ五大学、フランスではパリのコレージュ・ド・フランスほか四大学、イギリスではオックスフォードほか一〇大学(アイルランドを含む)、その他アメリカ、デンマーク、オーストリア、ノルウェー、スイス、スウェーデンなどでケルト学(言語学・文学)の講座が開かれるか、ケルト諸語が教えられていた。

おそらくこのあたりがヨーロッパにおけるケルト研究の最盛期である。

ネオ・ドルイディズム的な国際交流も最盛期を迎えていた。一八九八年のウェールズでの「アイステズヴォッド」のさいに、ブルターニュ、アイルランド、スコットランド、ウェールズの代表が会して、「汎ケルト大会」が準備され、一九〇一年（ダブリン）、一九〇四年（ウェールズのカエルナルヴォン、一九〇七年（エジンバラ）と三回の交流大会が開催された。また一九〇〇年にはダブリンで「ケルト研究の育成と、ケルト人種のすべての分家の言語や民族的特徴に関するあらゆる事柄について互いに感情を共有して協力を促進する」（一九〇一年第五号）ために、雑誌『ケルティア』が創刊された。しかしながら、「ケルト人種の再興」をめざすこうした知識人たちの試みは長続きしなかった。「ケルト」の共有する衣装や歌、記念碑などの作成に熱心だっただけで、大衆的な運動に乗り出すことはなかった。裕福な知識人階層の観念的な運動にすぎなかった。『ケルティア』はエジンバラでの「汎ケルト大会」のあと、一九〇八年には休刊する（Löffler, 2000: 20-26 ; Ellis, 1993: 72-86）。

アイルランドは、「ゲール同盟」の結成など、一九世紀末から民族主義的運動が活発化するが、そのなかでほかにケルト語圏地域との交流運動もはじまる。ブルターニュの運動家たちとの接触もこの時期以降であり、これはウェールズとの長い交流の歴史を考えると対照的である。第一次大戦でアイルランドの政治運動は独立へと急展開し、ウェールズやブルターニュでも戦後は、新しい世代による運動がはじまる。交流運動もそのなかで政治性を機軸にしながら、新たな形で展開されることになる。

両大戦間期のケルト学は、その中心地のひとつがドイツだったため、人種主義の影響を大きく受けることになるが、この間の経緯については、ケルト学研究者のあいだでは蒸し返すべきでないタブーとして、長らくヴェールに包まれたままだった。一九八〇年代に入り、ケルト研究を専門としない人たちからの「告発的」な論文がではじめるが（Simon, 1982 ; Lerchenmüller, 1990）、ケルト研究者の研究史では、やはりふれられなかった（Tristram, 1990: 11-53 ; Schmidt, 1994: 107-137）。

本格的な再検討は、戦後生まれの若い研究者たちの登場を待たねばならなかった。一九九八年三月、ベルリン大学でおこなわれた「国家社会主義期およびその前のベルリン大学におけるケルト学」のシンポジウムがその最初の試みだろう(Heinz(ed.), 1999)。ここで明らかになったことは、ケルト学者たちの強い政治的かかわりである。とりわけ一九三六年にケルト学講座の教授となったミュールハウゼン(一八八八—一九五六年)は、ナチス親衛隊「研究・教育振興会」である「祖先の遺産」(アーネン・エルベ)のメンバーであり、この団体はナチス・イデオロギー的観点からゲルマン先史・ドイツ民俗学研究を行っていた(Fickelscherer, 1945)。こうしたナチス・イデオロギーとの結合により、ベルリンの『ケルト言語研究雑誌』は戦後一〇年あまり休刊を余儀なくされる。

民族主義運動と「タブー」の生成——両大戦間期

第一次大戦後、新しい世代による本格的な民族主義運動がブルターニュにも現れる。一九一九年に創刊される『ブレイズ・アタオ』(永遠なるブルターニュ)がまさにそれである。それは、地域的な自治をめざす運動として、第一次大戦前の地域主義運動を引き継ぐ面もあったが、「復活祭(イースター)蜂起」(一九一六年)によって自治権獲得にまでいたったアイルランドの活動を模範とする、分離独立運動の側面も備えていた。その新しさは、旧来の伝統文化をブルターニュの独自性の表現として自明視しないことにある。こうした運動をリードした活動家たちの多くが、自ら創造的職業についていたり、芸術的革新運動に参加する人びとだったことも、新たな文化運動としての側面を民族主義運動がもっていたことの証だろう。

両大戦間期民族運動の一貫した指導者だったモルドレル（一九〇一―八五年）は、建築家であり、機関誌のデザインを自ら手がけたばかりでなく、ブルターニュの建築史に残る建物を造っている。モルドレルとともに『ブレイズ・アタオ』創刊に参加し、一九二七年に結成される「ブルターニュ自治主義党」にも参加したマルシャル（一九〇〇―六三年）もまた建築家であり、レンヌ美術学校の教師となった人物である。一九二五年に、来るべき自治主義党の党旗としてかれが作成したのが、今日ブルターニュの旗として知られている「グエン・ア・デュ」（白黒旗）である。マルシャルと政治行動をともにしたブイエ（一八九四―一九四五年）もまた、建築家であり、キリスト教美術の刷新に尽力した人物である。

図 22　「セイズ・ブラール」が製作を全面的に請け負った 1937 年パリ万博でのブルターニュ館（Le Couedic, 1993: 61）

クレストン（一八九八―一九六四年）は、政治運動の積極的担い手ではなかったが、ブルターニュにおける民族的芸術革新運動「セイズ・ブラール」（七人兄弟）の創設メンバーだった。一九二三年に結成されたこの会は、レンヌ美術学校の出身者を中心として、文字通り七人のメンバーからはじまったが、ブルターニュの創造的芸術運動としては両大戦間期を代表するものだった。二〇〇〇年になって、この運動の大回顧展がレンヌで開催され、その全容がようやく明らかになった(Le Couédic et al., 2000)。とりわけ一九三七年のパリ万博のおりには、クレストンを中心としてこの会のメンバーたちがブルターニュ館の責任者をつとめ、斬新な展示を行い、注目を集めた。

ブルターニュの民族運動について、こうした創造的活動の側面を考慮すると、その全体的イメージがはるかに豊かなものになる。ただたんに、当時の「民族自決主義」の思潮に乗る政治運動としてばかりでなく、ドイツの革新的文化運動「バウハウス」など、同時代のヨーロッパ全域を覆う芸術運動の流れを入れて考えることが必要となる。バウハウスはワイマール共和国の民主的政治運動ともリンクしていた。「セイズ・ブラール」ははるかに民族的伝統への(少なくともモチーフ的な)こだわりがあり、それは民族運動への肩入れという側面からいえば、当然ではあるが、比較は可能だろう。

おそらく、この時代の民族運動とネオ・ドルイディズムに重なりがあったのは、この芸術運動としての側面ゆえだろう。たとえば、自治主義党の中心的人物であり、レンヌ美術学校の教師でもあったマルシャルは、「クレーデン・ゲルティエック」(ケルト信仰)というドルイド・グループの創設者でもあった(一九三六年創設)。このグループはウェールズのゴルセズの系統とは別の考えをもっている。信仰としてのケルト、つまりはその宗教的性格、反カトリック性を明確にしており、第二次大戦後のブルターニュでは、ドルイド派のなかで「ゴルセズ」と並ぶ勢力になる。

けれどもドルイディズム自体、さらには民族主義運動の政治的影響力も両大戦間期にはずっと、ごくわずかなものにとどまる。おそらくそれは伝統的枠組みであるカトリック勢力がブルターニュでけっして勢力を失わなかったこと、さらにはカトリックを基盤とする伝統社会も決して崩壊するにはいたらなかったことが理由としてあげられる。伝統社会の崩壊がはじまるのは第二次大戦後といっていい。

さて、『ブレイズ・アタオ』の考え方は、〝ブルターニュは地方ではなく、民族である、ということにつきる。民族固有の暮らしを取り戻すこと、自決することが目標であり、そのためには独立することが必要になる。これによりケルト的な伝統を取り戻すことができる〟というものである（『ブレイズ・アタオ』一九二七年七月、第七号付録文書、Nicolas, 1982: 77）。先述のようにかれらは、一九二七年にブルターニュ自治主義党を結成するが、一九三一年に「ブルターニュ連邦主義同盟」と「ブルターニュ民族党」に分裂する。連邦主義同盟はまもなく政治力を失い、それをからくも保持したのは、モルドレル率いる民族党だった。当時のフランスの極右政党と同様、ナチスの思想に近く、そのケルト主義は、ケルト民族選民思想といっていい。一九三四年には「復興ケルト人党」構想を提出する（雑誌『ステュール』（舵）創刊号）が、それは古代ケルト人の「優秀性」を基礎にすえる選民思想といっていい。ブルターニュにおいて、こうした精神の復興をめざすことこそ、かれらの使命だった。しかし、民族党自体がブルターニュのごく少数の知識人たちをひきつけたにすぎず、大衆的影響力はまったくなかった。一九三九年一〇月、第二次大戦の開戦により、解散命令を受け、その指導者たちはドイツに逃れ、欠席裁判で死刑判決が下される。

一九四〇年六月、ナチスに妥協的なヴィシー政府が成立し、その協力組織として「ブルターニュ民族協議会」が設立される。同年一〇月にはブルターニュ民族党が再結成され、モルドレルなども帰国する。ケルト言語学者ヴァイスゲルバーがドイツ政府からレンヌに派遣され、ブルターニュの言語文化運動家たちと接触する。そうしたなかで民族派が息を吹き返し、ブレイス語の教育やラジオ放送がおこなわれたりしたが、それも長続きはしなかった。一九四三年一二月、民族主義派の司祭がレジスタンス・グループに暗殺され、それに反発した青年グループがナチス親衛隊まがいの民兵組織を作る。一部は実際に親衛隊と行動を共にした(Nicolas, 1982: 94-102)。

興味深いことに、ヴィシー政府は自らのプロパガンダにガリア人を取り込んでいる。ガリアは敗北を認めることで、カエサルによる平和がもたらされた。勝者と敗者の協調から平和が生まれるという解釈によって、ガリアとヴィシー政府が結びつけられたのである。一九四〇年九月、ペタン元帥への賛同の徴として、「ガリアの戦斧」が創出された。一九四二年八月、ガリアの要塞都市ゲルコウィアに由来する町、ジェルゴヴィで、親独民兵団の前身にあたる戦士団の記念式典がおこなわれた。第三共和制におけるガリアの意味づけとはだいぶ異なるが、ガリア人はフランスの土地で暮らしたことが間違いなく実証できるゆえに、説得力をもったのである(ポミアン、二〇〇二年、六四―六八頁)。

ナチスに協力したグループが実際に存在したゆえに、第二次大戦後のブルターニュの民族主義運動は、完全にタブー化する。フランスにおいて対独協力派がタブー化したのとまったく同じで、民族主義運動に関係した家族や知人などまでが社会的排除の対象となったのである。運動家の多くがアイルランドなど海外への亡命を余儀なくされた。タブー化は戦後一貫して続いたといっていい。一九七〇年代に「ブルターニュ解放戦線」なる団体が爆弾テロを敢行し、「ストローラッド・アル・ヴロ」(民族党)も結成されたが、極小集団にすぎなかった。ブルターニュの独自性の主張は、二〇世紀初頭とまったく同じように、地域主義という形でしかありえないことになったのである。二〇世紀初頭以上に同化が進んでおり、大衆的に民族主義は成立しえない状況ではあったが、対独協力によるタブー化の方が、その不成立を説明する要因としては大きいように思われる。

戦後の地域主義運動の主流は、経済的要求団体の連合である、一九五〇年結成の「ブルターニュ利害連携研究委員会」にはじまる。一九五七年には政治運動「ブルターニュ組織のための運動」がおこり、一九六四年には「ブルターニュ民主連合」という党派結成にいたる。この連合は連邦主義的立場に立ち、フランス社会党とも連携をとり、現在も活動している。重要なのは、先述の一九七〇年代の過激な民族主義運動と並行して、言語教育運動が誕生したことである。民族主義的な政治運動は、大衆的支持をえることができなかったが、言語文化運動はその後盛りあがりをみせる。一九七七年に誕生したブレイス語自主教育運動「ディワン」(芽)は、二〇〇〇年には、幼児教育から中等教育まであわせて三〇〇〇人の児童生徒を擁する学校に成長した。いまではブルターニュの住民の九割がブレイス語の存続を支持しており、そのなかで言語教育運動の果たす政治的意味合いは大きい。こうした言語教育運動の進展は西欧の少数言語地域に共通しており、言語と民族との関係を改めて考えさせられる事例を提供することになった(原、二〇〇一年、二〇〇二年)。

現代ブルターニュの「ケルトブーム」の諸相

ブルターニュで今日、ケルトといえば、すでに述べたネオ・ドルイディズムの運動か、ないしはブルターニュの伝統衣装などの、ブルターニュに固有の民俗文化をさしている。そうしたイメージの起源はそれほど古くはなく、すでに指摘したように、一九世紀末以降のフォークロア的イメージの観光化・大衆化が大きな役割を果たしたのだった。

図 23　コンカルノーでの「青網祭」のポスター（1971 年．各地の衣装がわかる．*Pays de Bretagne*, 12, 1997: 63）

もうひとつは「ケルト・サークル」という第一次大戦中に誕生した民族舞踊保存運動である。一九一七年、ブルターニュ出身の傷痍軍人や休暇中の兵士にたいして娯楽を提供するために、パリで作られたのがそのはじまりだった。ブルターニュでなくなぜケルトかといえば、それは英国軍のウェールズ人兵士の一団がこれに加わっていたからだった。大戦後もこの組織と名前は残り、パリばかりでなく、ブルターニュのレンヌ、ナントなどの都市部、さらには農村地帯にまで広がる。今日ではブルターニュ各地に二〇〇以上のグループと一万人にのぼる会員を擁している。こうしたケルト・サークルが主役を占める観光客相手の祭りも二〇世紀になって各地ではじまり、これもブルターニュ民俗＝ケルトというイメージの定着化に寄与した。

一九〇五年にポンタヴェンではじまった「金のハリエニシダ祭」についてはすでに述べたが、この延長上で、この時期新たに創設され現在まで続いている祭りがいくつかある。一九〇九年には、コンカルノー（フィニステール県南部）で「青網祭」がはじまる。伝統衣装・舞踊の祭りである。一九二三年には、カンペールで「コルヌアイユ女王祭」が開始される。これはコルヌアイユ地方（フィニステール県南西部）一四郡各郡の民族衣装コンクール優勝者たちの「顔見せ」と中心とした祭りである。第二次大戦後には「コルヌアイユ・フェスティバル」と名称を改め、ブルターニュでは最大級（観客動員数は三〇万人程度）の民俗的祭りとして名声を博している。

ブルターニュの否定的イメージのキャラクターとして、ベカシーヌは第二次世界大戦後まで生き残ることはなかった。民俗的に異質なイメージが大衆受けする基盤はなくなったのである。ケルトに関係するキャラクターとして、戦後あらたに登場したのが「アステリックス」である。一九五九年、ゴシニ（一九二六―七七年）とユデルゾ（一九二七年―）の二人によって、この漫画が、かれらの創刊した雑誌『パイロット』に発表される。一九六一年には最初の単行本『ガリア人アステリックス』が刊行され、現代フランスを代表する漫画のキャラクターとなった。

この物語はつぎのような出だしではじまる。「紀元前五〇年、ガリアの全域はローマ人に支配された。全域？　いや違った。断固たるガリア人の住む一村が、依然として侵略者と戦い続けている」。カエサルがウェルキンゲトリクスを破った「アレシアの戦い」を最後にガリア全体がローマの支配に屈したわけではなく、断固たる意思をもって、ローマと戦い続けるガリア人の村があった、という設定だ。ウェルキンゲトリクスは敗北の勇者であり、ベカシーヌには負のイメージがつきまとうが、アステリックスはけっして負けない。ドルイドであるパノラミクスの魔法の薬により、危機を乗り切ることができる。アーサー王にたいするマーリンを想起させる。アシュランストゥリックスはバルドであり、ケルトハープを奏でる。こちらもすでに定番となったケルト的キャラクターだ。アステリックスの相棒、太ったオベリックスは道化役だが、メンヒル配達人である。まさにブルターニュ的ケルトのイメージがそこに凝縮されている。出版された三〇点の単行本の総部数は、十数カ国にのぼる世界各国版をあわせて、二億八〇〇〇万部に達するという(Maguet, 1998: 318)。

一九八九年には、パリの北部近郊に「アステリックス・パーク」がオープンし、こちらも「ユーロディズニー」をしのぐ入場者をもつという。日本では最初の三巻が『アステリックスの冒険』というタイトルで出版された(一九七四年)。ベカシーヌに凝縮されたブルターニュの負のイメージが、アステリックスでは、ケルトのプラスのイメージに転換される。アステリックスは、少々乱暴だが正義感に燃え、まさに昔のガリア人についての、一九世紀以来の作られたイメージを体現している。フランスの国民的ヒーローであり、その意味ではフランスに回収された、ナショナリズムに奉仕するケルトである。現代のフランスにおけるケルト・ブームはこうした面ももっている。

このいっぽうで、とりわけ一九七〇年代以降、地域文化の振興が大いに進んだ。欧州統合の進展により、国境の敷居が低くなることで、国家を構成する諸地域の自立の度合いが逆に強まったのである。ブルターニュ地方では、それはとくに音楽文化に顕著にみられ、フランスのなかでの独自性の主張に大いに貢献し、それとともに言語的親縁性に基づくいわゆる「ケルト文化圏」の形成にもつながった。ケルト音楽ブームは、すでに一九七〇年代に、「スティヴェル革命」といわれるほどの影響力をもったシンガー、アラン・スティヴェルの登場によってはじまっていた。

一九七一年にはじまったロリアンの「インターケルティック・フェスティバル」は、ケルト文化圏諸地域、すなわちウェールズ、スコットランド、コーンウォール、アイルランド、マン島、それにスペインのガリシアとアストゥリアスが参加する音楽祭である。毎年五〇〇〇人近くの音楽家が参加し、一九九〇年代になると四〇万人以上の観客を集めるという大祭に成長した。一九九六年、この祭りの常連であるブルターニュのシンガー、「ダン・アル・ブラース」のCD「ケルトの遺産」がフランスで爆発的なヒットを記録した。これこそ現在のケルトのイメージの代表といっていいだろう。

手元に二〇〇一年版、ブルターニュの伝統的祭りカレンダーがある。「ブルターニュ伝承祭委員会連盟」（一九六七年結成）の作成したものである。この連盟には四〇にのぼる伝承祭の実行委員会が加盟しており、これをみると、観光客が集中する夏季を中心として、いかに多くの民俗的祭りが開催されているかがわかる。主だったものだけでもあげてみよう。六月三〇日―七月一日、レンヌ、「ダンス・フェスティバル」（伝統舞踊コンクール）。七月一一日―一五日、プロゼヴェット（フィニステール県南部）、「モンディアル・フォルク」（世界のフォークロア祭）。七月二一日―二九日、カンペール、「コルヌアイユ・フェスティバル」。八月三―一二日、ロリアン、「インターケルティック・フェスティバル」。八月五日、ポンタヴェン、「ハリエニシダの花祭」。同日、マルエ・ランバル（コート・ダルモール県）、「金のハリエニシダ祭」。八月八―九日、ポンクロワ（フィニステール県南部）、「ケルト人の声フェスティバル」。

図 24　ロリアンでの「インターケルティック・フェスティバル」（1983 年．Balcou / Le Gallo (eds.), 1987, III: 99）

八月一〇―一一日、ドゥアルヌネ、「フォークロア国際フェスティバル」。八月一一―一九日、ガンガン、「サンルー・フェスティバル」（伝統舞踊コンクール）。八月一五―一九日、コンカルノー、「青網祭」（伝統衣装・舞踊祭）。八月三一日―九月二日、グーラン（フィニステール県中部）、「伝統楽器演奏家コンクール」。このほか、中規模な祭りが二二箇所あり、そのうちタイトルに民俗（フォークロア）、民俗的と入っているものが五箇所もある。フォークロア的祭りが現代ブルターニュでは、文化的にまた観光資源としても重要な意義を担っていることがわかる。

以上この第Ⅲ部でみてきたように、民謡収集が民族主義を醸成するうえでたいへん重要な役割を演じた。これはヨーロッパ全体にわたるものであり、これについてはスコットランドの収集家たちの主導的役割は見逃せない。民謡収集はそのいっぽうで、「現在から過去を探る」という民俗学の成立のきっかけとなるものであり、フランスではケルト・アカデミーがその先駆となった。ブルターニュの民謡収集活動はフランスにおける研究の牽引となるいっぽうで、ブルターニュにおける民族主義の形成に決定的な意味をもった。考古学や古代史研究も一九世紀半ばには学術団体が各地に組織され、民族起源の研究も体系的になっていく。教育が大衆的広がりをみせるなかで、民族起源も大衆化して、「われらが祖先ガリア人」という考え方がフランス人のあいだに流布していく。

言語学・考古学では学問の体系化が進むなかで、起源としての「ケルト人」の領域は限定され、考古学では概念的に用いられなくなる。しかし、観光開発の必要性から、ブルターニュでは、こうした学問的レベルとは反対に、ケルトやドルイドといった古代の神秘性を内包するイメージが宣伝されていく。そこでは必ずしも古代ケルトとは結びつかない、ブルターニュの伝統衣装や伝統舞踊などが、絵葉書、観光宣伝ポスターなどをつうじて、「ケルト」としてイメージ化されていくのだ。

二〇世紀になると、民族主義に基づく運動がはじまるが、ブルターニュでは地域主義という形をとる。中世末期以来の統合化の歴史をもつブルターニュでは、分離独立という選択肢に大衆的支持はえられないのであり、こうした形は「統合化先進地」特有の形態といえるだろう。

地域主義のなかでケルト起源の独自性を主張するのがネオ・ドルイディズムであり、キリスト教的枠組みに飽き足らない、なおかつブルターニュの独自性にアイデンティティをもつ芸術的革新運動家たちのあいだに広がった。こうした知的集団を中心として、ブルターニュの独立をめざす民族党が両大戦間期に登場するが、政治的勢力として微々たるものにとどまる。民族党の一部は人種主義的理論を振りかざし、そのなかで「ケルト人復興」が唱えられる。

こうしたなかで学術研究の面で「ケルト」概念が生き残るのは、実質上、言語学の分野だけになった。しかしこれは中心的地域ドイツで人種主義と結びつき、第二次世界大戦によって壊滅的な打撃をうける。ブルターニュの民族主義も同様で、大戦後はタブー化する。

第二次大戦後のケルト・ブームは、いってみればこうした政治的危険性を一切取り除いた、文化的レベルでの伝承性や倫理観を基点としている。一九七〇年代には、キリスト教的倫理観に満足しないヒッピー世代をひきつけ、一九八〇年代以降では、自然との共生を訴えるエコロジストとも相通じるものをもった。神秘的なものへの憧れをもつ「ニューエイジ」派もひきつけ、社会的喧騒からの「癒し」を求める人びととも共有できる面があった。

フォークロア的な伝統衣装や伝統舞踊の祭りに観光客が大挙して押しかけ、これがブルターニュの人びとにも自分たちの文化的独自性の表現として自覚されている。このなかで、文化的独自性を象徴する言語についての関心は非常に高く、それゆえにブレイス語教育運動だけが政治性をもって継続を許される。こうしたフォークロアと言語に基づくアイデンティティの自覚が、ブルターニュにおける民族性を表現しているといってもいいだろう。

ＥＵによる欧州統合と連動して進められるフランス国内の分権化のなかで、地域としてのブルターニュはその先進地としての役割を果たしつつある。そうしたなかで、ウェールズなどとの言語文化的共有性に基づく国を超えた交流活動があらたな意味をもちつつある。このレベルでも「ケルト」はその交流・連帯の代名詞として、これからも使われていくことだろう。

エピローグ

本書では、民族起源論がブルターニュの中世にいかにして生まれ、近代から現代へといかにして引き継がれてきたか、これを知識人たちの精神史として描いてきた。なぜわたしは本書で民族起源論にこだわったか、最後にこれについて少し述べておくことにしたい。

人はなぜ自民族のために死を賭すことをもいとわないのか。民族論がこれほどまでにいろいろな形で議論されるようになったのは、東西冷戦構造の崩壊で、民族紛争が多発しはじめ、そのなかで究極的には、このことばが多くの研究者をひきつけたからにほかならない。民族主義は宗教的なまでの確信であり、当事者たちが自民族の自覚を共有するにいたる文化的基盤があるはずだ、この点は研究者は一致するだろう。文化的基盤をリストアップすることも可能だ。

イギリスの歴史家・社会学者、アントニー・スミスは、この文化的基盤、前近代の民族的共同体を「エトニ」と呼び、その要素をつぎのようにリストアップした。①固有名、②血統神話、③歴史(事件・戦争)の共有、④文化(言語・習慣・宗教など)の共有、⑤領土(記憶を共有するだけの場合もある)、⑥連帯感。スミスによれば、これらの要素によって定義されるエトニは、文明化以降の人類の歴史のあらゆる段階に存在した。かれのナショナリズム研究の第一歩は、これら六つの要素それぞれの実証的分析からはじまる(スミス、一九九九年、第二章)。

民族主義論では、民族起源が太古にあり、連綿と受け継がれて現代に至っていると主張する、民族運動の当事者と、じつはこれが一八世紀後半以降の近代の産物と考える「近代主義者」の立場がある。後者の視点は、たいていの研究者が共有するものであり、わたしもこの点に異論があるわけではない。しかしスミスの分析には、太古の事例が頻出する。つまり太古から存在したであろう、歴史意識の当事者理解の必要性を強調するわけだ。かれはこれを「エスノ・シンボリック的分析方法」と呼ぶ。ここでは、歴史の記憶、価値、神話、シンボルの果たす役割がきわめて重要だという(巣山靖司による訳者解説)。

当事者理解の現実を跡づける、という視角からいえば、本書における分析もスミスのそれに近い。かれのいうエスノ・シンボリック的分析方法も、本書に大いに反映されているともいえる。だがその事例分析はまったく異なるだろう。スミスにおいては、血統神話や戦争など、それぞれの要素について、ある意味で歴史的脈絡を無視した実証事例が列挙される。世界各地の類似した個別事例を列挙する手法は、歴史学的というより社会学的である。太古の歴史を扱う場合にも、文献的実証性の検討がまったくなく、歴史家の扱い方とはいえない。ヨーロッパ以外の各地の事例を集めているようにも思えるが、インド以東のアジアや南北アメリカの事例は少ない。どうみてもヨーロッパの事例が多いのだが、特定の地域をとくに優遇しているということはない。

スミスの手法を対極にすえる形で、本書では徹底してひとつの地域にこだわった。わたしが二〇年来研究対象としている、フランスのブルターニュ地方である。一地方にこだわることは、まさに通史を書くことにつながり、それはまったく歴史学的手法だが、いわゆる概説的通史ではない。語りを行う当事者たちの民族起源論を理解し、その広がりを考えることに集中した。民族起源を書く行為は、少なくとも前近代においては知識人の特権的行為であり、知的精神史たらざるをえない。

その広がりを考えるうえで、プロローグでも少しふれたように、この地方のもつ利点が二つある。ひとつ目は、地域としてのブルターニュの成立起源がブリテン島にかかわりをもち、英仏両国の民族起源論とリンクしている点である。ただたんに二国にまたがっている、というだけでなく、この二国がヨーロッパの大国であり、近代ヨーロッパの形成に関しても大きな役割を果たしていることも重要だろう。

利点のふたつ目は、ブルターニュに関連する民族起源論が、九世紀という古い時代から存在するということである。それは英仏両国の王国(民族)起源史にも関係し、それと同一レベルで論じることができる。周縁的な一地方であるにもかかわらず、古くからの民族的精神史が書き継がれてきた例外的地域といえる。ウェールズの場合も同様であり、本書では、ブルターニュに関連するかぎり、その起源史理解についてもふれたが、こうした周縁的地方での長期にわたる民族起源論は、大国の起源史を相対化する意義をもつだろう。

さて、本書の内容との関連から民族起源論についてまとめ直してみよう。スミスは前近代のエトニ理解に関して、一国的ネーションにつうじる、全階層的な都市的「垂直的」エトニと、貴族のように社会の上層部分だけに限定される「水平的」エトニとを区別した。これはたいへん重要な視点を提供してくれる。前近代ヨーロッパで問題となるのは、王統史としての、そして聖職者・貴族の論じる民族起源論であり、この意味では、スミスのいう水平的エトニだけが問題となるにすぎない。垂直的エトニがヨーロッパで明確なのはおそらくユダヤ人だけであり、ブルターニュのような地域ではそうした全階層的な凝集力は、前近代においてはない。

ブルターニュでは、コナン伝説が起源神話として形成されることになるが、民族起源論で重要なのは、その先につながるトロイア起源説だろう。これは、ブルターニュやブリテン島の起源論ばかりでなく、フランスやドイツなどヨーロッパ全域で一五世紀ころまで主張された。ギリシア・ローマ文化、古典古代からの継承を主張するものであり、その意味で古典古代の権威の継続を象徴する起源論である。スミスは、「農業社会における階級とエトニ」を扱うなかで、トロイア起源説を紹介している(スミス、一九九九年、八六頁)。しかし血統神話の事例のひとつとしてであり、この起源説がいかにヨーロッパで重要な役割を果たしたかということではない。ここでも要素の羅列ではなく、何が重要だったかという視点が必要だろう。要するに、水平的エトニのレベルでは、血統神話がもっとも重要だったといっていいのである。しかしなんという逆説だろう。水平的エトニは、今日的理解からいえば、民族的アイデンティティとはほど遠い「階級的」概念である。血統はたしかに貴族にとっては重要だった。これが社会階層的アイデンティティの基本をなしたのであり、近代にいたって、民衆階層にまで降下したのである。そして水平的広がりが切断されたのだ。川田順造は、ヨーロッパの王族が形作った「「国」以前のコスモポリタンな社会」(川田編、一九九五年、五頁)の重要性を指摘していたが、本書はこれを実証することになった。ブルターニュにおける起源論を検証することで、ヨーロッパ全体におけるトロイア起源説の重要度にまで行きついたのである。

一六世紀になるとこうしてトロイア起源説が崩れるが、それは同時にヨーロッパ的価値観全般の転換を象徴しているようにも思える。第四章で詳しく論じたが、このころ、古典古代の権威に頼らない独自の起源として、ガリア・ケルト起源説、またスキタイ起源説が主張されるようになる。それは近代的ネーションにつうじる王国の成立期であり、ガリア起源説はフランス王国内部での議論だった。フランスの国民国家論につうじる民族起源論としてのガリア人論は、このあたりが起源といえる。

スミスのいう垂直的エトニに話が移るのは、国民形成期の近代国家、本書では第Ⅲ部ということになる。だがそれはすでにネーションの時代であり、スミスの表現でいえば、エスニックな共同体としてのブルターニュと、ネーションとしてのフランスとの争い、地域エトニとネーション国家との紛争ということになる。カタルーニャなどと同様、ブルターニュでもネーションとしての自覚をもつ人びとが存在し、それゆえに民族主義運動もありえたわけだが、それはごく一部の知識人層だけに限られ、大衆的支持はえられなかった。

しかし民族主義運動については、フランスについてもブルターニュについても同一レベルで、程度の問題としてネーションを論じることができる。おそらくこれが、前近代にエトニとしての自覚をもった諸民族の特徴といっていいだろう。さらにはフランスでもブルターニュでも同じように民衆歌謡の発掘が課題となり、民族主義的使命を帯びた民俗学や考古学が盛んになった。

最後にブルターニュにおける民族起源論を概括すると、前近代においても近代においても、けっして孤立した議論になっていないことは重要だろう。ブルートゥス・トロイア起源論にしても、ガリア・ケルト起源論にしても、ケルトマニア論にしても、ヨーロッパ・レベルでの起源論と結びついている。近代においては、論じられるブルターニュ起源史こそその独自性が主張されるが、それを論じる民俗学、人類学、考古学、歴史学といった学会組織は、英仏さらにはドイツ・北欧といった諸地域との交流ぬきには考えられないし、こうした組織のなかでの議論を前提としていた。おそらくヨーロッパ全域にわたるこうした知識人の交友関係は、ヨーロッパ社会の歴史が育んだ教養階層の社会的特徴といえるのではなかろうか。もちろんそれは中世においてはキリスト教聖職者共同体と重なるが、一六世紀以降、とりわけ一八世紀以降では、聖職者共同体を超える教養社会が形成されはじめる。一九世紀になると、ここからいっぽうでは民族主義的な政治志向をもつ知識層と、学問的志向性の強い学会組織の形成が行われることになったのである。

本書は当初、「ケルト」概念の虚構性を歴史的に少しずつ実証していくことを意図していた。書いていくうちに、これ自体はむしろ瑣末な問題だと思うようになった。ケルトにまつわるさまざまな話題、その広がりがひとつのヨーロッパ知識人論になってしまった。最終的にはずいぶん遠くまできてしまったという気もしないわけではないが、知的精神史がそのままヨーロッパ社会論になるのは、自然ななりゆきかもしれない。

あとがき

本書が当初めざしたのは、拙稿「ブルターニュにおけるケルト的なるものの生成」(原、二〇〇一年)をふくらまして、「ケルト」概念の脱構築を歴史的に展開することだった。構想を練る段階で、編集部から史料をなるべく生で提示するよう求められたが、それにそって、原典であるネンニウスやジェフリなどを読み進めるうちに、いわば背景的な説明であるはずの前近代の部分がおそろしく長くなってしまった。近現代の専門家が前近代についてまともに論述することなど、この手の歴史研究書ではありえない。わたしも歴史研究者としては近現代を対象にしている者でしかないが、しかしこのあたりは、地方研究者の強みといっていいかもしれない。日本においてヨーロッパの地方を研究対象としている場合、社会学であれ民族学であれ、また言語学であれ、関係するいろいろな研究領域に踏み込まざるをえない。歴史を遡ることについても同様で、「専門」の歴史家の禁欲さを地方研究者は心得ていないといっていいだろう。ブルターニュの言語問題を基点として、これにつながるさまざまな事柄を、研究領域とか時代とかを気にすることなく研究するというのが、これまでのわたしのスタンスであり、この方向性は本書でさらに強まった。

こうした事情から、結果的に前掲拙稿はほとんど原型をとどめないものになった。前近代についての第Ⅰ・Ⅱ部では政治史的な概説も入れたが、「民族起源」の歴史的理解には不可欠だろう。第Ⅲ部では「ギャルリー・ブルトン」(原、一九九三年)、「フォークロアの創出」(原、一九九四年)などの前の論文も題材としては部分的に取り入れたが、最終的に本書はほぼすべて書き下ろしになったといっていいだろう。各時代の代表的文献には直接あたることを旨としたが、一六—一七世紀のガリア・ケルトに関する部分は、英仏の研究書の記述に従っており、このあたりはまだ今後とも深める余地は残っている。

時代的に長期にわたり、なおかつ人名など固有名詞も数多いので、読者の便宜を考えてブルターニュの王・公の系統史と年表を付した。ただ、年表は、紙幅制限もあって主要文献の出版年リストだけになってしまった。わたしの前著『周縁的文化の変貌』(原、一九九〇年)は、基本的には少数言語の出版史だったが、本書はむしろ知的階層の人物史をめざした。結局はあまりに登場人物が多く、その試みは無謀だったかもしれない。本文中の文献注や巻末の参考文献も体系的な提示はあきらめ、必要最低限なものに限定した。

ここで本書執筆の動機を提供してくれた先生方に感謝しておくことにしたい。まずは川田順造先生である。ここ一〇年ほどいろいろな研究会に誘っていただき、勉強させていただいた。とりわけ一九九八年から三年間続いた、フランスを中心とする「基層文化」研究会(科学研究費による国際学術研究)では、二宮宏之先生や長谷川まゆ帆さん、工藤光一さんなどを交え、その議論はたいへん有益だった。本書の「民族起源」論はこのとき構想として誕生したものであり、本書は「基層文化」論への話題提供でもある。

次は青山吉信先生である。先生の『アーサー伝説』(青山、一九八五年)は、わたしの愛読書であり、本書の題材と大いに関係する。「歴史とロマンの交錯」と題されたこの著作から与えられた問題意識は、本書執筆の大きな励ましとなった。

本書の文献的補強については、科学研究費による海外学術調査の恩恵を受けた。二〇〇〇年夏の予備調査では、「フランス革命とヨーロッパ近代、帝国と国民国家」(研究代表・松本彰新潟大学教授)、二〇〇一年、二〇〇二年の夏では、「EU地域政策の展開と地域の文化・言語問題の実態」(研究代表・宮島喬立教大学教授)の各プロジェクトのお世話になった。また、二〇〇二年一一月三日に京都大学で開催された西洋史読書会大会七〇周年記念シンポジウム「歴史としてのヨーロッパ・アイデンティティ」における、わたしの報告「ブルターニュにとってのブリタニアとケルト、精神史としての起源史」は、本書の構想を確認する機会となった。その後、継続中の京都大学での「歴史としてのヨーロッパ・アイデンティティ」研究会(京都大学COEプログラム「グローバル時代の多元的人文学の拠点形成」第一三研究会、代表・服部良久京都大学教授)は、わたしにとって実に新鮮で刺激的である。お誘いいただいた谷川稔京都大学教授をはじめ、研究会のメンバーである江川溫さん、井野瀬久美恵さんなどには御礼しなければならない。

本書執筆にとりかかったのは、二〇〇一年八月であり、完成までに丸二年を要したことになる。多言語社会研究会や『ことばと社会』など、関係する研究会の運営や雑誌の編集、さらには学内でのさまざまな雑務など、この間、とてもまともに原稿を書くような余裕はなかったのであり、本書編集担当の杉田守康さんの、時機にかなった文字通りの叱咤激励がなかったら、わたしの構想が日の目を見ることはぜったいになかったであろう。杉田さんとは、『岩波講座 世界歴史』以来、お世話になってきたわけだが、草稿が成ってからの朱入れは非常にていねいであり、とくにわたしの「専門」とはいえない前近代について、ここまで記述できたのはかれの援助のおかげである。心から深謝申し上げる。

二〇〇三年八月

原　聖

■岩波オンデマンドブックス■

世界歴史選書
〈民族起源〉の精神史―ブルターニュとフランス近代

2003年9月25日　第1刷発行
2015年5月12日　オンデマンド版発行

著　者　原《はら》聖《きよし》

発行者　岡本　厚

発行所　株式会社　岩波書店
〒101-8002 東京都千代田区一ツ橋2-5-5
電話案内 03-5210-4000
http://www.iwanami.co.jp/

印刷／製本・法令印刷

ISBN 978-4-00-730193-3　　Printed in Japan

ブルターニュの王・公

(年代はすべて在位年)

ノミノエ Nominoë ……ブルターニュ王，848-851，家系不明
エリスポエ Erispoë ……ブルターニュ王，851-857，同
サロモン Salomon ……ブルターニュ王，857-874，同
ギュルヴァン Gurvan ……ブルターニュ王，874-877，レンヌ家
ジュディカエル Judicaël ……ブルターニュ王，877-888，同
アラン 1 世(大アラン) Alain I le Grand……ブルターニュ公，(877)888-907
ジュエル・ベランジェ Juhael-Beranger……レンヌ伯，930-937，レンヌ家
アラン 2 世 Alain II Barbetorte ……ブルターニュ公，937-952，ポエール家
コナン 1 世 Conan I le Tort ……ブルターニュ公，(958)968-992，レンヌ家
ジョフロワ Geoffroy ……ブルターニュ公，992-(1008)1009，同
アラン 3 世 Alain III Roebreiz ……ブルターニュ公，1008-1040，同
コナン 2 世 Conan II ……ブルターニュ公，1040-1066，同
オエル Hoël ……ブルターニュ公，1066-1084，コルヌアイユ家
アラン 4 世 Alain IV Fergent ……ブルターニュ公，1084-1112，同
コナン 3 世 Conan III le Gros ……ブルターニュ公，1112-1148，同
ベルト Berthe ……ブルターニュ女公，1148-1156，同
コナン 4 世 Conan IV le Petit ……ブルターニュ公，1156-1166，同
コンスタンス Constance ……ブルターニュ女公，1166-1181，1186-1189，プランタジネット家
ジェフロア Geffroy ……ブルターニュ公，1181-1186，同
アルチュール 1 世 Arthur I ……ブルターニュ公，1186-1203，同
フィリップ・オーギュスト Philippe Auguste……ブルターニュ公，1206-1213，カペー家，フランス王フィリップ 2 世，1180-1223
ピエール・モークレール Pierre Mauclerc……ブルターニュ公領大法官，1213-1237，ドゥルー家
ジャン 1 世 Jean I le Roux ……ブルターニュ公，1237-1286，同
ジャン 2 世 Jean II ……ブルターニュ公，1286-1305，同
アルチュール 2 世 Arthur II ……ブルターニュ公，1305-1312，同

ブルターニュの王・公

ジャン 3 世 Jean III le Bon ……ブルターニュ公，1312-1341，同
シャルル(ブロワ伯) Charles de Blois……ブルターニュ公，1341-1364
ジャン(モンフォール伯) Jean de Monfort……ブルターニュ公(並立)，1341-1345，ドゥルー家
ジャン 4 世 Jean IV le Conquérant ……ブルターニュ公，(1345)1364-1399，同
ジャン 5 世 Jean V le Sage ……ブルターニュ公，1399-1442，同
フランソワ 1 世 François I ……ブルターニュ公，1442-1450，同
ピエール 2 世 Pierre II ……ブルターニュ公，1450-1457，同
アルチュール 3 世 Arthur III ……ブルターニュ公，1457-1458，同
フランソワ 2 世 François II ……ブルターニュ公，1458-1488，同
アンヌ Anne ……ブルターニュ女公，1488-1514，同
クロード Claude ……ブルターニュ女公，1514-1524，ヴァロア・オルレアン家
フランソワ 3 世 François III ……ブルターニュ公，1524-1547，ヴァロア・アングレーム家

年　表

530 ころ(547 以前)　ギルダス Guildas(516 ころ -570 ころ)『ブリタニアの滅亡と征服』De Excidio et Conquestu Britanniae

800 ころ　ネンニウス Nennius(9 世紀)『ブリトン人史』Historia Brittonum

11 世紀はじめ(もしくは 12 世紀末)『聖ゴエズヌエイ(グエズヌー)伝』Vita Goeznouei

1136(1138?)　ジェフリ・オブ・モンマス Geoffrey of Monmouth(?-1155?)『ブリタニア列王史』Historia regum Britanniae

1188　ギラルドゥス・カンブレンシス Giraldus Cambrensis(ウェールズのジラルド，1146 ころ -1223)『ウェールズ素描』Descriptio Kambriae

1236-1254 ころ　ギヨーム・ド・レンヌ Guillaume de Rennes(生没年不明)『ブリタニア列王讃』Gesta regum Britanniae

1389-1416 ころ　『聖ブリオク年代記』Chronicon Briocense

1480 ルボー Le Baud, Pierre(?-1505)『ブリトン人史年代記』Chroniques et Histoire des Bretons

1485 以前　アエミリウス Paulus Aemilius Veronensis(エミリオ Paolo Emilio, ?-1529)『いにしえのガリアについて』De antiquitate Galliarum

1498　アンニウス Giovanni Nanni, alias Annius de Viterbe(1432-1502)『古代史』De Antiquitatibus

1509　ルメール Lemaire de Belges, Jean(1473-1525 ころ)『ガリアの顕揚とトロイアの特殊性』Les Illustrations de Gaule et Singularitez de Troye 出版

1514　ブシャール Bouchart, Alain(?-1531 以前)『ブルターニュ大年代記』Grandes Croniques de Bretaigne

1552　ポステル Postel, Guillaume(1510-81)『大洪水以降，ガリア人すなわちフランス人がフランスからアジアにいたるまで行った探検についての記憶すべき歴史』Histoire mémorable des expéditions, depuis le déluge, faites par les Gauloys ou Françoys jusqu'en Asie

1556　ピカール・ド・トゥートゥリ Picard de Toutry, Jean(生没年不明)『古代ケルト学について』De Prisca Celtopaedia

ベレー Bellay, Guillaume du(1491-1553)『ガリアおよびフランス古代史概説』Epitome de l'antiquté des Gaules et de France

1559 ラムス Ramus, Petrus(Pierre de la Ramée)(1515-72)『古代ガリアの習俗と流儀について』Traité des mœurs et façons des anciens Gauloys
1582 ダルジャントレ D'Argentré, Bertrand(1519-90)『ブルターニュ史』Histoire de Bretaigne
1585 タイユピエ Taillepied, Noël(1540-89)『国家史とドルイドの共和国』Histoire de l'Etat et république des Druides
1610 スカリゲル Scaliger, Joseph Juste(1540-1609)『遺稿集』Opuscula varia
1615 ファン・シュリーク Van Schrieck(1560-1621)『ケルトならびにベルギーの事物起源』Originum rerumque celticarum et belgicarum
1616 クルヴェリウス Cluverius, Philipp(1580-1622(23))『古代ゲルマニア』Germaniae antiquae
1621 デイヴィス Davies, John(1570-1644)『ブリテンの古語』Antiquae linguae britannicae
1636 ルグラン Le Grand, Albert(16 世紀末 -1640 ころ)『アルモリカのブルターニュの聖人伝』Les vies des saints de la Bretagne armorique
1654 ボクスホルニウス Boxhornius, Marcus Zuerius(1602-53)『ガリアの起源についての書』Originum gallicarum liber
1659 モノワール Maunoir, Julien(1606-83)『イエズス・キリストの聖学校』Sacré Collège de Jésus
1686 イェーガー Jäger, Andreas(生没年不明)『欧州最古の言語, ケルト・スキタイ語とゴート語について』De lingua vetustissima Europae, scytho-celtica et gothica
1695 ころ ライプニッツ Leibniz, Gottfried Wilhelm von(1646-1716)『人の了解についての新試論』Nouveau essays sur l'entendement humain(1765 刊)
1703 ペズロン Pezron, Paul (1639(40)-1706)『ケルト人, またの名ガリア人の民族と言語の古き時代』Antiquité de la nation et de la langue des Celtes, autrement appeléz Gaulois
1707 ロビノー Lobineau, Dom Gui Alexis(1666-1727)『ブルターニュ史』Histoire de Bretagne(2 巻本)
ルイド(シュイド) Lhuyd, Edward(1660-1709)『ブリタニアの考古学』Archaeologia Britannica「第 1 巻言語地誌学」
1717 9 月 トウランド Toland, John(1669-1722)/オーブリー Aubrey, John(1626-97)/スチュックリ Stukeley, William(二代目団長, 1687-1765)などが「古代ドルイド団」The Ancient Druid Order を結成
1719 トウランド『ドルイドの歴史』History of the Druids
1720 カイスラー Keysler, Jean-Georges(1683-1743)『ケルトと北方に分割された古代人』Antiquitates selectae septentrionales et celticae
1727 マルタン Martin, Jacques(1684-1751(53))『ガリア人の宗教』La religion

des Gaulois
ブーランヴィリエ伯爵 Boulainvillier, comte de Saint-Saire（1658-1722）『フランス古代統治史』Histoire de l'ancien gouvernement de la France

1739　デフォンテンヌ abbé Desfontaines（生没年不明）『ブルターニュ諸侯の歴史』Histoire des Ducs de Bretagne

1740-1750　ペルーティエ Pelloutier, Simon（1694-1757）『ケルト人の歴史』Histoire des Celtes（2巻本）

1742-1756　モリス Morice, Dom Pierre-Hyacinthe（1693-1750）『ブルターニュの教会ならびに住民の歴史』Histoire ecclésiastique et civile de Bretagne

1744　マルタン『ケルトとガリアの起源についての歴史的解明』Eclaircissemens historiques sur les origines celtiques et gauloises

1750　エカルドゥス Eccardus, J.G.（1674-1730）『ゲルマン人ならびにその最古の植民地の起源について』De origine Germanorum corumque vetustissimis coloniis...

1754-1760　ビュレ Bullet, Jean-Baptiste（1699-1775）『ケルト語についての覚書』Mémoire sur la langue celtique（3巻本）

1756　マレ Mallet, Paul-Henri（1730-1807）『ケルト人，とりわけ昔のスカンジナビア人の神話と詩歌の記念碑』Monuments de la mythologie et de la poésie des Celtes, et particulièrement des anciens Scandinaves

1758　ルブリガン Le Brigant, Jacques（1720-1804）『未開言語の発見』Découverte de la langue primitive

1760　6月　マクファーソン Macpherson（1736-96）『古詩断章．スコットランド高地で収集され，ガーリックすなわちエルス語から翻訳』Fragments of Ancient Poetry Collected in the Highlands of Scotland and translated from the Galic or Erse language

1765　パーシ Percy, Thomas（1729-1811）『古代イギリス詩文拾遺』Reliques of Ancient English Poetry

1775-1789　クール・ド・ジェブラン Court de Gébelin, Antoine（1728-84）『未開の世界，近代世界との比較分析』（全9巻）Le Monde primitif, analysé et comparé avec le monde moderne

1779　ルブリガン『ケルト・ゴメル人すなわちブリトン人の言語の基礎』Elémens de la langue des Celtes Gomérites ou Bretons

1792　モルガヌグ Morganwg, Iolo（1746-1826），「ブリテン島バルド・ゴルセズ」Gorsedd Beirdd Inys Prydain 結成
ラトゥールドーヴェルニュ La Tour d'Auvergne（テオフィル・マロ・コレ Corret, Théophile-Malo, 1743-1800）『ブリトン人の言語と起源と古代についての新たな研究』Nouvelles recherches sur la langue, l'origine et l'antiquité des Bretons

1799　カンブリー Cambry, Jacques (1749-1807)『フィニステール県旅行記』Voyage dans le Finistère
ルグラン・ドシー Legrand d'Aussy, Pierre (1737-1800)「古代の民族的墓所」Les anciennes sepultures nationales
1801-1807　オーウェン Owen, William (1759-1835)／ジョーンズ Jones, Owen (1741-1814)／モルガヌグ編『ウェールズ考古学研究』Myfyrion archaiology of Wales
1804　デイヴィス Davies, Edward (1756-1831)『ケルト研究』Celtic researches
1805　3月　カンブリー／ルノワール Lenoir, Alexandre (1761-1839)／ジョアノー Johanneau, Eloi (1770-1851)／マングーリ Mangourit, Michel-Ange-Bernard de (1752- 1829) などによる「ケルト・アカデミー」Académie celtique 創立大会
1807　ルゴニデック Le Gonidec, Jean François Marie (1775-1838)『ケルト・ブレイス語文法』Grammaire celto-bretonne
1808　ペラン Perrin, Olivier (1761-1832)／マレシャル Mareschal, Louis-Auguste (1772-1848)『アルモリカのブリトン人の習俗・慣習・衣装描写集』Galerie des mœurs, usages et costumes des Bretons de l'Armorique
1809　シャトーブリアン Chateaubriand, François René, Vicomte de (1768-1848)『殉教者』Martyrs
1814　ケルト・アカデミー，「フランス王立考古協会」Société royale des Antiquaires de France となる
1815　ラリュ神父 La Rue, Gervais de (1751-1835)『中世におけるアルモリカ・ブルターニュの伝承歌詩人研究』Recherches sur les ouvrages des bardes de la Bretagne armoricaine dans le Moyen Age
1817　ナントで「ロワール・アンフェリエール県学術協会」Société académique du département de la Loire-Inférieur 設立
1819　ブレストで「競学会」Société d'Emulation 設立
1823　ブロワ Blois de la Calande, Aymar de (1760-1852)『16世紀ブルターニュのロマンス，ケルラスの跡取り娘』Héritière de Keroulas, romance bretonne du XVIe siècle
1825　オーギュスタン・ティエリ Thierry, Augustin (1795-1856)『ノルマン人英国征服史』Histoire de la conquête de l'Agleterre par les Normands
1826　ヴァンヌで「モルビアン県博識会」Société polymatique du Morbihan 設立
1828　アメデ・ティエリ Thierry, Amédée (1797-1873)『ガリアの歴史』Histoire de la Gaule
1830　ギゾー内務相，「歴史的記念碑調査局」Inspection des monuments historiques を設置（メリメ Mérimée, Prosper (1803-70) が調査員）

パリ大学文学部にロマン諸語学文学講座設置(フォリエル Fauriel, Claude, 1772-1844 が担当)

1831 プリチャード Prichard, James Cowles(1786-1848)『サンスクリット語, ギリシア語, ラテン語, チュートン諸語とケルト語諸方言との比較によって証明される, ケルト諸民族の東方起源』The eastern origin of the celtic nations, proved by comparison of their dialects with the sanscrit, greek, latin and teutonic languages

コーモン Caumont, Arcisse de(1801-73), 「ノルマンディー協会」Association normande を設立

1832 ギゾー, 「歴史調査委員会」Comité des Travaux historiques を設置

エドワール Edwards, William-Frédéric(1777-1842)『ケルト諸語研究』Recherches sur les langues celtiques(1844 出版)

1834 コーモン, 「全フランス(歴史的)記念碑保存調査協会」Société française pour la conservation et la description des monuments nationaux [historiques] を設立(のちには「フランス考古学会」Société française d'Archéologie として知られる)

1834-1848 シャトーブリアン, 自叙伝『墓のかなたからの回想』Mémoires d'outre-tombe を執筆(1849-50 出版)

1836 ペラン『年代記描写集』Galerie chronologique, 分冊による出版開始(予定された 250 回の配本のうち 34 回が実現)

1837 マルタン Martin, Henri(1810-83)の『フランス史』Histoire de France 第 1 巻

1838 ボップ Bopp, Franz(1791-1867)「ケルト諸語について」Über die keltischen Sprachen

1839 ラヴィルマルケ La Villemarqué, Théodore Hersart de(1815-95)『バルザス・ブレイス』(ブルターニュ詩歌集) Barzaz Breiz

コーモン, 「地方学士院」Institut des Provinces を設立

エドワール, パリで「民族学会」Société d'ethnologie を設立

1839-1840 アンペール Ampère, Jean-Jacques(1800-64)『12 世紀以前のフランス文学史』Histoire de la littérature française avant le XIIe siècle

1841 シュルツ Schulz, Albert(筆名サンマルテ San-Marte, 1802-?)の『ウェールズの伝統のドイツ, フランスおよびスカンジナビアの文学への影響について』An essay on the influence of Welsh tradition upon the literature of Germany, France and Scandinavia

1842 ヴォルソー Worsaae, Jens Jakob Asmussen(1821-85)『デンマークの最古の時代』Danmarks oldtid oplyst ved Oldsager of Gravhöie. 英訳 The primeval antiquities of Denmark(1849 出版)

サンブリユーで「コート・デュ・ノール県考古学歴史学協会」Société

archéologique et historique des Côtes-du-Nord 設立
1843 「ブルターニュ協会」Association bretonne 設立
クルソン Courson, Aurélien de(1811-89)『アルモリカのガリアと島のブリタニアの諸民族の諸制度とその起源史，太古から5世紀まで』Histoire des origines et des institutions des peuples de la Gaule Armoricaine et de la Bretagne insulaire, depuis les temps les plus reculés jusqu'au Vᵉ siècle
1845 レンヌで「イル・エ・ヴィレンヌ県考古学会」Société archéologique d'Ille-et-Vilaine 設立
1845-1846 ラレッス Lalaisse, Hippolyte(1812-84)『アルモリカ描写集』Galerie armoricaine
1848 モルガヌグ『イヨロ文書，ウェールズ古文書集』Iolo manuscripts, a selection of ancient Welsh mss.
1849 ブーシェ Boucher de Crèvecœur de Perthes, Jacques(1788-1868)『ケルト人および大洪水以前の古代』Antiquités celtiques et antédiluviennes
1851 オザナム Ozanam, Frédéric(1813-53)「6世紀のブルターニュのバルド」Bardes bretons du VIᵉ siècle
1853 ツォイス Zeuß, Kaspar(1806-56)の『ケルト語文法』Grammatica celtica
1854 ナントで「ナント市考古学会」Société archéologique de Nantes 設立
1857 デュクレ・ド・ヴィルヌーヴ Ducrest de Villeneuve, E.（生没年不明）『ブルターニュ旅行者のための歴史的統計的旅行ガイド』Guide itinéraire historique et statistique du voyageur en Bretagne
1859 ブロカ Broca, Paul(1824-80)ら，「パリ人類学会」Société d'Anthropologie de Paris 設立
1861 サンブリユーで「コート・デュ・ノール県競学会」Société d'Emulation de Côtes-du-Nord 設立
1864 ドゴール De Gaulle, Charles(1837-80)「19世紀のケルト人」Les Celtes au XIXᵉ siècle
パリで『民族誌学雑誌』Revue d'Ethnographie 創刊(6年で休刊)
1865 9月 スイスのヌーシャテルで第1回人類学・先史考古学国際大会
マルタン『フランス民衆史』Histoire de France populaire
1867 8月 パリで第2回人類学・先史考古学国際大会
10月 ブルターニュではじめての「国際ケルト大会」
サンジェルマン・アンレーで「国立古代史博物館」Musée d'Antiquités nationales 開館
1868,1874 リュゼール Luzel, François-Marie(1821-95)『バス・ブルターニュの語り物集』Gwerzioù Breiz-Izel
1870 ゲドス Gaidoz, Henri(1842-1932)，『ケルト雑誌』Revue Celtique を創刊
1871-1872 ライプチヒ大学でヴィンディッシュ Windisch, Ernst(1844-1918)

による最初のケルト諸語の講義
1872　ブロカ，『人類学雑誌』Revue anthropologique を創刊
1873　カンペールで「フィニステール県考古学会」Société archéologique du Finistère 設立
1876　ベルトラン Bertrand, Alexandre（1820-1902）『ケルトとガリアの考古学』Archéologie celtique et gauloise
1882　コレージュ・ド・フランスにケルト語文学の講座開設（担当者ダルボア d'Arbois de Jubainville, Marie-Henry, 1827-1910）
1883　レンヌ大学でケルト語の講義がはじまる（ジョゼフ・ロート Loth, Joseph, 1847-1934 による．講座設立は 1903）
1886　セビヨ Sébillot, Paul（1843-1918），「民間伝承学会」Société des traditions populaires 設立
『ブルターニュ年報』Annales de Bretagne 創刊
1890　レンヌ大学でブルターニュ史の講義開始（ラボルドリ La Borderie, Arthur Le Moyne, 1827-1901 による）
1890-1891　リュゼール『バス・ブルターニュの民話民謡集』Sonioù Breiz-Izel
1895　ボトレル Botrel, Théodore（1868-1925）がポンラベの民俗衣装を着てパリの酒場で歌った「ラ・パンプレーズ」（パンプルの女）La Paimplaise が大ヒット
1896-1899　ラボルドリ『ブルターニュ史』全 6 巻のうちの最初の 3 巻を刊行（後半の 3 巻は，ポケ Pocquet, Barthélémy, 1852-1926 によって 1905 刊）
1897　ベルリンで『ケルト言語研究誌』Zeitschrift für Celtische Philologie 創刊
1898　「ブルターニュ地域主義連合」Union régionaliste bretonne / Kevredigez broadel Breiz 結成
1900　「ブルターニュ・バルド団ゴルセズ」Gorsedd Barzed gourenez Breiz-Vihan が結成（初代代表，「大ドルイド」にルフュステック Le Fustec, Jean, 1853-1910. 3 年後にベルトゥー Berthou, Yves, 1861-1933 がなる）
1902　レストゥルベイヨン卿 L'Estourbeillon de la Garnache, Régis de（1858-1946），「ブルターニュ地域主義連合」の 2 代目代表となる（1945 まで）
1904　ジャフレヌウ Jaffrennou, François（1879-1956），ブレイス語による雑誌『アル・ヴロ』（くに）Ar Vro を創刊し，ブレイス語印刷物のための『アル・ボーブル』（ひとびと）Ar Bobl という印刷会社を設立（および同名のバイリンガル週刊誌創刊）
1905　ルモアル Le Moal, Yves（1874-1957）ら，「ブラン・ブルック」Bleun-Brug 結成
ラングロー Languereau, Maurice（1867-1941，筆名コームリ Caumery）と

パンションPinchon, Joseph-Porphyre(1871-1953)により「ベカシーヌ」Bécassine 誕生(漫画雑誌『スメーヌ・ド・シュゼット』La Semaine de Suzette に発表)
ポンタヴェンで「金のハリエニシダ祭」Fête des Ajoncs d'Or がはじまる

1907-1928　ジュリアン Jullian, Camille(1859-1933)『ガリアの歴史』(全8巻) Histoire de la Gaule

1911　ルルウ Le Roux, Louis-Napoléon(1890-1944)ら,「ブルターニュ民族主義党」結成

1917　「ケルト・サークル」Cercle Celtique がパリではじまる

1919　モルドレル Mordrel, Olier (1901-85)／マルシャル Marchal, Morvan (1900-63)らにより『ブレイズ・アタオ』(永遠なるブルターニュ) Breiz Atao 創刊

1922　ジュリアン『ガリアからフランスへ』De la Gaule à la France

1923　カンペールで「コルヌアイユ女王祭」Fête des Reines de Cornouaille 開始(第2次大戦後は「コルヌアイユ・フェスティバル」Festival de Cornouaille と名称変更)

1927　ジャフレヌウ, 文化雑誌『いえ』An Oaled を創刊

1936　マルシャル,「クレーデン・ゲルティエック」(ケルト信仰) Kredenn Geltiek 創設

1959　ゴシニ Goscinny, René(1926-77)とユデルゾ Uderzo, Albert(1927-),「アステリックス」を発表(雑誌『パイロット』Pilote)

1961　最初の単行本『ガリア人アステリックス』Astérix le Gaulois 刊行

参考文献

Abbaye de Daoulas, *La Bretagne au temps des Ducs*, Daoulas, 1991.

Agulhon, Maurice, Le mythe gaulois, *Ethnologie française*, 28-3, 1998.

Asher, R.E., *National Myths in Renaissance France. Francus, Samothes and the Druids*, Edinburgh E.P., 1993.

Balcou, Jean / Le Gallo, Yves (eds.), *Histoire littéraire et culturelle de la Bretagne*, 3 vols., Paris, 1987.

Beaune, Colette, *Naissance de la nation France*, Paris, 1985.

Belmont, Nicole, L'Académie celtique, in: Cuisenier (ed.), 1980.

Belmont, N. (ed.), *Aux sources de l'ethnologie française, L'académie celtique*, Paris, 1995.

Béranger-Menand, Brigitte et al., *Arts de Breagne, XIVe-XXe siècle*, Rennes, Association des Conservateurs des Musées de Bretagne, 1990.

Bertho-Lavenir, Cathrine, Pourquoi ces menhirs?, *Ethnologie française*, 28-3, 1998.

Black, R. et al. (eds.), *Celtic Connections, Proceedings of the tenth international congress of celtic studies*, Vol. 1: language, literature, history, culture, East Lothian, 1999.

Bossuat, A., Les origins troyennes: Leur rôle dans la littérature historique au XVe siècle, *Annales de Normandie*, 8, 1958: 187-197.

Bouchart, Alain, *Grandes Croniques de Bretaigne*, texte établi par Marie-Louise Auger et Gustave Jeanneau, 2 vols., Paris, 1986.

Boutouiller, Paul et al., *Histoire de la Bretagne et des pays celtiques de 1341 à 1532*, Morlaix, 1987.

Breiz-Izel, ou vie des Bretons de l'Armorique, texte d'Alexandre Bouët, dessins d'Olivier Perrin, Mayenne, 1977.

Bretagne Hebdo, 17, 10-16 juillet 2002.

Bretagne Hebdo, 39, janvier 2003.

Brown, Terence (ed.), *Celticism*, Amsterdam, 1996.

Buhez, *Parlons du Breton!*, Rennes, 2001.

Calvez, Marcel, L'invention du Val Sans Retour, genèse d'un paysage, in: Le Guirriec, 1989: 39-48.

Cambry, Jacques, *Voyage dans le Finistère*, Brest, 1836. nouvelle édition, reprint, Spezet, 1993.

Canevet, Corentin et al., *Atlas de Bretagne*, Rennes, Institut Culturel de Bretagne, 1990.
Carr, Gillian / Stoddart, Simon (eds.), *Celts from Antiquity*, Cambridge, 2002.
Cassard, Jean-Christophe et al., *Histoire de la Bretagne et des pays celtiques de 1789 à 1914*, Morlaix, 1980.
Cassard, J.-Ch., Le génocide originel: Armoricains et Bretons dans l'Historiographie bretonne médiévale, *Annales de Bretagne*, 90, 1983: 415-427.
Cassard, J.-Ch., Un historien au travail: Pierre Le Baud, Mémoires de la Société d'Histoire et d'Archéologie de Bretagne, LXII, 1985: 67-95.
Caumery / Pinchon, J.P., *Bécassine en apprentissage*, Paris, 1992.
Caussat, Pierre et al., *La langue source de la nation*, Sprimont, 1996.
Chardronnet, Joseph, *Le livre d'or des saints de Bretagne*, Spezet, 1995.
Chaslin, François et al., *Modernité et régionalisme, Bretagne 1918-1945*, Liège, 1986.
Chédeville, André / Guillotel, Hubert, *La Bretagne des saints et des rois, Ve-Xe siècle*, Rennes, 1984.
Chédeville, A. / Tonnerre, Noël-Yves, *La Bretagne féodale, XIe-XIIIe siècle*, Rennes, 1987.
Collis, John, The origin and spread of the Celts, *Studia Celtica*, 30, 1996: 17-34.
Crick, J., *The «Historia Regum Britanniae» of Geoffrey of Monmouth, III – A summary catalogue of the manuscripts*, Cambridge, 1989.
Croix, Alain, *La Bretagne aux 16e et 17e siècles*, Paris, 1981.
Croix, Al. / Véillard, Jean-Yves (eds.), *Dictionnaire du patrimoine breton*, Rennes, 2001.
Cuisenier, Jean, *L'art populaire en France*, Fribourg, 1975.
Cuisenier, J.(ed.), *Hier pour demain, Arts, Traditions et Patrimoine*, Paris, Réunion des musées nationaux, 1980.
Daniel, Glyn E., *A hundred years of Archaeology*, Edinburgh, 1950.
D'Argentré, Bertrand, *Histore de Bretagne*, Paris, 1588.
Dantec, Ronan / Éveillard, James, *Les Bretons dans la presse populaire illustrée*, Rennes, 2001.
Davies, Wendy, *Small Worlds, The Village Community in Early Medieval Brittany*, Berkeley, 1988.
Davis, Daniel R. et al., *Celtic Linguistics, 1700-1850*, London, 2000.
Defrance, Yves, Les concours de biniou sous la IIIe République ou la naissance du spectacle folklorique, *Bulletin de la Société archéologique du Finistère*, CXVI, 1987.
Delaporte, André, Les avatars de la légende franque au XVIIIe siècle, *Annales de Bretagne*, 90, 1986: 193-207.
Delumeau, Jean (ed.), *Histoire de la Bretagne*, Toulouse, 1969.
Delumeau, J. (ed.), *Documents de l'histoire de la Bretagne*, Toulouse, 1971.
Denez, Per, *Brittany, A language in search of a future*, Brussels, 1998.
Didier, Béatrice, Le mythe des Gaulois chez Chateaubriand, in: Viallaneix, 1982.

Droixhe, Daniel, *La linguistique et l'appel de l'histoire (1600-1800)*, Genève, 1978.

Dubois, Claude-Gilbert, *Celtes et Gaulois au XVIe siècle, Le développement littéraire d'un mythe nationaliste*, Paris, 1972.

Dupouy, Auguste, *Histoire de Bretagne*, Paris, 1932.

Dutertre, Jean-François et al., *L'air du temps, du romantisme à la World-Music*, Parthenay, 1993.

Duval, Alain et al., *Vercingétorix et Alésia*, Paris, Réunion des musées nationaux, 1994.

Edwards, Hywel Teifi, *The Eisteddfod*, Cardiff, 1990.

Elégoët, Louis, *Istor Breizh*, Sant-Brieg, 1999.

Ellis, Peter Berresford, *Celtic Dawn*, London, 1993.

Evans, D. Ellis, Celticity, Celtic awareness and Celtic Studies, *Zeitschrift für celtische Philologie*, 49-50, 1997: 1-27.

Faral, Edmond, *La légende arthurienne, Etudes et documents*, appendice I: comment s'est formée la légende de l'origine troyenne des Francs, Paris, 1929, 1: 262-293.

Fickelscherer, Ute, Autoren keltologischer Forschungsarbeiten in Berlin von den Anfängen bis 1945, in: Heinz (ed.), 1999: 39-48.

Fleuriot, Léon, *Dictionnaire du vieux breton*, 1964. reprint, Toronto, 1985.

Fleuriot, L., *Les origines de la Bretagne*, Paris, 1980.

Fleuriot, L., L'Histoire, in: Balcou / Le Gallo (eds.), 1987, 1: 100-101.

Forestier, Sylvie, L'image pastorale et romantique, in: Cuisenier (ed.), 1980.

Gaidoz, Henri, De l'influence de l'Académie celtique sur les études de Folklore, *Recueil du centenaire de la Société nationale des Antiquaires de France, 1804-1904*, 1904: 131-138.

Galbraith, Vivian Hunter, The literacy of the medieval English Kings, *Proceedings of the British Academy*, XXI, 1935: 201-238.

Gaucher, Jakez, *Histoire chronologique des pays celtiques*, Guérande, 1990.

Gerald of Wales, *The Journey through Wales / The Description of Wales*, Penguin Books, 1978.

Gestin, Jean-Pierre et al., *Landévennec: aux origines de la Bretagne, XVe centenaire de la fondation de l'Abbaye de Landévennec*, Daoulas, 1985.

Gildas, *De Excidio Brittaniae*, J.A. Giles (trans.), Willits, Calif., n.d.

Giot, Pierre-Roland, Combien d'Armoricains pour combine de Bretons?, *Bulletin de la Société archéologique du Finistère*, 1984: 55-65.

Giot, P.-R. et al., *Les premiers Bretons*, Chateaulin, 1988.

Gluck, Denise, L'académie celtique et le Musée des Monuments français: l'idée de sauvegarde, in: Cuisenier (ed.), 1980.

Gluck, D., La recherche d'une poésie populaire: Ossian et l'Ossianisme, in: Cuisenier (ed.), 1980.

Gobry, Ivan, L'arrivée des Bretons, *La Bretagne légendaire, Historia spécial*, mai 1997: 24-27.

Gourvil, Francis, *Théodore-Claude-Henri Hersart de la Villemarqué et le «Barzaz-Breiz»*, Rennes, 1960.

Guénée, Bernard, Histoire, annales, chroniques, Essai sur les genres historiques au Moyen Age, *Annales, E.S.C.*, juillet-août 1973: 997-1016.

Guilcher, Yvon, Réponse à Malrieu, *Musique bretonne*, 116, mars 1992: 10-11.

Guillotel, Hubert, Les scriptoria bretons au IXe siècle, *Mémoires de la société d'Histoire et d'Archéologie de Bretagne*, LXII, 1985: 9-36.

Guiomar, Jean-Yve, *Le bretonisme, Les historiens Bretons au XIXe siècle*, Mayenne, 1987.

Guiomar, J.-Y., La révolution française et les origines celtiques de la France, *Annales historiques de la Révolution française*, 1992, 1.

Härke, Heinrich, Archaeologists and migrations. A problem of attitude?, *Current Anthropology*, 39-1, 1998: 19-45.

Haywood, John, *The historical atlas of the Celtic world*, London, 2001.

Heinz, Sabine (ed.), *Die Deutsche Keltologie und ihre Berliner Gelehrten bis 1945*, Frankfurt am Main, 1999.

Hélias, P.-J., *Coiffes et costumes de Bretagne*, Chateaulin, 1990.

Heurtematte, François (ed.), *Ossian / Macpherson, Fragments de poésie ancienne*, traduction de Diderot, Turgot, Suard..., Paris, 1990.

Hincks, Rhisiart, *I gadw mamiaith mor hen*, Llandysul, 1995.

James, Simon, *The Atlantic Celts*, London, 1999.

Jones, M., L'aptitude à lire et à écrire des ducs de Bretagne à la fin du Moyen Age et un usage précoce de l'imprimerie, *Mémoires de la Société d'Histoire et d'Archéologie de Bretagne*, LXII, 1985.

Kendrick, T. D., *British Antiquity*, London, 1950.

Kerhervé, Jean, Aux origines d'un sentiment national, Les chroniqueurs Bretons de la fin du Moyen Age, *Bulletin de la Société archéologique du Finistère*, CVIII, 1980: 165-206.

Kerhervé, J., La naissance de l'histoire en Bretagne, in: Balcou / Le Gallo (eds.), 1987, 1: 245-271.

Kozérawski, Audrenne / Rosec, Gwénaëlle, *Vivre et mourir à la cour des Ducs de Bretagne*, Morlaix, 1993.

Lagrée, Michel (ed.), *La Bretagne, Dictionnaire du monde religieux dans la France contemporain*, Paris, 1990.

Lagrée, M., *Religion et cultures en Bretagne, 1850-1950*, Paris, 1992.

Lambert, Pierre-Yves, *La langue gauloise*, Paris, 1995.

Largillière, René, *Les saints et l'organisation chrétienne primitive dans l'Armorique*

bretonne, 1925. reprint, Crozon, 1995.

La Tour d'Auvergne, Théophile-Malo-Corret de, *Origines gauloises*, Paris, reprint, 1980.

Laurent, Charles, L'œuvre d'Oliver Perrin, in: Breiz-Izel, 1977.

Laurent, Donatien, *Aux sources du Barzaz-Breiz*, Douarnenez, 1989.

La Villemarqué, Hersart de, *Barzaz Breiz*, Paris, 1867. 3e éd., reprint, Paris, 1963.

La Villemarqué, H. de, *L'avenir de la langue bretonne*, Nantes, 1904.

Le Baud, Pierre, *Cronicques et Ystoires des Bretons*, publiées d'après la première rédaction inédite avec des éclaircissements, des observations et des notes par le Vte Charles de La Lande de Calan, Rennes, 1910.

Le Baud, P., Généalogie des roys, ducs et princes de Bretaigne, J. Kerhervé (ed.), *Bretagne et Pays celtiques, Langues, Histoire, Civilisation*, Mélanges offerts à la mémoire de Léon Fleuriot, Rennes, 1992.

Le Brigant, Jacques, *Découverte de la langue primitive*, Paris, 1758.

Le Brigant, J., *Eléments de la langues des Celtes-Gomérites ou Bretons*, Strasbourg, 1779.

Le Couédic, Daniel, Les Seiz Breur, *Ar Men*, 55, 1993: 58-73.

Le Couédic, D. et al., *Ar Seiz Breur, 1923-1947*, Roazhon, 2000.

Le Duc, Gwenaël, L'Historia Britannica avant Geoffroy de Monmouth, *Annales de Bretagne*, 79, 1972: 819-835.

Le Duc, Gw., The Colonisation of Brittany from Britain, *10th International Congress of Celtic Studies*, 1995: 133-151.

Le Duc, Gw. / Sterckx, Claude (eds.), *Chronicon briocense / Chronique de Saint-Brieuc*, fin XIVe siècle, Rennes, 1972.

Le Gallo, Yves et al. (eds.), *Vêtements et costumes en Basse-Bretagne*, Quimper, 1989.

Le Gonidec, Jean-François-Marie, *Grammaire celto-bretonne*, Paris, 1807.

Leguay, J. P. / Martin, Hervé, *Fastes et malheurs de la Bretagne ducale 1213-1532*, Rennes, 1982.

Le Guirriec, Patrick et al., *Du folklore à l'ethnologie en Bretagne*, Brasparts, 1989.

Le Menn, Gwennolé (ed.), *Bretagne et pays celtiques, langues, histoire, civilisation, Mélanges offerts à la mémoire de Léon Fleuriot*, Rennes, 1992.

Le Mercier d'Erm, Camille, *Les Bardes et Poètes Nationaux de la Bretagne Armoricaine*, 1919. reprint, Guipavas, 1977.

Lerchenmüller, Joachim, *Keltischer Sprengstoff: Eine wissenschaftsgeschichtliche Studie über die deutsche Keltologie vom 1900 bis 1945*, Tübingen, 1990.

Le Scouezec, Gwenc'hlan, *Le guide de la Bretagne*, Brasparts, 1989.

Le Stum, Philippe, *Le néo-druidisme en Bretagne*, Rennes, 1998.

Le Télégramme, 27/06/2002.

Lhuyd, Edward, *Archaelogia Britannica*, 1707. reprint, Davis, 2000, vol. 2.

Lobineau, Dom Gui Alexis, *Histoire de Bretagne*, Paris, 1707. reprint, 1973.

Löffler, Marion, *'A Book of Mad Celts'*, Llandysul, 2000.

Lomenec'h, Gérard, *Chantres et ménestrels à la cour de Bretagne*, Rennes, 1993.

Lusignan, Serge / Tardif, Audrée-Isabelle, Des druides aux clercs: quelques lectures françaises de Jules César aux XIIIe et XIVe siècles, *Revue historique*, 611, 1999: 435-462.

Maguet, Frédéric et al., Astérix, un mythe et ses figures, *Ethnologie française*, 28-3, 1998.

Malrieu, Patrick, Une tradition peut en cacher une autre, *Musique bretonne*, 115, jan.-fév. 1992: 3-10.

Martin, Jacques, *La religion des Gaulois*, 1727.

Mathey-Maille, Laurence (ed.), *Geoffroy de Monmouth, Histoire des rois de Bretagne*, Paris, 1992.

Megaw, Ruth / Megaw, Vincent, Do the ancient Celts still live? An essay on identity and contextuality, *Studia Celtica*, 31, 1997: 107-123.

Merdrignac, Bernard, *Les vies de saints bretons durant le haut Moyen Age*, Rennes, 1993: 9-20.

Micheau-Vernez, Mikael / Valy, Jean-Jacques, *Un Cercle celtique, 1948-1983, Réflexions sur le mouvement des cercles en Bretagne*, Rennes, 1984.

Michel, Francisque, *Gesta Regum Britanniae, A metrical history of the Britons of the XIIIth century*, Bordeaux, 1862.

Mohen, Jean-Pierre et al., *Guide du Musée des antiquités nationales de Saint-Germain-en-Laye*, Paris, 1998.

Morganwg, Iolo, *Iolo manuscripts. A selection of ancient Welsh manuscripts*, Llandovery, 1848.

Morice, Dom Pierre-Hyacinthe, *Histoire ecclésiastique et civile de Bretagne*, 2 vols., Paris, 1742, 1756. reprint, 1974.

Morrice, Rev. J.C., *A Manuel of Welsh Literature*, Bangor, 1909.

Morris, John (ed.), *Nennius, British History and The Welsh Annals*, London, 1980.

Morvan, Françoise (ed.), *François-Marie Luzel, Ernest Renan, Correspondance (1858-1892)*, Rennes, 1995.

Morvan, F., *François-Marie Luzel, Biographie*, Rennes, 1999.

Moscati, Sabatino et al., *Les Celtes*, Milano, 1991.

Nicolas, Michel, *Histoire du movement breton*, Paris, 1982.

Nora, Pierre (ed.), *Les lieux de mémoire*, 7 vols., Paris, 1984-92.

Ó Cuív, Brian (ed.), *Proceedings of the International Congress of Celtic Studies*, Dublin, 1962.

Ollivier, Jean-Paul, *De Gaulle et la Bretagne*, Paris, 1987.

Ozouf, Mona, L'invention de l'ethnographie française: le questionnaire de l'Académie

celtique, *Annales, E.S.C.*, 36- 2, 1981.

Pelloutier, Simon, *Histoire des Celtes*, Paris, 1740-50. 2e éd., Paris, 1770-71.

Perrin, Olivier / Mareschal, L., *Galerie des mœurs, usages et costumes des Bretons de l'Armorique, dédié à l'Académie Celtique de France*, Paris, 1808. reprint, Mayenne, 1973.

Pezron, Paul, *Antiquité de la nation et de la langue des Celtes, autrement appeléz Gaulois*, Paris, 1703.

Pingeot, Anne, Les Gaulois sculptés, in: Viallaneix, 1982: 255-283.

Poisson, Henri / Le Mat, Jean-Pierre, *Histoire de Bretagne*, Spezet, 2000.

Pouchain, Gérard, *Promenades en Bretagne et en Normandie, avec un guide nommé Stendhal*, Condé-sur-Noireau, 1989.

Raoult, Michel, *Les druides, Les sociétés initiatiques contemporaines*, Monaco, 1996.

Rault, Philippe, *Les drapeaux bretons de 1188 à nos jours*, Spezet, 1998.

Richard, Nathalie et al., *Cent ans de tourisme en Bretagne, 1840-1940*, Rennes, 1996.

Rio, Joseph, *Mythes fondateurs de la Bretagne*, Rennes, 2000.

Schachtmann, Judith, Propagandistische Ansätze bei Julius Pokorny, in: Heinz (ed.), 1999: 49-58.

Schmidt-Chazan, Mireille, Les traductions de la "Guerre des Gaules" et le sentiment national au Moyen Age, *Annales de Bretagne et des Pays de l'Ouest*, 87-2, juin 1980: 387-407.

Schmidt, Karl H., The Present State and Future Tasks of Celtic Studies in German-Speaking Countries, *Studia Celtica Japonica*, 6, 1994: 107-137.

Simon, Gerd, Zündschnur zum Sprengstoff. Leo Weisgerbers keltologische Forschungen und seine Tätigkeit als Zensuroffizier in Rennes während des 2. Weltkriegs, *Linguistische Berichte*, 79, 1982: 30-52.

Sims-Williams, Patrick, The Visionary Celt: The Construction of an Ethnic Preconception, *Cambridge Medieval Celtic Studies*, 11, Summer 1986: 71-96.

Sims-Williams, P., Genetics, linguistics, and prehistory: thinking big and thinking straight, *Antiquity*, 72, 1998: 505-527.

Smith, Julia M. H., *Province and Empire. Brittany and the Carolingians*, Cambridge, 1992.

Tanguy, Brenard, *Aux origines du nationalisme breton*, 2vols., Paris, 1977.

Tanguy, J. et al., *Histoire de la Bretagne et des pays celtiques*, Morlaix, 1980.

Taylor, Tom, *Ballads and Songs of Brittany*, translated from the "Barsaz-Breiz" of Vicomte Hersart de la Villemarqué, London, Macmillan, 1865.

Thiesse, Anne-Marie, *La création des identités nationales*, Paris, 1999.

Thill, André, «Gaulomania», *Ethnologie française*, 28-3, 1998: 312-316.

Thorpe, Lewis (ed.), *Geoffrey of Monmouth, The History of the Kings of Britain*, Penguin

Classics, 1966.
Tonnerre, Noël-Yves, *Naissance de la Bretagne, Géographie historique et structures sociales de la Bretagne méridionale (Nantais et Vannetais) de la fin du VIIIe à la fin du XIIe siècle*, Angers, 1994.
Tonnerre, N.-Y., Celtic literary tradition and the development of a feudal principality in Brittany, Huw Pryce (ed.), *Literacy in Medieval Celtic Societies*, Cambridge, 1998.
Tonnerre, N.-Y., *Chroniqueurs et historiens de la Bretagne du Moyen Age au milieu du XXe siècle*, Rennes, 2001.
Touillier-Feyrabend, Henriette, Les costumes bretons dans la publicité, in: Le Gallo, et al. (eds.), 1989.
Tourneur, Victor, *Esquisse d'une histoire des études celtiques*, Liège, 1905.
Tristram, Hildegard L. C., 150 Jahre Deutsche Hibernistik, in: H.L.C. Tristram (ed.), *Deutsche, Kelten und Iren*, Hamburg, 1990: 11-53.
Van Gennep, Arnold, *Manuel de folklore français contemporain*, vol. I, 1937, Paris.
Viallaneix, Paul et al., *Nos ancêtres les Gaulois*, Clermont-Ferrand, 1982.
Wright, Neil (ed.), *The Historia Regum Britannie of Geoffrey of Monmouth*, I: Bern, Burgerbibliothek, MS. 568, Cambridge, 1984 ; II: The First Variant Version, Brewer, 1988.

青山吉信『アーサー伝説』岩波書店，1985 年.
井上幸治編『ヨーロッパ文明の原型』民族の世界史 8，山川出版社，1985 年.
岩井淳「「ブリテン帝国」の成立」『歴史学研究』776，2003 年.
ウェルギリウス『アエネーイス』上・下，泉井久之助訳，岩波文庫，1976 年.
エーコ，ウンベルト『完全言語の探求』上村忠男・廣石正和訳，平凡社，1995 年.
大澤真幸編『ナショナリズム論の名著 50』平凡社，2002 年.
カエサル『ガリア戦記』国原吉之助訳，講談社学術文庫，1994 年.
カリウ，アンドレほか『フランス・カンペール美術館所蔵，ブルターニュの海と空』読売新聞社，2001 年.
川田順造・福井勝義編『民族とは何か』岩波書店，1988 年.
川田順造編『未開概念の再検討』I，リブロポート，1989 年.
川田順造編『ヨーロッパの基層文化』岩波書店，1995 年.
指昭博「ブルータス伝説」指昭博編『「イギリス」であること』刀水書房，1999 年.
スミス，アントニー・D.『ネイションとエスニシティ』巣山靖司ほか訳，名古屋大学出版会，1999 年.
タキトゥス「アグリコラ」『タキトゥス』国原吉之助訳，筑摩書房，1976 年.

田中美穂「「島のケルト」再考」『史学雑誌』111-10，2002 年.
二宮宏之編『深層のヨーロッパ』民族の世界史 9，山川出版社，1990 年.
原聖『周縁的文化の変貌』三元社，1990 年.
原聖「フランス革命期ブルターニュの民俗描写集『ギャルリー・ブルトン』をめぐって」『女子美術大学紀要』23，1993 年.
原聖「フォークロアの創出」水之江有一ほか編『幻想のディスクール』多賀出版，1994 年.
原聖「国民形成と地域文化」『岩波講座世界歴史』18，岩波書店，1998 年.
原聖「ブルターニュにおけるケルト的なるものの生成」中央大学人文科学研究所編『ケルト復興』中央大学出版部，2001 年.
原聖「ネオ・ドルイディズムとは何か」『ヨーロッパの基層文化の研究』(二宮宏之代表)，科研費報告書，2001 年.
原聖「地域的言語文化の新たな広がり」宮島喬ほか編『ヨーロッパ統合のゆくえ』人文書院，2001 年.
原聖「言語からみた国民国家の変容」梶田孝道ほか編『国民国家はどう変わるか』東京大学出版会，2002 年.
ポミアン，クシシトフ「フランク人とガリア人」上垣豊訳，P. ノラ編・谷川稔監訳『記憶の場』1，岩波書店，2002 年.
南川高志『海のかなたのローマ帝国』世界歴史選書，岩波書店，2003 年.
ルナン，E. ほか『国民とは何か』鵜飼哲ほか訳，河出書房新社，1997 年.